识干家

企業閱讀　學以致用

欧博管理工具

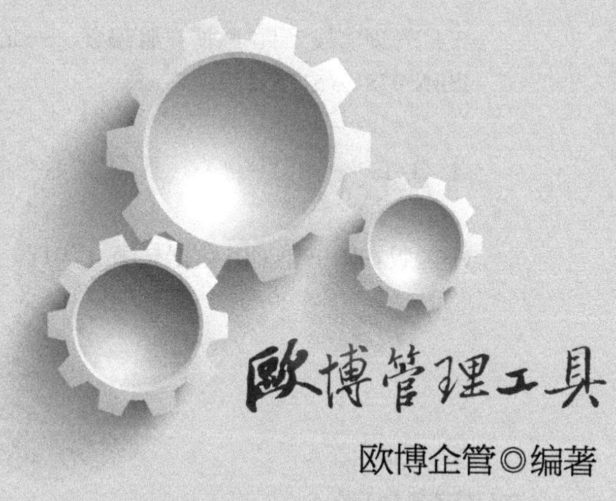

欧博企管◎编著

# 工厂管理实战工具

中华工商联合出版社

**图书在版编目（CIP）数据**

工厂管理实战工具/欧博企管编著. —北京：中华工商联合出版社，2017. 10
ISBN 978-7-5158-2121-4

Ⅰ. ①工…　Ⅱ. ①欧…　Ⅲ. ①工业企业管理　Ⅳ. ①F406

中国版本图书馆 CIP 数据核字（2017）第 249004 号

**工厂管理实战工具**

---

**作　　者**：欧博企管
**责任编辑**：于建廷　王　欢
**责任审读**：郭敬梅
**封面设计**：久品轩
**责任印制**：迈致红
**出版发行**：中华工商联合出版社有限责任公司
**印　　刷**：北京富泰印刷有限责任公司
**版　　次**：2017 年 12 月第 1 版
**印　　次**：2017 年 12 月第 1 次印刷
**开　　本**：710mm × 1000mm　1/16
**字　　数**：349 千字
**印　　张**：19. 5
**书　　号**：ISBN 978-7-5158-2121-4
**定　　价**：66. 00 元

---

**服务热线**：010 – 58301130
**团购热线**：010 – 58302813
**地址邮编**：北京市西城区西环广场 A 座
19 – 20 层，100044
http：//www. chgslcbs. cn
E-mail：cicap1202@ sina. com（营销中心）
E-mail：gslzbs@ sina. com（总编室）

**策　划**：曾　伟
**执　笔**：赵贵忠
**案例来源**：欧博全体同仁贡献

# 前言

不同的时代，有不同的使命。当今管理界，思想之多，工具之多，可以说是百花齐放，百家争鸣。这同古代的春秋战国时期很相似。当时，众多的思想家、谋士、智者为君王出主意，流派众多，包括纵横家、阴阳家、兵家、法家、道家、墨家，乃至后来成为主流的儒家，等等，核心命题是如何更好地治理一个国家，让它变得昌盛、强大。我们如今面临的问题是，如何治理好一个企业，如何让一个企业基业长青。在管理界，我们能看到许多管理思想、管理工具，如 ISO、ERP、KPI、六西格玛、JIT、5S、阿米巴……

然而，我们很失望地发现，这些很流行的管理工具，很多企业根本就用不起来，如曾经流行一时的 ISO 现如今基本上成了企业的一套文本；上了 ERP 的企业，数据大多失真，成了摆设；KPI 根本就考不起来，因为假数据成风；JIT 零库存，根本做不到；阿米巴变成了承包制，日本人不奖罚，中国人却离不开奖罚。

为什么会这样？很简单，这些管理工具的背后是西方文化、西方思想，而中国本土企业的员工，都是土生土长的中国人，是在中国两千多年的传统文化熏陶下长大的。当这些外来的思想、工具进来后，大多水土不服，很多企业只学了一个形而已，收不到真正的管理效果。中国改革开放三十多年，本土企业管理一直在学西方的东西，一直就没能开发出一套本土的管理思想、管理工具。

所幸，欧博企管历经 15 年，做了五百多家企业的管理变革，总结出了一套以中国传统文化（特别是儒家思想及近代的阳明心学）为指导思想，以当今管理界流行的管理工具为手段的管理模式，这是一套适合中国本土企业的管理思想、管理工具。

在管理实操层面，我们总结了四大板块：

第一个板块是生产计划运作，主要的内容是企业从接订单开始一直到出货整个过程的计划管理。通过订单评审、交期分解、主生产计划、车间生产计划、日生产计划等动作，将整个生产过程进行计划管制。对于生产计划，我们强调生产之前的排查，比如物料排查，设备、模具等的产前排查，将很多过程中的异常提前消除。又比如出货排查，通过出货前的成品排查来拉动前工序的生产，来应对每天的变化。所以，我们的计划模式用十六个字来概括：前推后拉，滚动排查，频繁应对，快速反应。实施这一计划模式，可以明显改善订单的准交率和生产的效率，以及控制库存。

第二个板块是品质成本改善。这个板块我们强调的是现场攻关改善，通过各种激励手段来调动、开发员工潜力。通过五百多家企业的咨询实践，我们发现，企业产品品质总是出问题、效率总是被浪费的主要原因，不是技术问题，而是很多管理动作和工人操作动作没做到位。所以，在这个板块我们特别注重员工操作动作的管理和改善，以此来提升产品品质，降低浪费。

第三个板块是执行力的提升。企业的执行力之所以很低，首要原因是检查的缺失。很多企业只注重处罚，注重人情，并不注重过程中动作执行的检查，这是执行力低的最直接的原因。经过这么多年的变革，我们开发出了有效的执行力提升系统，即结合专项检查和岗位间的互相检查，可以把它称为稽核运作和横向控制。它能够很好地弥补传统检查工作的不足，通过对事情的检查来达到执行的目的，同时在检查的过程中达到改变人的目的。

第四个板块是员工激励系统。有别于常规的KPI考核，我们更注重的是在员工层面展开的激励活动。常规的KPI考核是直接在面上展开，奔着考核目标而去，但结果难如人意。我们的做法是先从点上切入，以天为单位展开，每天进步一点，每天激励一点，循序渐进，过程中强调的是管理层对被考核者的帮助，先帮后考，让员工知道自己有潜能。在这个基础上，形成企业自身的一套行之有效的考核系统。

第六章“管理心学概说”阐述了管理的理念层面，将中国传统文化与当下企业管理实际相结合，重点探讨了以“良知”为先导，以“心安”为方向的“知行合一”文化及其在企业管理中的运用。相关的系统阐述可见曾伟教授的《唤醒良知做管理》一书。

我们这一代人的使命，就是在中国的企业管理界，找到一套真正适合本土企业管理的思想、方法、工具。立足于中国的传统文化，用传统文化作为企业的指导思想，来解决企业的管理问题。我们相信，中国两千多年的传统文化一定能在我们的企业中绽放，让我们的企业更具生命力，让中国企业真正成为世界级的企业。

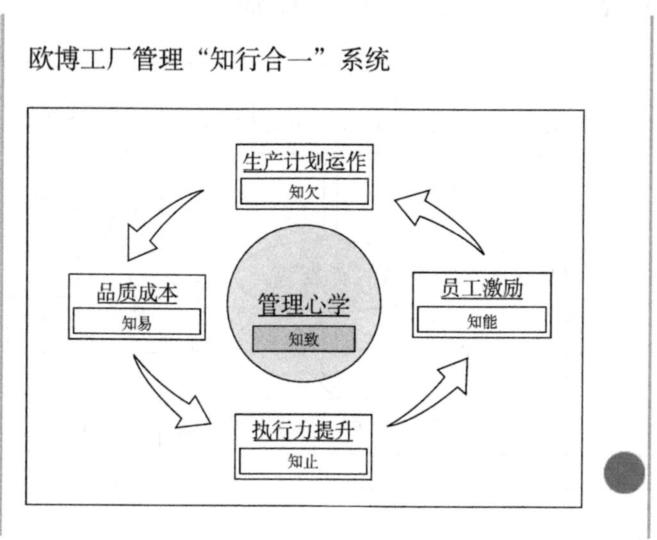
欧博工厂管理“知行合一”系统
生产计划运作
知欠
员工激励
知能
执行力提升
知止
品质成本
知易
管理心学
知致

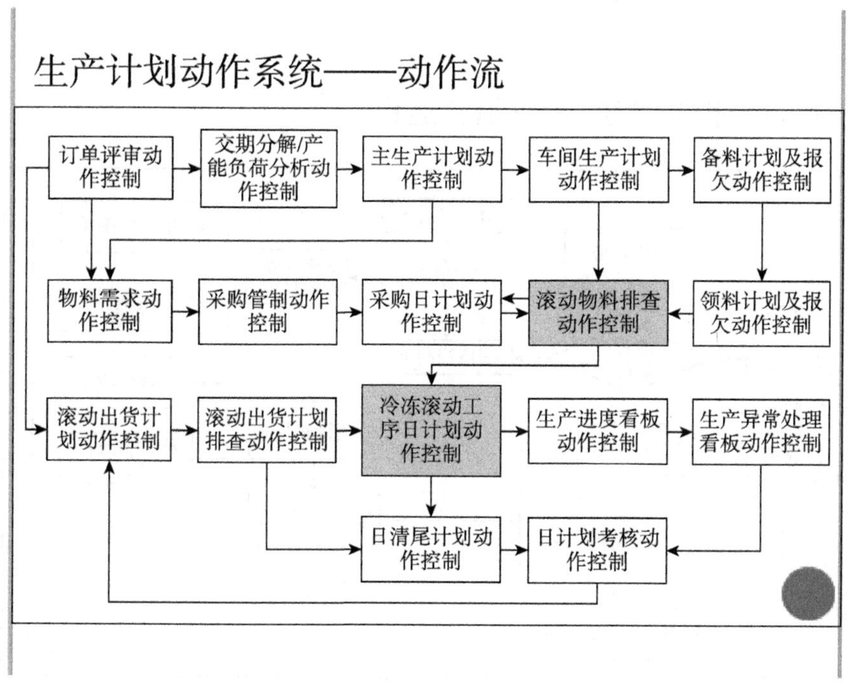
生产计划动作系统——动作流
订单评审动作控制
交期分解/产能负荷分析动作控制
主生产计划动作控制
车间生产计划动作控制
备料计划及报欠动作控制
物料需求动作控制
采购管制动作控制
采购日计划动作控制
滚动物料排查动作控制
领料计划及报欠动作控制
滚动出货计划动作控制
滚动出货计划排查动作控制
冷冻滚动工序日计划动作控制
生产进度看板动作控制
生产异常处理看板动作控制
日清尾计划动作控制
日计划考核动作控制

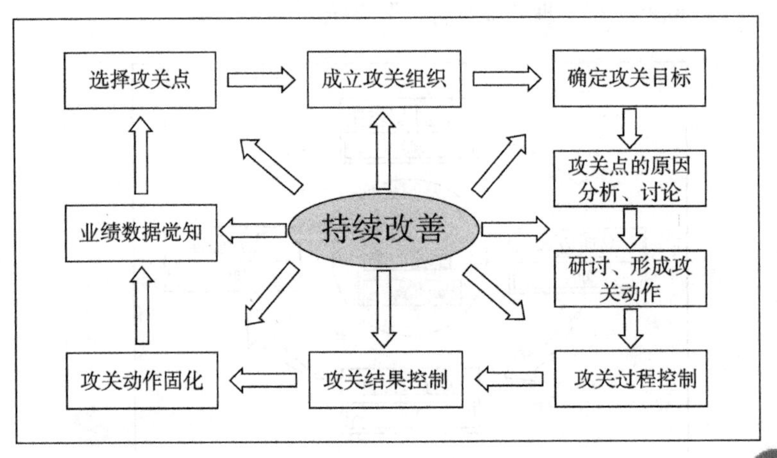
品质成本改善系统——动作流
选择攻关点
成立攻关组织
确定攻关目标
攻关点的原因分析、讨论
研讨、形成攻关动作
攻关过程控制
攻关结果控制
攻关动作固化
业绩数据觉知
持续改善

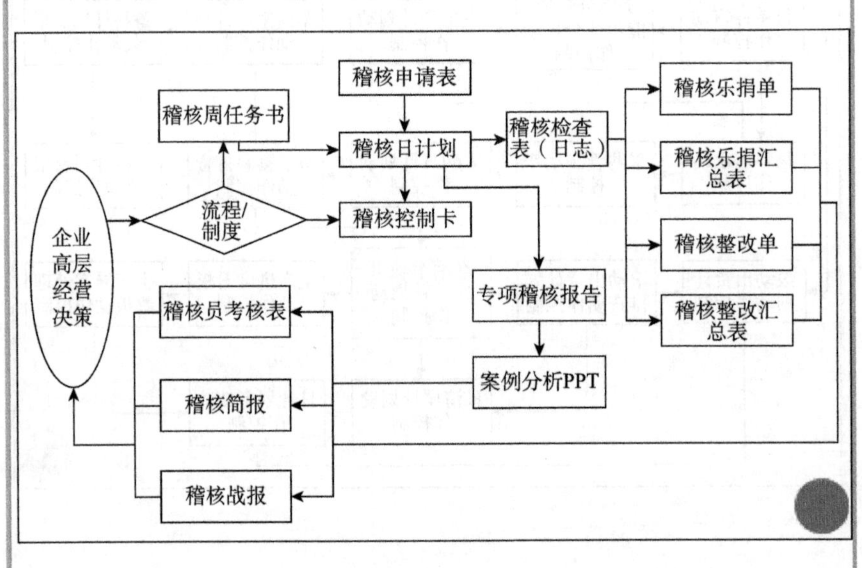
执行力提升系统1——稽核运作
稽核申请表
稽核周任务书
稽核日计划
稽核检查表（日志）
稽核乐捐单
稽核乐捐汇总表
稽核整改单
稽核整改汇总表
企业高层经营决策
流程/制度
稽核控制卡
专项稽核报告
案例分析PPT
稽核员考核表
稽核简报
稽核战报

执行力提升系统2——横向控制

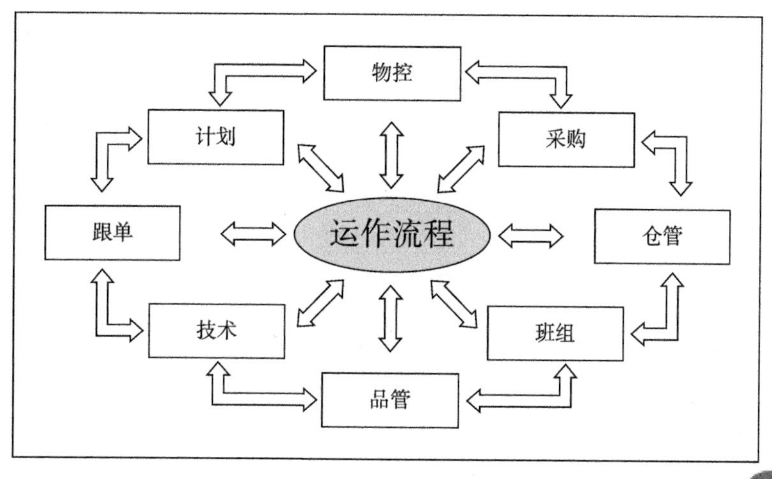


员工激励系统——动作流

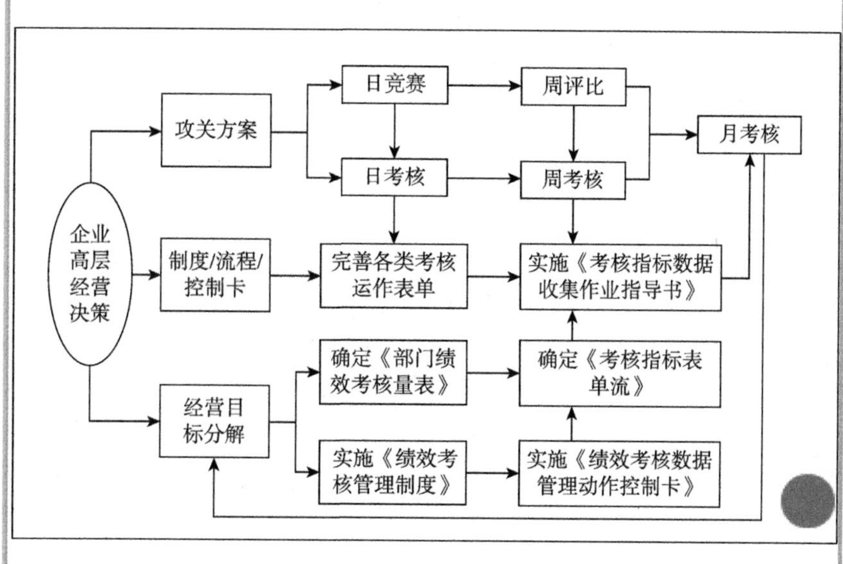

# 目录

## 第1章 生产计划运作



## 第2章 品质成本运作

## 第 3 章 执行力提升系统 1——稽核运作

## 第4章　执行力提升系统2——横向控制



## 第5章　员工激励



## 第6章　管理心学概说

# 第 1 章

# 生产计划运作

很多企业的“生产管理”几乎只有“生产”，没有“管理”：业务部门接到订单就甩给生产部门，至于什么时候生产，怎么生产，甚至买物料、催物料都是生产部门自己的事。生产部门不知道仓库究竟有没有对应的物料；下一个车间不知道上个车间的东西什么时候能交到自己这里；正在生产的东西究竟什么时候要出货；究竟是哪个订单的……这些问题，生产部门往往都搞不清楚，也没有人管。很多企业要么就没有计划部，要么就形同虚设，没有发挥真正的管理作用。总之，大量的企业都是有“生产”，无“管理”。

我们欧博企业管理研究所在帮助企业提升生产效率的过程中，主要从增加管理动作入手，取得了明显的效果。

我们一般会增加哪些管理动作呢?

增加的管理动作有订单评审、交期分解、主生产计划、主计划排查、月计划、月排查、周计划、周排查、日计划、日排查、生产协调会、车间对单会、工序对单会和车间看板等，这些都是管理动作。像订单评审、交期分解、主计划、月计划、周计划、日计划、月排查、周排查、日排查，这些都是生产前管理部门——计划部要做的动作。

这些大量的管理动作贯穿了一个指导思想：将管理的重心从产中提到产前。这是管理部门在自己身上用力的招数。事实证明，这样出招，的确管用。

要提高生产效率，我们欧博没有太多地从增加工人的生产动作入手，而是增加生产管理的管理动作：增加管理动作的数量和频率。管理动作没有一定的频率也是没有用的。

除了产前需要做大量的管理动作外，产中还需要实施许多的管理动作，例如生产协调会、车间对单、工序对单、车间看板管理、异常快速处理，这些都是生产过程中的管理动作，绝大部分也是由计划部牵头或参与的。总之，只有在生产过程中增加管理动作，生产才会顺畅和高效。

生产完成后，我们还要通过增加考核、竞赛、稽核等管理动作来对一天的生产活动进行总结。这样，大量管理动作的增加才会带来生产的高效。

说我们的企业中没有管理是假话，说我们的管理人员一天到晚没有干活是假话。他们很忙很累，但那是“救火式”的累。没出问题什么事都没有，一出问题就上蹿下跳。我们必须把“救火式”的累，变成“消防式”的累。这样才会累而有效，甚至有效而不累。

所以，遇到生产管理的问题，管理部门要多从自己的角度检讨，从增加自己的管理动作出发，服务好生产，而不要总是去抱怨车间。

——摘自欧博企管曾伟教授《欧博心法：好工厂这样管》

## 1. 生产计划运作系统——动作流

生产计划运作系统——动作流如图1－1所示：

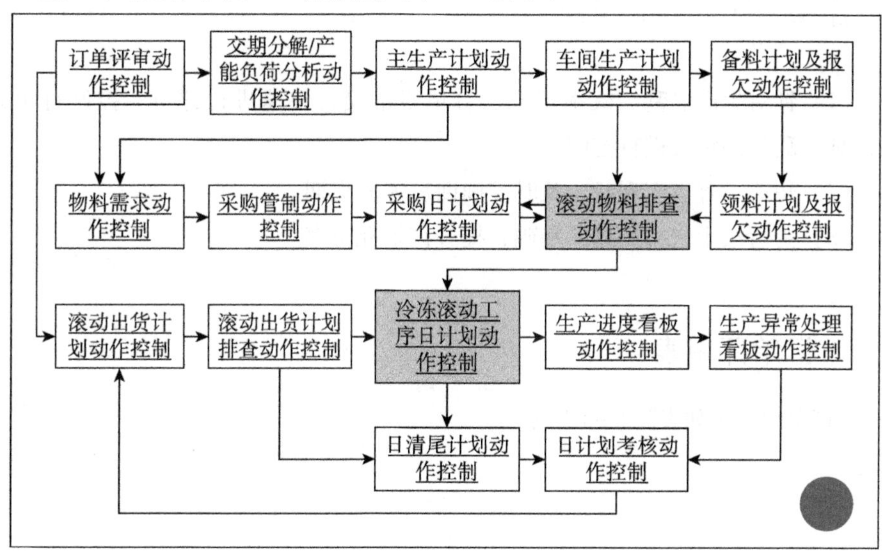


**图1－1　生产计划运作系统——动作流**

## 2. 生产计划的应变模式——二三三模式

生产计划的应变模式——二三三模式如图 1－2 所示：

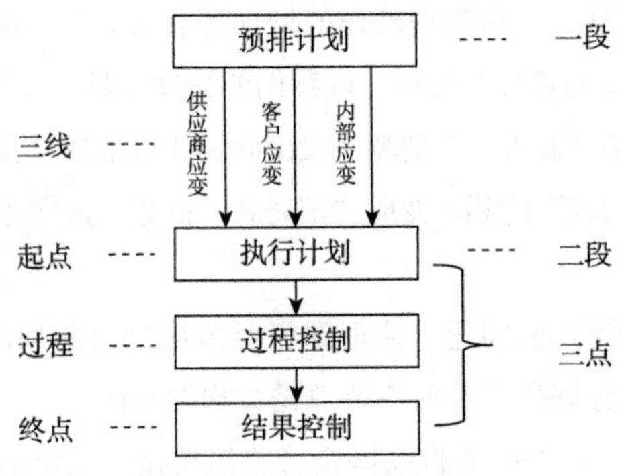


**图 1－2 生产计划的应变模式——二三三模式**

## 3. 订单评审动作控制

(1) 针对生产混乱、效率不高、订单不准交，快速进行评审，控制订单入口，对“乱”的源头进行控制。

(2) 快速了解生产现状、及时准确回复客户交期。

(3) 为后续生产排产打下基础，提升订单准交率。

### 3.1 订单评审表

《订单评审表如表》1－1 所示：

**表 1－1 订单评审表（模板）**

| 客户单号： | H－001 | 公司评审日期：2015. 11. 7 |
|---|---|---|
| 客户名称 | ××× | 客户下单日期：2015. 11. 6 |
| 订单数量 | 1000PCS | 客户要货日期：2015. 11. 12 |
| □首次量产（样品承认：□是 □否） | | □再次量产（工程变更：□是 □否） |
| 参评部门 | 评审意见 | |
| 业务部 | 1. 订单信息是否完善：是 | |
| | 2. 客户特殊要求是否明确：无 | |
| | 3. 客供物料回厂时间：无 | |
| | 签名确认：××× | |
| 工程部 | 1. 图纸完成时间：有 | |
| | 2. 包材尺寸和包装方式提供时间：有 BOM 表提供时间：有 | |
| | 3. 新产品资料准备时间（BOM 表、图纸、模板、刀具、夹装、首样）：已 OK | |
| | 4. 特殊材料清单 | |
| | 签名确认：××× | |
| 采购部 | 主材回厂时间 | OK |
| | 配件回厂时间 | 2015. 11. 10 |
| | 包材回厂时间 | 2015. 11. 10 |
| | 外购件回厂时间 | 无 |
| | 其他 | |
| | 签名确认：××× | |
| 品管部 | 品质要求：按公司标准 | |
| | 是否有检验标准：有　　工艺图纸包装方式是否已确定：已确定 | |
| | 员工作业操作动作注意事项：暂无 | |
| | 根据以往经验将会有什么品质异常：暂无 | |
| | 签名确认：××× | |
| 生产部 | 生产流程：分切——冲压——包装 | |
| | 模切生产时间 | 2015. 11. 11－2015. 11. 13 |
| | 橡胶生产时间 | 无 |
| | 丝印生产时间 | 无 |
| | 瓶颈工序是什么 | |
| PMC 部 | 物料需求计划完成时间：2015. 11. 7<br>确认生产上线时间：2015. 11. 11 | |
| | 确认交期：2015. 11. 15 | |
| | 签名确认：××× | |
| 业务审核判定 | □接受 □ 不接受 □ 待定（请说明原因） | 签名确认：××× |

表单要点：
1.每一张新接的订单都要由业务部填写评审表
2.评审由PMC主导，要由工程（技术部）、品管、采购、生产等部门参与
3.各参与部门结合自己所在部门的实际进行评审，给出合理的完成时间，PMC将各部评审结果汇总后回复给业务评审交期

## 3.2 订单评审动作控制卡

《订单评审动作控制卡》如表1－2所示：

**表1－2 订单评审动作控制卡（模板）**

| 序号 | 控制要点 | 执行动作 | 执行部门 | 执行人 | 执行时间 | 检查人 | 检查频率 | 责任 |
|---|---|---|---|---|---|---|---|---|
| 1 | 客户订单处理 | 1. 业务员接客户订单后，先对订单信息进行确认，无误后，填写《订单评审表》的基本信息，并注明是常规或是非常规订单<br>2. 将客户订单及《订单评审表》交给PMC部计划员，并注明交接时间<br>3. 此动作要求在接单后30分钟内完成 | 业务部 | 业务员 | 接订单后30分钟内 | 业务经理<br>稽核员 | 每天 | 1. 业务员在客户下单后可30分钟内未完成的乐捐5元/次<br>2. 《订单评审表》传递时，未注明交接时间的，乐捐责任5元/次 |
| 2 | 常规订单评审 | 1. PMC主管在接到业务部客户订单后，如是常规订单即进行内部评审，在4个工作小时内完成评审工作<br>2. PMC主管将填写好的《订单评审表》发给业务部和制造副总各一份 | PMC | PMC主管 | 接订单后4个工作小时内 | PMC经理<br>业务员 | 随时 | 1. PMC主管在接订单后4个工作小时内未完成的乐捐5元/次<br>2. 《订单评审表》传递时，未注明交接时间的，乐捐责任5元/次 |
| 3 | 非常规订单评审 | 1. PMC主管在接到业务部非常规订单后，将业务员填写好的《订单评审表》及客户订单分别交工程部、采购部、品管部、生产部依次进行评审<br>2. 各部门的评审时间为2个工作小时<br>3. PMC主管对各部门的评审情况进行综合评定，在2个工作小时内确定交货日期，并将确定好的《订单评审表》发给业务员及制造副总各一份<br>4. 对于各部评审的时间有异议的，PMC主管在次日生产协调会上提出，进行集中评审，在会上确定最终的订单交期 | 相关部门 | 各部负责人 | 接评审表后2个工作小时内 | PMC经理<br>稽核员 | 每天 | 1. 各部门未在规定时间内完成评审工作，乐捐10元/单<br>2. 各部门未在评审表中承诺的时间内完成相关任务的，乐捐10元/天<br>3. 若因时间延误耽误生产造成的经济损失按公司赔偿管理规定对责任人进行处罚 |

控制卡要点：
1.明确各部评审的时间，由PMC主导来完成整个订单评审的工作
2.对评审结果与客户交期不符的协调处理规定

## 4. 订单交期分解动作控制

（1）生产部门各自为政，生产工序前后不衔接，半成品堆积、整体效率不高，交期分解可以有效统一各部门的作业时间，以此来让生产活动有序进行。

（2）主要将订单的任务在生产时间上进行细分，细分到各个生产环节，统一目标，为生产计划的有效下达做好铺垫。

### 4.1 产能负荷分析表

《产能负荷分析表》如表1－3所示：

**表1－3 产能负荷分析表（模板）**

| 工序 | 标准产能 | 订单K－001 | | | 现有订单总工时（H） | 计划可上线时间 | 生产周期（天） | 备注 |
|---|---|---|---|---|---|---|---|---|
| | | 订单需求数 | 生产时间 | 生产工时（H） | | | | |
| 油炸 | 8000kg/天 | 17280kg | 2.16天 | 51.84 | | | 2.16 | |
| 卤锅 | 9000kg/天 | 17280kg | 1.92天 | 46.08 | | | | |
| 调味 | 12000kg/天 | 17280kg | 1.44天 | 34.56 | | | | |
| 灭菌 | 8000kg/天 | 17280kg | 2.16天 | 51.84 | | | 2.16 | |
| 内包 | 400包/H/人 | 960000包 | 240H | 40 | | | 1.67 | 内包人员：6人 |
| 外包 | 7件/H/人 | 2400件 | 342.85H | 57.14 | | | 2.38 | 外包人员：6人 |
| | | 合计 | | 281.46 | 100（4天） | 7/14 | 3天 | |

表单要点：
针对设备型企业，以工时分析为主，订单工时负荷结合已有工时负荷，确定订单在各生产各环节的完成时间

## 4.2 订单交期分解表

《订单交期分解表》如表1－4所示：

**表1－4 交期分解表（模板）**

| 序号 | 下单日期 | 订单号 | 产品型号 | 产品名称 | 单位 | 订单数 | 交期 | 评审交期 | 包材 | 分切/辅料（1天） | 直切/冲压/油压（1天） | 包装（1天） | 清尾（1天） | 备注 |
|---|---|---|---|---|---|---|---|---|---|---|---|---|---|---|
| | | | | | | | | | 齐料时间 | 完工时间 | 完工时间 | 完工时间 | | |
| 1 | 11/6 | H－001 | LXAB6016 | 进口麦拉（KD002） | PCS | 1000 | 11/12 | 11/15 | 11/10 | 11/11 | 11/12 | 11/13 | 11/14 | |
| | | | | | | | | | | | | | | |
| | | | | | | | | | | | | | | |
| | | | | | | | | | | | | | | |
| | | | | | | | | | | | | | | |
| | | | | | | | | | | | | | | |
| | | | | | | | | | | | | | | |
| | | | | | | | | | | | | | | |

表单要点：
以评审交期为目标进行时间上的分解，细分到各个生产的环节

## 4.3 订单交期分解动作控制卡

《订单交期分解动作控制卡》如表1－5所示：

**表1－5 交期分解动作控制卡（模板）**

| 序号 | 控制要点 | 执行动作 | 执行部门 | 执行人 | 执行时间 | 检查人 | 检查频率 | 责任 |
|---|---|---|---|---|---|---|---|---|
| 1 | 交期分解 | 1. PMC主管在订单评审完成后，在0.5个工作小时内完成《订单交期分解表》，分解到物料环节、生产环节的生产时间、完成时间 | PMC | PMC主管 | 订单评审完成后0.5个工作小时内 | 稽核员<br>PMC负责人 | 每天 | PMC主管未及时完成交期分解工作的乐捐5元/次 |
| 2 | 时间分解审核 | 1. PMC主管将做好的《订单交期分解表》交给上级经理进行审核，审核工作在0.5个工作小时内完成 | PMC | PMC经理 | 接表后0.5个工作小时内 | 稽核员<br>PMC负责人 | 每天 | PMC经理未及时审核《交期分解表》的乐捐5元/次 |
| 3 | 订单分解信息录入 | 1. PMC主管将审核好的《订单交期分解表》交给PC员，由PC员录入到《主生产计划表》中，录入工作要在当天17:30前完成 | PMC | PC员 | 接表后0.5个工作小时内 | 稽核员<br>PMC负责人 | 每天 | PC员未及时录入《主生产计划表》，乐捐5元/次 |

控制要点：
PMC主管负责，明确交期分解时间规定，审核分解交期的准确性，明确表单的传递规定

## 5. 主生产计划动作控制

（1）订单的生产状态不明，问题不清，导致急单、插单随意，变更随意，是因为没有一个整体的生产计划来做指导。

（2）主生产计划是交期分解的细分和完善，它让每一个生产环节都有明确的生产任务：什么时候做、做多少，什么时候完成。

（3）主生产计划是一张作战地图，用于指导生产计划的准确下达，是生产计划及时准确下达的基础，也是老总、部门负责人快速了解订单状态的关键。

### 5.1 主生产计划表

《主生产计划表》如表1－6所示：

**表1－6　模切主生产计划表（模板）**

| 序号 | 下单日期 | 订单号 | 产品型号 | 产品名称 | 单位 | 订单数 | 订单余数 | 评审交期 | 包材 | | 分切/辅料（1天） | | | 直切/冲压/油压（1天） | | | 包装（1天） | | | 备注 |
|---|---|---|---|---|---|---|---|---|---|---|---|---|---|---|---|---|---|---|---|---|
| | | | | | | | | | 计划齐料 | 实际到料 | 完工时间 | 已完成 | 欠数 | 完工时间 | 已完成 | 欠数 | 完工时间 | 已完成 | 欠数 | |
| 1 | 11/6 | H－001 | LXAB6016 | 进口麦拉（KD002） | PCS | 1000 | 1000 | 11/14 | 11/10 | | 11/11 | 0 | 1000 | 11/12 | 0 | 1000 | 11/13 | 0 | 1000 | |
| | | | | | | | | | | | | | | | | | | | | |
| | | | | | | | | | | | | | | | | | | | | |
| | | | | | | | | | | | | | | | | | | | | |
| | | | | | | | | | | | | | | | | | | | | |

表单要点：
在交期分解表的基础上进行数量上的细分，便于动态的更新，应对每天的订单变化

## 5.2　主生产计划动作控制卡

《主生产计划动作控制卡》如表1－7所示：

**表 1-7　主生产计划动作控制卡（模板）**

| 序号 | 控制要点 | 执行动作 | 执行部门 | 执行人 | 执行时间 | 检查人 | 检查频率 | 责任 |
|---|---|---|---|---|---|---|---|---|
| 1 | 主计划录入更新 | 1. PMC 主管在每天 10：30、15：30 两个时段对 PC 录入的《主生产计划表》进行分析、审核<br>2. PMC 计划员每天收到已审核的《交期分解表》：统一在下午 17：30 前录入《主生产计划表》中（按主计划标准格式，不得随意更改）<br>3. 当每天订单超过 300 份时，PC 员可酌情申请具体完成时间，当天下班前务必完成录入《主生产计划表》 | PMC | PMC 主管<br>计划员 | 每天 | 稽核员<br>PMC<br>经理 | 每天 | 1. PMC 主管每天未及时对《主生产计划表》进行分析和审核的，乐捐 5 元/次<br>2. 计划员未及时将已评审订单的《交期分解表》的信息录入《主生产计划表》中的，乐捐 5 元/次<br>3. 因订单超过 300 份，计划员未提前申请而又未及时录入《主生产计划表》的，乐捐 5 元/次 |
| 2 | 过程信息反馈更新 | PMC 计划员每天根据车间生产信息（每 2 小时现场跟进情况）、生产协调会议信息及时和业务跟单进行沟通反馈，同时也要随时掌控业务的客户需求信息和客户反馈，使 PMC 和业务跟单在信息上达成共识，并在每天 17：30 前 根据所有信息 对《主生产计划表》进行更新 | PMC | 计划员 | 每天<br>17：30 前 | 稽核员<br>PMC<br>经理 | 每天 | 计划员未及时将异常信息在《主生产计划表》上更新，乐捐 5 元/次 |
| 3 | 结果信息更新 | PMC 计划员 10：00 前 根据入库单及生产日报表核对已完成订单并更新到《生产主计划表》，同时也需将每天影响计划的状况记录在《生产异常统计表》 | PMC | 计划员 | 每天<br>10：00 前 | 稽核员<br>PMC<br>经理 | 每天 | 计划员未及时将入库和生产日报信息更新到《主生产计划表》上，乐捐 5 元/次 |
| 4 | 变更信息更新 | PMC 计划员根据业务的《业务订单变更单》对业务的插单、改单进行《主生产计划表》更新及做插单记录，每天在 19：00 前 完成。 | PMC | 计划员 | 每天<br>19：00 前 | 稽核员<br>PMC<br>经理 | 每天 | 计划员未及时将业务员的插单、改单信息及时更新在《主生产计划表》上的，乐捐 5 元/次 |

控制要点：
PMC主管负责，明确制定表单的时间规定，明确表单的传递规定，以及过程中更新的要求和时间规定，通过动作规定确保表单的正常运作

续表

| 序号 | 控制要点 | 执行动作 | 执行部门 | 执行人 | 执行时间 | 检查人 | 检查频率 | 责任 |
| --- | --- | --- | --- | --- | --- | --- | --- | --- |
| 5 | 主计划信息共享更新 | 计划员每天17：30前将更新好的《主生产计划表》发给PMC主管及文员，由文员进行主计划汇总，在每天12：00前放入共享盘 | PMC | 文员 | 每天12：00前 | 稽核员<br>PMC主管各部负责人 | 每天 | 1. 计划员每天未及时将更新好的《主生产计划表》发给PMC主管和文员的，乐捐5元/次<br>2. 文员每天未及时将《主生产计划表》汇总放在共享盘上的，乐捐5元/次 |

## 6. 车间生产计划动作控制

（1）很多工厂车间的生产计划大多是一份交货计划，具体的生产安排则由车间负责人去下达，而车间负责人又将这份工作交由班组长去安排，这样一层层地安排下去直接导致生产混乱，没有效率，不能准时出货。

（2）车间生产主计划是在主生产计划的基础上，将生产任务明确到天，明确到班组，明确到机台，让车间生产有明确的计划执行，确保生产有序，确保效率，确保交期。

### 6.1 车间生产计划表

《模切部生产计划表》如表1－8所示：

**表 1－8　模切部生产计划表（模板）**

| 序号 | 下单日期 | 订单号 | 产品型号 | 产品名称 | 单位 | 订单数 | 订单余数 | 评审交期 | 分切/辅料 | | | 11 月分切/辅料生产计划与实际达成 | | | | | | | | | | 直切/冲压/油压 | | | 包装 | | | 备注 |
|---|---|---|---|---|---|---|---|---|---|---|---|---|---|---|---|---|---|---|---|---|---|---|---|---|---|---|---|---|
| | | | | | | | | | 已完成 | 欠数 | 排产余数 | 1 | | … | | 11 | | … | | 30 | | 已完成 | 欠数 | 排产余数 | 已完成 | 欠数 | 排产余数 | |
| | | | | | | | | | | | | 计划 | 实际 | 计划 | 实际 | 计划 | 实际 | 计划 | 实际 | 计划 | 实际 | | | | | | | |
| 1 | 11/6 | H－001 | LXAB 6016 | 进口麦拉（KD 002） | PCS | 1000 | 1000 | 11/14 | 500 | 500 | | | | | | 1000 | 500 | | | | | 0 | 1000 | 0 | 0 | 1000 | 0 | |
| | | | | | | | | | | | | | | | | | | | | | | | | | | | | |
| | | | | | | | | | | | | | | | | | | | | | | | | | | | | |
| | | | | | | | | | | | | | | | | | | | | | | | | | | | | |
| | | | | | | | | | | | | | | | | | | | | | | | | | | | | |
| | | | | | | | | | | | | | | | | | | | | | | | | | | | | |

表单要点：

将主生产计划再进行细分，将计划分到每一个生产车间，分到每一个生产车间的关键工序，分到每一天；同时每一天的实际达成情况要进行记录，随时掌控每个关键工序的计划达成状态

## 6.2　车间生产计划动作控制卡

《车间生产计划动作控制卡》如表 1－9 所示：

**表1－9　车间生产计划动作控制卡（模板）**

| 序号 | 控制要点 | 执行动作 | 执行部门 | 执行人 | 执行时间 | 检查人 | 检查频率 | 责任 |
|---|---|---|---|---|---|---|---|---|
| 1 | 主生产计划展开 | 1. PMC 主管在每月25号对《主生产计划》进行展开和细化，形成车间生产计划下一个月的生产计划<br>2. 车间生产计划要求细化到关键工序，便于工序日计划的下达<br>3. 将《车间生产计划》交PMC经理审核通过后（审核时间4个工作小时），交PMC文员及各PC员<br>4. PMC文员在次日12：00前放入共享盘 | PMC | | | | | 1. PMC主管未及时展开主计划，乐捐10元/次<br>2. PMC主管未按要求对主计划进行细化，乐捐5元/次<br>3. PMC经理对《车间生产计划表》未及时审核，乐捐10元/次<br>4. PMC文员未及时将《车间生产计划》放入共享盘，乐捐5元/次 |
| 2 | 过程信息反馈更新 | PMC计划员每天根据车间生产信息（每2小时现场跟进情况）、生产协调会议信息及时和业务跟单进行沟通反馈，同时也要随时掌控业务的客户需求信息和客户反馈，使PMC和业务跟单在信息上达成共识，并每天17：30前将所有信息对《车间生产计划》进行更新 | PMC | 计划员 | 每天<br>17：30前 | 稽核员<br>PMC经理 | 每天 | 计划员未及时将异常信息在《车间生产计划》表上更新，乐捐5元/次 |
| 3 | 结果信息更新 | PMC计划员每天早上10：00前将《入库单》及《生产日报表》的订单完成信息更新到《车间生产计划》，同时也需将每天影响计划的状况记录在《生产异常统计表》上。 | PMC | 计划员 | 每天<br>10：00前 | 稽核员<br>PMC经理 | 每天 | 计划员未及时将入库和生产日报信息更新到《车间生产计划》表上，乐捐5元/次 |

控制要点：
PC员负责明确制定表单的时间规定，明确表单的审核规定，以及过程中更新的要求和时间规定，通过动作的时间规定确保表单的正常运作

续表

| 序号 | 控制要点 | 执行动作 | 执行部门 | 执行人 | 执行时间 | 检查人 | 检查频率 | 责任 |
|---|---|---|---|---|---|---|---|---|
| 4 | 变更信息更新 | PMC 计划员根据业务的《业务订单变更单》对业务的插单、改单进行《车间生产计划表》更新及做插单记录，每天在 19：00 前完成 | PMC | 计划员 | 每天 19：00 前 | 稽核员 PMC 经理 | 每天 | 计划员未及时将业务员的插单、改单信息及时更新在《车间生产计划》表上的，乐捐 5 元/次 |
| 5 | 主计划信息共享更新 | 计划员每天 17：30 前 将更新好的《车间生产计划表》发给 PMC 主管及文员，由文员进行《车间生产计划表》汇总，在每天上午 12：00AM 前 放入共享盘 | PMC | 文员 | 每天 12：00 前 | 稽核员 PMC 主管 | 每天 | 1. 计划员每天未及时将更新好的《车间生产计划表》发给 PMC 主管和文员的，乐捐 5 元/次<br>2. 文员每天未及时将《主生产计划表》汇总放在共享盘上的，乐捐 5 元/次 |

## 7. 物料需求计划动作控制

（1）物料错订、漏订、少订，回料不及时、高库存、高物料成本，首先是因为物料需求计划的缺失。所以，物料需求计划是物料控制的第一步。

（2）物料需求计划就是让每一项物料都有明确的回料时间和回料数量，都能有计划地进行，在满足生产计划所需的同时，又合理地控制库存量，它是物料成本控制的一个重要环节。

### 7.1 物料需求计划表

《物料需求计划表》如表 1 – 10 所示：

**表 1－10　模切部——包装物料需求计划表（模板）**

| 序号 | 申购时间 | 订单号 | 产品型号 | 产品名称 | 物料名称 | 单位 | 用料数 | 可用库存 | 需求数 | 需求日期 | 实际到料日期 | 实际到料数量 | 备注 |
|---|---|---|---|---|---|---|---|---|---|---|---|---|---|
| 1 | 11/7 | H－001 | LXAB 6016 | 进口麦拉（KD002） | 30°黑色 SR（KD002R） | PCS | 1000 | 0 | 1000 | 11/10 | | | |
| 2 | 11/7 | H－001 | LXAB 6016 | 进口麦拉（KD002） | 38°黑色 EVA（卷） | 平方米 | 4.1474 | 0 | 4.1474 | 11/10 | | | |
| | | | | | | | | | | | | | |

表单要点：
1.订单的物料需求数依据BOM表得出来的订单的用料数减去可用库存（实际库存量-已有订单占用量+已购未回量），出现的欠数才是该张订单的物料需求数
2.物料的回料时间要结合《交期分解表》《主生产计划表》中的物料齐料信息，确定可行的回料时间

## 7.2　物料需求计划动作控制卡

《物料需求动作控制卡》如表 1－11 所示：

**表 1－11　物料需求动作控制卡（模板）**

| 序号 | 控制要点 | 执行动作 | 执行部门 | 执行人 | 执行时间 | 检查人 | 检查频率 | 责任 |
|---|---|---|---|---|---|---|---|---|
| 1 | 制定物料需求 | 1. PMC 物控员根据《订单评审表》《主生产计划表》中的物料交期信息，以及BOM 表，进行物料需求运算，同时结合仓库的实际库存、现有订单占用量及采购在途，定出具体的物料需求<br>2. 物料需求在订单评审完成后4 个工作小时内完成物料需求运算 | PMC | 物控员 | 每天 | PMC 负责人<br>采购员稽核 | 每天 | 1. 物控员未及时完成《物料需求计划表》的，乐捐 5 元/次 |

续表

| 序号 | 控制要点 | 执行动作 | 执行部门 | 执行人 | 执行时间 | 检查人 | 检查频率 | 责任 |
|---|---|---|---|---|---|---|---|---|
| 1 | 制定物料需求 | 3. 物控员将制定好的《物料需求计划表》交PMC负责人审核，审核工作要在0.5个工作小时内完成<br>4. 物控员将审核好的《物料需求计划表》交给采购进行有采购下单的工作，开始进行物料的采购作业 | | | | | | 2.《物料需求计划表》中需求数量申购有误或是漏申购的，乐捐10元/项<br>3. PMC负责人未及时完成《物料需求计划表》审核的，乐捐5元/次 |
| 2 | 物料进度跟进 | 1. 物控员每天将所下达的《物料需求计划表》进行汇总和更新，便于进度跟进和制定《采购管制表》<br>2. 物控员要每天对所下达的《物料需求计划表》进行跟进，将实际的到料日期、数量记录在物料需求计划表上 | PMC | 物控员 | 每天 | PMC负责人稽核 | 每天 | 1. 物控员未将《物料需求计划表》及时汇总的，乐捐5元/次<br>2. 物控员未将到料情况记录在《物料需求计划表》上的，乐捐5元/次 |

控制要点：
MC负责明确物料的交期来源，明确物料的计算依据，明确物料需求数的规定、明确《物料需求计划表》完成时间规定及传递规定

## 8. 采购管制动作控制

（1）采购不按计划回料，回来的物料不是生产所需，欠数频发，究其原因是物控对采购计划没有管制。

（2）采购管制表是对物料需求计划的具体落实，是物控对物料计划的跟进，确保物料能够按计划回厂，在确保不欠料的同时，合理控制库存量。

## 8.1 采购管制表

《采购管制表》如表1－12所示：

**表1－12 模切部—包装材料采购管制表（模板）**

| 序号 | 申购时间 | 物料名称 | 单位 | 需求数 | 需求日期 | 采购下单日期 | 供应商名称 | 采购单号 | 采购单数量 | 采购欠数 | 供应商承诺交期 | 11月实际到料日期及数量 | | | | 备注 |
|---|---|---|---|---|---|---|---|---|---|---|---|---|---|---|---|---|
| | | | | | | | | | | | | 1 | 2 | … | 30 | |
| 1 | 11/7 | 30°黑色SR（KD002R） | PCS | 1000 | 11/10 | | | | | | | | | | | |
| 2 | 11/7 | 38°黑色EVA（卷） | 平方米 | 4.1474 | 11/10 | | | | | | | | | | | |
| | | | | | | | | | | | | | | | | |
| | | | | | | | | | | | | | | | | |
| | | | | | | | | | | | | | | | | |
| | | | | | | | | | | | | | | | | |

表单要点：
将采购订单进行汇总、细分，细分到每一个采购订单号、采购员、供应商及每一项具体的物料，对每一天的到料情况进行记录，每天更新、共享，MC负责，作为下达采购日计划的主要依据

## 8.2 采购管制动作控制卡

《采购管制动作控制卡》如表1－13所示：

**表 1－13　采购管制动作控制卡（模板）**

| 序号 | 控制要点 | 执行动作 | 执行部门 | 执行人 | 执行时间 | 检查人 | 检查频率 | 责任 |
|---|---|---|---|---|---|---|---|---|
| 1 | 采购订单汇总 | 1. 采购员在接到物控员的《物料需求计划表》后，要在 1 个工作小时 内完成《采购订单》的下达，并交给物控员进行数量和交期的审核，物控员审核完成后再交给采购经理进行审核，审核工作要在 0.5 个工作小时 内完成<br>2. 《采购订单》下达后，采购员要将一份交到物控员手上，物控员在 0.5 个工作小时 内将采购订单信息录入到《采购管制表》中<br>3. 物控员将更新好的《采购管制表》发给采购员确认 | PMC<br>采购部 | 物控员<br>采购员 | 每天 | 采购负责人稽核 | 每天 | 1. 采购员未及时下《采购订单》的，乐捐 5 元/次<br>2. 物控员未及时审核《采购订单》的，乐捐 5 元/次<br>3. 采购经理未及时审核《采购订单》的，乐捐 5 元/次<br>4. 物控员未及时录入《采购订单》及未及时将《采购管制表》发给采购员确认的，乐捐 5 元/次 |
| 2 | 采购确认 | 1. 采购员每天在 15：00 前对《采购管制表》中的物料信息：物料数量和时间，进行确认<br>2. 有异议的要向有关物控员反馈，并进行适当的计划调整 | 采购部 | 采购员 | 每天 | 物控员稽核 | 每天 | 采购员未及时对《采购管制表》中的物料信息进行确认及异常反馈的，乐捐 5 元/次 |
| 3 | 更新与共享 | 1. 物控员每天要根据来料信息，对《采购管制表》进行数量上的更新<br>2. 物控员每天要将新的《采购订单》信息及时录入到《采购管制表》中<br>3. 每天 17：00 前将更新完毕的《采购管制表》放在共享盘中 | PMC | 物控员 | 每天 | 采购员稽核 | 每天 | 物控员每天未及时更新《采购管制表》与未及时将《采购管制表》放在共享盘中的，乐捐 5 元/次 |

控制要点：
MC负责，明确《采购管制表》依据，明确MC要采购订单的审核规定，明确采购管制表的信息录入时间规定及共享要求

## 9. 采购日计划动作控制

（1）采购任务没有明确到天，没有每天下达，导致物料回厂不及时，总是处在“救火”状态，生产计划频繁调整，直接影响生产效率和出货。

（2）采购日计划是将《采购管制表》中的计划细化到天，同时对仓库及车间反馈的欠料形成每天的跟催计划，每天下达，每天跟进，每天考核，确保物料计划的实现，达到既保证了不欠料，又控制了库存量的目的。

### 9.1 采购日计划表

《采购日计划表》如表1－14所示：

**表1－14 模切部——包装物料交货日计划（模板）**

| 序号 | 申购时间 | 物料名称 | 单位 | 需求数 | 需求日期 | 采购下单日期 | 供应商名称 | 采购单号 | 采购单数量 | 采购欠数 | 交货计划 | | | 实际达成 | 备注 |
|---|---|---|---|---|---|---|---|---|---|---|---|---|---|---|---|
| | | | | | | | | | | | 11/9 | 11/10 | 11/11 | | |
| 1 | 11/7 | 30°黑色SR（KD002R） | PCS | 1000 | 11/10 | | | | | | | | | | |
| 2 | 11/7 | 38°黑色EVA（卷） | 平方米 | 4.1474 | 11/10 | | | | | | | | | | |
| | | | | | | | | | | | | | | | |

表单要点：
依据《采购管制表》、结合排查出来的欠料情况每天下达未来三天的到料日计划，由MC负责每天的下达

## 9.2 采购日计划动作控制卡

《采购日计划下达动作控制卡》如表 1－15 所示：

**表 1－15　采购日计划下达动作控制卡（模板）**

| 序号 | 控制要点 | 执行动作 | 执行部门 | 执行人 | 执行时间 | 检查人 | 检查频率 | 责任 |
|---|---|---|---|---|---|---|---|---|
| 1 | 采购日计划下达 | 1. 物控员依据《采购管制表》中的计划交期及每天在仓库、车间排查出来的欠数形成未来 3 天的《采购日计划》<br>2. 物控员必须在每天 17：30 前将未来 3 天的《采购日计划》下达给各采购员 | PMC | 物控员 | 每天 | 采购员稽核 | 每天 | 1. 物控员未能准确下达《采购日计划》的，乐捐 5 元/次<br>2. 物控员未在 17：30 前下达《采购日计划》的，乐捐 5 元/次 |
| 2 | 采购日计划跟进与协调 | 1. 物控员每天对《采购日计划》进度进行跟进和确认，并在每天的的生产协调会上将采购计划的达成情况进行通报<br>2. 对于进度异常，及时反馈给上级主管进行协调 | PMC | 物控员 | 每天 | 采购员稽核 | 每天 | 1. 物控员未能及时跟进《采购日计划》进度和在生产协调会上进行通报的，乐捐 5 元/次<br>2. 对于进度异常，物控员未及时向上级反馈的，乐捐 5 元/次 |
| 3 | 采购日计划达成统计 | 1. 物控员每天根据实际的到料信息，进行采购计划达成率的统计，每天进行公布<br>2. 对于未达成的采购计划要责令采购进行分析和检讨 | PMC* | 物控员 | 每天 | 采购员稽核 | 每天 | 物控员每天未对《采购日计划》达成情况进行统计、对采购未达成项进行整改的，乐捐 5 元/次 |

注：* 控制要点：MC 负责，规定采购日计划的下达依据、下达时间，每天公开的采购日计划达成数据统计、公布、检讨规定

## 10. 滚动物料排查动作控制

（1）总是在上线后才发现欠料，总是在组装时才发现不齐套，导致换线、交期延误、装配效率低，究其根本原因，是没有在生产之前进行物料排查。

（2）滚动物料排查主要是依据生产计划提前进行物料排查，每天滚动进行，将物料的欠料问题在上线前解决，从而确保生产计划的实施，确保效率，确保订单准交。

### 10.1 物料滚动排查表

《物料滚动排查表》如表1－16所示：

**表1－16 模切部——包装物料滚动排查表（模板）**

| 序号 | 排查时间 | 订单号 | 产品型号 | 产品名称 | 物料名称 | 单位 | 用料数 | 实际库存 | 欠料 | 采购回复 | 责任人 | 实际到料日期 | 实际到料数量 | 备注 |
|---|---|---|---|---|---|---|---|---|---|---|---|---|---|---|
| 1 | 11/10 | H－001 | LXAB6016 | 进口麦拉（KD002） | 30°黑色SR（KD002R） | PCS | 1000 | | | | | | | |
| 2 | 11/10 | H－001 | LXAB6016 | 进口麦拉（KD002） | 38°黑色EVA（卷） | 平方米 | 4.1474 | | | | | | | |
| | | | | | | | | | | | | | | |
| | | | | | | | | | | | | | | |
| | | | | | | | | | | | | | | |

表单要点：
MC主导物料排查，排查的信息来源于车间生产计划，排查结果的处理和跟进，每天排查，每天检查采购前一天欠料回复的达成情况

## 10.2 滚动物料排查动作控制卡

《滚动物料排查动作控制卡》如表 1－17 所示：

**表 1－17　滚动物料排查动作控制卡（模板）**

| 序号 | 控制要点 | 执行动作 | 执行部门 | 执行人 | 执行时间 | 检查人 | 检查频率 | 责任 |
|---|---|---|---|---|---|---|---|---|
| 1 | 物料排查表制定和对单 | 1. 物控员根据《车间生产计划表》中生产所需的物料明细，编制《滚动物料排查表》，提前一周进行物料排查<br>2. 每天 16：00，物控员依据《滚动物料排查表》同仓管员进行物料对单，排查仓库是否有欠料<br>3. 物控员每天滚动排查一周的物料情况 | PMC<br>仓库 | 物控员<br>仓管员 | 每天 | PMC 主管稽核 | 每天 | 1. 物控员未及时编制《滚动物料排查表》的，乐捐 5 元/次<br>2. 物控员每天未在规定时间同仓管员进行物料对单的，乐捐 5 元/次<br>3. 物控员没有每天做一周滚动物料排查的，乐捐 5 元/次 |
| 2 | 排查欠数回复 | 1. 对于排查出来的欠料，物控员要在 0.5 个工作小时内交给采购进行回复<br>2. 采购员在接到《滚动物料排查表》后，对欠料要在 1 个工作小时内进行交期回复<br>3. 物控员将回复的结果进行确认，并形成《采购日计划》进行跟进 | PMC<br>仓库 | 物控员<br>仓管员 | 每天 | PMC 主管稽核 | 每天 | 1. 物控员未及时将排查出来的欠料信息反馈给采购的，乐捐 5 元/次<br>2. 采购员未及时对欠料信息进和回复的，乐捐 5 元/次<br>3. 物控员未将欠料信息形成《采购日计划》的，乐捐 5 元/次 |
| 3 | 欠数跟进和反馈 | 1. 物控员在 次日的物料 对单会上，要对前日的物料达成情况进行通报<br>2. 对于未能按期达成的物料，采购员要进行检讨和改进，同时物控要将异常反馈给计划员，便于《日生产计划》的调整 | PMC | PC/MC<br>采购 | 每天 | PMC 主管稽核 | 每天 | 物控员未在对单会上进行物料达成情况通报的，乐捐 5 元/次 |

控制要点：
由MC负责，物料排查的依据规定、排查的时间规定、排查的人员规定、排查的欠料处理要求

## 11. 备料计划排查动作控制

（1）仓库不及时备料、仓库账物不准、仓库不及时反馈欠料信息，这些是导致生产欠料的要因，也是生产效率不高的要因，仓库的实物备料排查能有效解决这一问题，能提前解决上线前的物料异常，确保不欠料。

（2）实物备料排查是依据生产计划提前进行备料，在备料的过程中发现的欠料以及账物的异常及时反馈、及时处理、及时追欠，也是形成每天采购日计划的一个动作，确保生产计划的有效实施。

### 11.1 备料计划排查及报欠表

《备料计划排查及报欠表》如表1－18所示：

**表1－18　模切部——包装备料计划排查及报欠表（模板）**

| 序号 | 备料时间 | 订单号 | 产品型号 | 产品名称 | 物料名称 | 单位 | 用料数 | 实际备料 | 欠料 | 领用部门 | 备注 |
|---|---|---|---|---|---|---|---|---|---|---|---|
| 1 | 11/11 | H－001 | LXAB6016 | 进口麦拉（KD002） | 30°黑色 SR（KD002R） | PCS | 1000 |  |  | 模切包装组 |  |
| 2 | 11/11 | H－001 | LXAB6016 | 进口麦拉（KD002） | 38°黑色 EVA（卷） | 平方米 | 4.1474 |  |  | 模切包装组 |  |
|  |  |  |  |  |  |  |  |  |  |  |  |
|  |  |  |  |  |  |  |  |  |  |  |  |
|  |  |  |  |  |  |  |  |  |  |  |  |
|  |  |  |  |  |  |  |  |  |  |  |  |

表单要点：
MC主导备料排查，备料时间依据车间生产计划至少提前三天进行，仓管员根据库存实物填写欠数情况，进行帐面排查动作中的进一步的物料信息确认

## 11.2 备料计划排查动作控制卡

《备料计划排查动作控制卡》如表1－19所示：

**表1－19 备料计划排查动作控制卡（模板）**

| 序号 | 控制要点 | 执行动作 | 执行部门 | 执行人 | 执行时间 | 检查人 | 检查频率 | 责任 |
|---|---|---|---|---|---|---|---|---|
| 1 | 备料计划下达 | 1. 物控员根据《车间生产计划表》中生产所需的物料明细，在生产计划前3天将所需的物料《备料计划排查表》下达给仓管员，进行实物备料排查<br>2. 物控员每天 17：30前 下达，每次滚动下达3天的《备料计划排查表》 | PMC<br>仓库 | 物控员<br>仓管员 | 每天 | PMC主管稽核 | 每天 | 物控员未及时准确下达《备料计划排查表》给仓管员的，乐捐5元/次 |
| 2 | 实物备料排查 | 1. 仓管员在接到物控员下达的《备料计划排查表》后，在 1个工作日 内完成实物备料，将备好的物料放在备料区<br>2. 仓管员可根据备料区的仓位面积来放置物料，并将欠料情况填写在《备料计划排查表》，反馈给物控员 | PMC<br>仓库 | 物控员<br>仓管员 | 每天 | PMC主管稽核 | 每天 | 1. 仓管员未在1个工作日内完成实物排查的，乐捐5元/次<br>2. 仓管员未将欠料情况填写在《备料计划排查表》上及时反馈给物控员的，乐捐5元/次 |
| 3 | 备料报欠和跟进 | 1. 物控员在接到仓管员反馈的《备料计划排查表》后，在 1个工作小时 内进行确认和回复<br>2. 物控员根据《备料计划排查表》中的欠料信息，形成《采购日计划》进行跟进，并要求采购进行交期确认<br>3. 物控员将异常信息反馈给计划员，便于作《日生产计划》的调整 | PMC<br>采购 | PC/MC<br>采购 | 每天 | PMC主管稽核 | 每天 | 1. 物控员未在规定时间内对《备料计划排查表》中的欠料进行确认和回复的，乐捐5元/次<br>2. 物控员未及时将异常信息反馈给计划员的，乐捐5元/次 |

控制要点：
由MC负责，备料排查的依据规定、排查的时间规定、排查的人员规定、排查的欠料处理要求

## 12. 领料计划排查动作控制

（1）车间总是在上线的当天才去领料，当发现物料有问题的时候，只能去换线或是等待，没有做到提前发现和解决问题，导致效率的浪费和产能的损失。

（2）领料计划排查是车间按照领料计划提前去仓库进行实物的领料排查，在领料的过程中提前发现、提前处理物料的异常问题，是在仓库进行实物备料排查的基础上的再一次确认，是确保上线前物料齐套的最后一道防线。

### 12.1　领料计划排查表

《领料计划排查表》如表1－20所示：

**表1－20　模切部——包装领料计划排查表（模板）**

| 序号 | 领料时间 | 订单号 | 产品型号 | 产品名称 | 物料名称 | 单位 | 计划领料 | 实际领料 | 欠料 | 领用部门 | 备注 |
|---|---|---|---|---|---|---|---|---|---|---|---|
| 1 | 11/12 | H－001 | LXAB6016 | 进口麦拉（KD002） | 30°黑色 SR（KD002R） | PCS | 1000 | | | 模切包装组 | |
| 2 | 11/12 | H－001 | LXAB6016 | 进口麦拉（KD002） | 38°黑色 EVA（卷） | 平方米 | 4.1474 | | | 模切包装组 | |
| | | | | | | | | | | | |
| | | | | | | | | | | | |
| | | | | | | | | | | | |
| | | | | | | | | | | | |

表单要点：
MC主导领料排查，仓管员根据库存实物填写欠数情况，备料排查进一步对物料信息确认

## 12.2 领料计划排查动作控制卡

《领料计划排查动作控制卡》如表 1－21 所示：

**表 1－21 领料计划排查动作控制卡（模板）**

| 序号 | 控制要点 | 执行动作 | 执行部门 | 执行人 | 执行时间 | 检查人 | 检查频率 | 责任 |
|---|---|---|---|---|---|---|---|---|
| 1 | 领料计划下达 | 1. 物控员根据《车间生产计划表》中生产所需的物料明细，在生产计划前 2 天将所需的物料下达《领料计划排查表》给车间领料员、仓管员，进行上线前领料排查<br>2. 物控员 每天 17：30 前 下达，每次滚动下达 3 天的《领料计划排查表》 | PMC<br>车间领料员 | 物控员<br>仓管员 | 每天 | PMC 主管稽核 | 每天 | 物控员每天未及时、准确下达《领料计划排查表》的，乐捐 5 元/次 |
| 2 | 实物领料排查 | 1. 车间领料员在接到物控员下达的《领料计划表》后，在 1 个工作日内 完成实物排查<br>2. 仓管员根据实际的发料情况，将欠料信息填写在《领料计划排查表》，在 0.5 个工作小时 内反馈给物控员 | PMC<br>车间领料员 | 物控员<br>仓管员 | 每天 | PMC 主管稽核 | 每天 | 1. 车间领料员未在 1 个工作日内完成领料实物排查的，乐捐 5 元/次<br>2. 仓管员未及时将领料排查欠料信息反馈给物控员的，乐捐 5 元/次 |
| 3 | 领料报欠和跟进 | 1. 物控员在接到仓管员反馈的《领料计划排查表》后，在 1 个工作时内 进行确认和回复<br>2. 物控员根据《领料计划排查表》中的 欠料信息 处理，形成《采购日计划》进行跟进，并要求采购进行交期确认<br>3. 物控员将异常信息反馈给计划员，便于作《日生产计划》的调整 | PMC<br>采购 | PC/MC<br>采购 | 每天 | PMC 主管稽核 | 每天 | 1. 物控员未及时将领料欠数信息进行确认回复的，乐捐 5 元/次<br>2. 物控员未将领料欠数信息形成《采购日计划》进行跟进的，乐捐 5 元/次<br>3. 物控员未将异常信息及时反馈的，乐捐 5 元/次 |

控制要点：
由MC负责，领料排查的依据规定、排查的时间规定、排查的人员规定、排查的欠料处理要求

## 13. 滚动出货计划动作控制

（1）交期变更、出货没有计划，导致正常单变成急单，生产的成品并不是真正出货的需求，导致紧急插单、交期延误，成品库存堆积，根本原因是没有出货计划。

（2）出货计划是出货前的对生产进度的觉知，每天滚动下达，便于展开提前排查，同时以此拉动前工序的生产，确保生产所做是出货所需。

### 13.1 滚动出货计划表

《滚动出货计划表》如表1－22所示：

**表1－22 滚动出货计划表（模板）**

| 序号 | 订单号 | 产品型号 | 产品名称 | 单位 | 订单数 | 出货日期 | 备注 |
|---|---|---|---|---|---|---|---|
| 1 | H－001 | LXAB6016 | 进口麦拉（KD002） | PCS | 1000 | 11/14 | |
| … | … | … | … | … | … | … | … |
| | | | | | | | |
| | | | | | | | |
| | | | | | | | |
| | | | | | | | |
| | | | | | | | |

表单要点：
业务跟单负责下达，依据订单的评审交期及变更的交期进行下达至少一周的出货计划，每天滚动下达

## 13.2 滚动出货计划动作控制卡

《滚动出货计划下达动作控制卡》如表 1－23 所示：

**表 1－23　滚动出货计划下达动作控制卡（模板）**

| 序号 | 控制要点 | 执行动作 | 执行部门 | 执行人 | 执行时间 | 检查人 | 检查频率 | 责任 |
|---|---|---|---|---|---|---|---|---|
| 1 | 出货计划下达 | 1. 业务部跟单员将经过订单评审的客户订单，形成《订单汇总表》，依据《订单汇总表》中的评审交期，每天滚动下达一周《滚动出货计划表》给 PC 和成品仓仓管员<br>2. 《周滚动出货计划表》每天在 16：00 前下达 | 业务部 | 业务部跟单 | 每天 | PC 员稽核 | 每天 | 业务部跟单员每天未及时下达《滚动出货计划表》的，乐捐 5 元/次 |
| 2 | 出货计划跟进 | 1. 业务部跟单依据《周滚动出货计划表》每天进行跟进，检查成品仓的入库情况<br>2. 在每天的生产协调会上要通报前天出货计划的达成情况，同时明确明后两天的出货重点 | 业务部 | 业务部跟单 | 每天 | 成品仓仓管稽核 | 每天 | 1. 业务部跟单员没有每天进行跟进检查成品仓入库情况的，乐捐 5 元/次<br>2. 业务部跟单员没有每天在生产协调会上通报前天的出货计划达成情况，以及通报明后两天的出货重点的，乐捐 5 元/次 |

控制要点：
由业务跟单负责，明确出货计划下达的依据及下达的时间，对出货计划达成结果的公布

## 14. 滚动出货计划排查动作控制

（1）出货前没有对库存进行检查，没有提前发现问题、解决问题，大多数工厂总是货柜车到厂后，才发现该出的货还在车间生产，才发现尾数还没清掉，导致干部们四处救火，效率极差。

（2）出货计划排查是提前按出货计划对成品库存进行排查，提前跟进出货前的欠数，提前处理出货前的尾数，同时拉动前工序生产日计划，确保出货，确保订单准交。

### 14.1 滚动出货计划排查表

《滚动出货计划排查表》如表1－24所示：

**表1－24 滚动出货计划排查表（模板）**

| 序号 | 排查日期 | 订单号 | 产品型号 | 产品名称 | 单位 | 订单数 | 出货日期 | 出货欠数 | | | 回复 | 责任人 | 备注 |
|---|---|---|---|---|---|---|---|---|---|---|---|---|---|
| | | | | | | | | 成品仓 | 包装 | 冲压 | | | |
| 1 | 11/12 | H－001 | LXAB6016 | 进口麦拉（KD002） | PCS | 1000 | 11/14 | | | | | | |
| … | … | … | … | … | … | … | … | … | … | … | | | |
| | | | | | | | | | | | | | |
| | | | | | | | | | | | | | |
| | | | | | | | | | | | | | |
| | | | | | | | | | | | | | |

表单要点：
PC主导出货前的排查，明确排查的时间、范围、欠数及对欠数的处理状态。排查时间一般在出货前三天或是更长，排查时间由对欠数的最优处理时间来决定，为排查欠数的处理预留时间

## 14.2 滚动出货计划排查动作控制卡

《滚动出货计划排查动作控制卡》如表 1－25 所示：

**表 1－25　滚动出货计划排查动作控制卡（模板）**

| 序号 | 控制要点 | 执行动作 | 执行部门 | 执行人 | 执行时间 | 检查人 | 检查频率 | 责任 |
|---|---|---|---|---|---|---|---|---|
| 1 | 出货计划排查 | 1. PC 员按照《周滚动出货计划表》，每天晚上 19：00，召集成品仓仓管、包装负责人、模切部负责人，对出货前 3 天的订单进行成品排查，对于排查出来的欠数，当事部门负责人，现场要承诺完成日期<br>2. PC 员再将成品欠数，下达到《滚动冷冻日生产计划表》中，形成各部必须要完成的生产任务<br>3. PC 的排查每次至少要做到 3 天的滚动排查 | PMC | PC 员 | 每天 | PMC 主管稽核 | 每天 | 1. PC 没有每天在规定时间内召开出货进度对单会的，乐捐 5 元/次<br>2. 各生产部负责人设在会上做出交期承诺的，乐捐 5 元/次<br>3. PC 没有将出货排查出来的欠数下达到《滚动冷冻日生产计划表》或是《日清尾计划表》中的，乐捐 5 元/次 |
| 2 | 出货计划跟进 | 1. PC 员在每天的成品排查对单会上，对前日各生产部负责人回复日期的达成情况进行通报，对于不能按期达成的，按会议决议规定进行问责<br>2. 每天 PC 要将未按期达成的信息向其直接上级主管通报，并向业务部跟单员进行反馈和协调 | PMC<br>业务部 | PC 员<br>业务部跟单 | 每天 | PMC 主管稽核 | 每天 | 1. PC 没有在每天的对单会上对前天的承诺交期的达成情况进行通报的，乐捐 5 元/次<br>2. PC 未及时将异常信息向上级反馈，以及未同业务部跟单员进行协调的，乐捐 5 元/次 |

控制要点：
由PC主导排查，规定排查的时间及排查的依据，规定排查欠数的处理动作，规定欠数处理结果的通报

## 15. 冷冻滚动日生产计划动作控制

（1）生产任务不明确，生产任务没有每天下达，生产任务没有下达到工序，没有统一的生产指挥，导致生产各自为政、交期不准、效率不高。

（2）冷冻滚动日生产计划是将生产任务细化到天、细化到班组、机台，冷冻是为了确保生产计划不变，滚动是应对急单、插单。

（3）冷冻滚动日生产计划是在前面十一个动作的基础上得出的可执行的日生产计划，每天滚动下达，确保出货。

### 15.1 冷冻滚动日计划示意图

《冷冻滚动日计划示意图》如表1-26所示：

**表1-26 冷冻滚动日计划示意图**

| | 1日<br>生产任务 | 2日<br>生产任务 | 3日<br>生产任务 | 4日<br>生产任务 | 5日<br>生产任务 | 6日<br>生产任务 |
|---|---|---|---|---|---|---|
| 1日 | 今天 | 冷冻100% | 确定80% | 确定60% | | |
| 2日 | | | 冷冻100% | 确定80% | 确定60% | |
| 3日 | | | | 冷冻100% | 确定80% | 确定60% |
| 4日 | | | | | 冷冻100% | 确定80% |

## 15.2 冷冻滚动日生产计划表

《冷冻滚动生产日计划》如表1－27所示：

**表1－27 模切部——分切工序3天冷冻滚动生产日计划（模板）**

下达日期：11/10

| 序号 | 订单号 | 产品型号 | 产品名称 | 单位 | 订单数 | 评审交期 | 分切 | | 分切3天冷冻滚动生产日计划（11月） | | | 实际达成 | 备注 |
|---|---|---|---|---|---|---|---|---|---|---|---|---|---|
| | | | | | | | 已完成 | 欠数 | 11（冷冻） | 12（滚动） | 13（滚动） | | |
| | | | | | | | | | 计划 | 计划 | 计划 | | |
| 1 | H－001 | LXAB6016 | 进口麦拉（KD002） | PCS | 1000 | 11/14 | 0 | 1000 | 1000 | | | | |
| | | | | | | | | | | | | | |
| | | | | | | | | | | | | | |
| | | | | | | | | | | | | | |
| | | | | | | | | | | | | | |
| | | | | | | | | | | | | | |

表单要点：
日计划下达到关键工序，至少是三天冷冻加滚动，由PC依据车间生产计划、滚动排查结果每天下达

## 15.3 冷冻滚动日生产计划动作控制卡

《冷冻滚动日生产计划动作控制卡》如表1－28所示：

**表1－28　日生产计划动作控制卡（模板）**

| 序号 | 控制要点 | 执行动作 | 执行部门 | 执行人 | 执行时间 | 检查人 | 检查频率 | 责任 |
| --- | --- | --- | --- | --- | --- | --- | --- | --- |
| 1 | 日计划下达 | 1. 模切部、丝印部计划员周一至周五每天15：00前下达辅料、分切、涂布组、冲压组、油压组、直切组、激光组、丝印、精雕各工序次日的机台、《生产日计划》及手工组与包装组的人数、《生产日计划》给车间负责人进行签名确认<br>2. 橡胶部计划员在每日15：30前将炼胶组和除边组次日《生产日计划》下达给车间负责人进行签名确认 | PMC | PC员 | 每天15：00前 | PMC主管<br>车间负责人 | 每天 | 1. 模切部、丝印部计划员未在周一至周五间15：00前下达各班组的《生产日计划》的，乐捐5元/次<br>2. 橡胶部计划员每天未在15：30前下达炼胶组、除边组下达《生产日计划》的，乐捐5元/次 |
| 2 | 日计划跟进与更新 | 1. 计划员每天08：20～08：30（20：20～20：30）与车间主管、白夜班组长对单，9：30（21：00）前更新车间滚动《生产日计划》（含前日清尾计划及次日冷冻日计划）<br>2. 周六/日有加班的，计划员也要按照时间节点进行对单及更新《生产日计划》。计划员按照班次将纸质《生产日计划》下发给车间负责人进行签名确认 | PMC | PC员 | 每天15：00前 | PMC主管<br>车间负责人 | 每天 | 1. 各计划员每天未及时向车间主管进行对单和更新《生产日计划》的，乐捐5元/次<br>2. 周六、日加班，计划员未及时同车间主管对单和更新《生产日计划》的，乐捐5元/次 |

控制要点：
由PC员负责，规定下达的时间、下达方式、过程中的跟进与更新规定、变更及异常处理规定

续表

| 序号 | 控制要点 | 执行动作 | 执行部门 | 执行人 | 执行时间 | 检查人 | 检查频率 | 责任 |
|---|---|---|---|---|---|---|---|---|
| 3 | 日计划变更 | 1. 班组没事做的或周日休息的将不排日计划，依据订单情况需周日加班时，计划员需在周五下午17：30前下发周日和下周一的《生产日计划》<br>2. 遇到紧急插单或取消订单生产的，需变更《车间生产工序滚动日计划（报）表》并将更新后的纸质档下发给车间负责人进行签名确认<br>3. 车间负责人根据计划员下达的《车间生产工序滚动日计划（报）表》按先后顺序安排生产 | PMC | PC员 | 每天15：00前 | PMC主管/车间负责人 | 每天 | 1. 周日需加班的，各计划员未在周五下午17：30前下发周日、下周一《生产日计划》的，乐捐5元/次<br>2. 对变更信息，各计划员未及时将《生产日计划》更新和下发的，乐捐5元/次<br>3. 车间负责人未按《日生产计划》生产的，乐捐5元/次 |
| 4 | 进度跟进与协调 | PMC计划员当天每2小时对车间生产进度跟进，对《车间工序进度看板》《异常处理看板》进行检查，对影响生产进度的异常进行协调和跟进 | PMC | PC员 | 每天15：00前 | PMC主管/稽核员 | 每天 | 各计划员未做到2小时现场生产进度跟进的，乐捐5元/次 |

## 16. 日清尾计划动作控制

（1）尾数清理没有每天清理，没有清尾计划，总是到出货时才动作，这是导致货柜延误、空运、订单交期延误的根本原因。

（2）清尾日计划的实施是为了快速清单、快速出货，是对日生产计划的一个补充，同样的要每天下达，每天清尾，确保出货、确保订单准交。

## 16.1 清尾日计划表

《清尾日计划表》如表1－29所示：

**表1－29 模切部——清尾日计划（模板）**

下达日期：11/14

| 序号 | 订单号 | 产品型号 | 产品名称 | 单位 | 订单数 | 欠数 | 11/14 | | | 实际达成 | 备注 |
|---|---|---|---|---|---|---|---|---|---|---|---|
| | | | | | | | 分切 | 冲压 | 包装 | | |
| 1 | H－001 | LXAB6016 | 进口麦拉（KD002） | PCS | 1000 | 10 | | | 10 | | |
| | | | | | | | | | | | |
| | | | | | | | | | | | |
| | | | | | | | | | | | |
| | | | | | | | | | | | |
| | | | | | | | | | | | |
| | | | | | | | | | | | |

表单要点：
针对订单尾数，明确下达到完成的工序，每天早上下达，作为日生产计划的补充

## 16.2 清尾日计划动作控制卡

《清尾日计划动作控制卡》如表1－30所示：

**表 1-30 清尾日计划动作控制卡（模板）**

| 序号 | 控制要点 | 执行动作 | 执行部门 | 执行人 | 执行时间 | 检查人 | 检查频率 | 责任 |
|---|---|---|---|---|---|---|---|---|
| 1 | 日清尾的来源 | 1. 计划员每天根据车间提供的《车间生产工序滚动日计划（报）表》确定车间各工序的尾数明细<br>2. 计划员根据每天的《滚动出货计划排查表》中的欠数确定包装尾数<br>3. 尾数明细的确定时间在早上9：00前完成 | PMC | 计划员 | 每天 9：00前 | PMC主管 稽核员 | 每天 | 各计划员未及时确定各工序生产尾数的，乐捐5元/次 |
| 2 | 日清尾计划下达 | 计划员每天早上根据车间提供的《车间生产工序滚动日计划（报）表》在09：00制定《日清尾计划》下达给各工序小组 | PMC | 计划员* | 每天 9：00前 | PMC主管 稽核员 | 每天 | 各计划员未在9：00前下达《日清尾计划》的，乐捐5元/次 |
| 3 | 日清尾计划跟进 | PMC计划员当天每2小时对车间生产进度跟进，重点对影响生产清尾的异常进行协调 | PMC | 计划员 | 每天 9：00前 | PMC主管 稽核员 | 每天 | 各计划员未做到2小时现场生产进度跟进的，乐捐5元/次 |

注：*控制要点：由PC负责，清尾计划下达的依据、下达的时间规定及下达方式、过程中的跟进和协调规定

## 17. 生产进度看板动作控制

（1）很多人不重视过程管理，只要结果，生产过程没有跟进，对进度不了解，客户追货时才开始去了解，这样的结果，只会是“救火”，劳而无效，累而无功。

（2）生产进度看板主是对生产过程中进度的了解，进度信息要细到工序、细到小时，及时掌握生产进度，确保生产计

划的有效执行。

## 17.1 生产进度看板

《生产进度看板》如表1－31所示：

**表1－31 模切部——分切工序进度看板（模板）**

生产日期：11/11

| 序号 | 订单号 | 产品型号 | 产品名称 | 单位 | 订单数 | 累计完成数 | 今日计划数 | 实际完成 | | | | 备注 |
|---|---|---|---|---|---|---|---|---|---|---|---|---|
| | | | | | | | | 8：00－10：00 | 10：00－12：00 | 14：00－15：00 | 15：00－17：00 | |
| 1 | H－001 | LXAB6016 | 进口麦拉（KD002） | PCS | 1000 | 0 | 1000 | 200 | | | | |
| | | | | | | | | | | | | |
| | | | | | | | | | | | | |
| | | | | | | | | | | | | |
| | | | | | | | | | | | | |
| | | | | | | | | | | | | |
| | | | | | | | | | | | | |

表单要点：
车间组长依据冷冻滚动工序日生产计划填写，每2小时填写一次实际完成的数量

## 17.2 生产进度看板动作控制卡

《生产进度看板动作控制卡》如表1－32所示：

**表 1－32　生产进度看板动作控制卡（模板）**

| 序号 | 控制要点 | 执行动作 | 执行部门 | 执行人 | 执行时间 | 检查人 | 检查频率 | 责任 |
|---|---|---|---|---|---|---|---|---|
| 1 | 工序日计划填写 | 1. 各工序生产组长按照《工序日生产计表》的内容，在每天早上上班前填写在自己所在工序的《生产进度看板》上<br>2. 各工序生产组长严格按照《生产进度看板格式》填写。内容必须是当日所要生产的内容<br>3. 看板填写要求字迹工整、清晰，不得乱写乱画 | 生产部 | 工序组长 | 每天 | 生产部长<br>PC 员 | 每天 | 各工序生产组长未按看板格式填写的，乐捐 5 元/次 |
| 2 | 小时进度更新 | 各工序生产组长每 2 小时依据实际完成数量更新《生产进度看板》 | 生产部 | 工序组长 | 每两小时 | 生产部长<br>PC 员 | 每两小时 | 各工序生产组长未 2 小时更新一次《生产进度看板》的，乐捐 5 元/次 |

控制要点：
由工序组长负责填写，填写的依据规定，填写的要求，填写的时间规定

## 18. 生产异常处理看板动作控制

（1）不能及时发现生产中的异常、生产异常处理不及时，这样做的结果是生产计划达成率低、产量/产值不高。

（2）生产异常处理看板能够快速形成聚焦、快速调动干部来解决过程中的异常，所以，看板强调及时提报、过程跟进、结果验证，确保异常快速处理，确保生产计划顺利实施，从而保障生产效率、保障准时出货。

## 18.1 生产异常处理看板

《生产异常处理看板》如表 1－33 所示：

**表 1－33　模切部－分切工序异常处理看板（模板）**

| 序号 | 日期 | 订单号 | 产品型号 | 产品名称 | 异常种类 | 异常描述 | 发生时间 | 对口部门 | 到场时间 | 异常处理动作 | 承诺完成时间 | 实际完成时间 | 效果确认 |
|---|---|---|---|---|---|---|---|---|---|---|---|---|---|
| 1 | 11/11 | H－001 | LXAB6016 | 进口麦拉（KD002） | 品质 | 实际尺寸与图纸不符 | 10：25 | 品管部 | | | | | |
| | | | | | | | | | | | | | |
| | | | | | | | | | | | | | |
| | | | | | | | | | | | | | |
| | | | | | | | | | | | | | |
| | | | | | | | | | | | | | |
| | | | | | | | | | | | | | |

表单要点：
异常描述要具体，提报时间、对口部门的处理时间及提报人的结果确认。看板由车间组长负责

## 18.2 生产异常处理动作控制卡

《生产异常处理动作控制卡》如表 1－34 所示：

**表 1－34　异常处理看板动作控制卡（模板）**

| 序号 | 控制要点 | 执行动作 | 执行部门 | 执行人 | 执行时间 | 检查人 | 检查频率 | 责任 |
|---|---|---|---|---|---|---|---|---|
| 1 | 看板填写 | 1. 发生异常后，如是在 30 分钟内处理不了的异常，由组长5 分钟内填写此看板，并同步填写《生产异常提报单》交给对口部门负责人<br>2. 看板填写必须工整、规范，字迹清晰 | 生产部 | 工序组长 | 每天 | 生产部长<br>PC 员 | 每天 | 各工序生产组长未按要求填写《生产异常处理看板》的，乐捐 5 元/次 |
| 2 | 异常处理和跟进 | 1. 异常处理对口负责人，接到异常信息后，10 分钟内到达现场处理，并将处理动作填写在《生产异常处理看板》上<br>2. 生产组长及时跟进对口部门的处理情况，并将处理结果进行效果验证，将验证的结果填写在《生产异常处理看板》上<br>3. PC 员要整体协调异常对策的执行情况，对异常改善的执行进行跟进 | 生产部 | 工序组长<br>PC 员 | 每天 | 生产部长<br>PC 员 | 每天 | 1. 各对口部门负责人接到异常信息未及时到达现场进行处理的，乐捐 10 元/次<br>2. 各工序生产组长未及时将异常处理结果填写在《生产异常处理看板》的，乐捐 5 元/次 |

控制要点：
规定由生产组长填写、填写的要求，由PC员来跟进、整体协调

## 19. 日生产计划考核动作控制

（1）每天的生产任务达成情况没有关注，做得好与不好没有评价，对生产计划的执行没有压力，所以，日计划的统计考核是对每天目标的关注，以此让大家重视生产日计划的执行，确保准时出货。

（2）日计划考核，强调每天统计、每天公布、每天奖罚、以此来带动大家每天检讨、每天改善，从而让生产计划能够

更加有效地执行。

## 19.1 日计划考核统计表

《日计划考核统计表》如表 1－35 所示：

**表 1－35　模切部生产日计划达成统计表（模板）**

| 生产日期 | 分切 | | | 冲压 | | | 包装 | | | 备注 |
|---|---|---|---|---|---|---|---|---|---|---|
| | 计划数 | 完成数 | 达成率 | 计划数 | 完成数 | 达成率 | 计划数 | 完成数 | 达成率 | |
| 11/1 | | | | | | | | | | |
| 11/2 | | | | | | | | | | |
| 11/3 | | | | | | | | | | |
| 11/4 | | | | | | | | | | |
| 11/5 | | | | | | | | | | |
| … | | | | | | | | | | |
| 11/31 | | | | | | | | | | |
| 合计 | | | | | | | | | | |

表单要点：
每一天各工序的计划达成数据统计，及未达成原因备注

## 19.2　日计划考核动作控制卡

《日计划考核动作控制卡》如表 1－36 所示：

**表 1－36　日计划考核统计表控制卡（模板）**

| 序号 | 控制要点 | 执行动作 | 执行部门 | 执行人 | 执行时间 | 检查人 | 检查频率 | 责任 |
|---|---|---|---|---|---|---|---|---|
| 1 | 报表提交 | 1. 计划员和车间组长按照《日计划（报）表》格式的要求在对应栏位填写<br>2. 各工序组长每天 8：15 前将昨日日计划提交给主管审核，制造车间文员 8：30 复印一份日计划报表给计划员<br>3. 各班组提交的《日计划（报）表》按日报表格式内容填写完整无误并经部门主管签名确认（主管请假找代理人）<br>4. PMC 文员每日 11：00 将各班组日计划达成情况统计在《日计划考核表》上经主管审核后以邮件的形式发给生产中心各主管/经理/副总/稽核中心<br>5. 各班组提交的日计划（报）表上面完成订单的要按要求填写，未完成必须说明原因 | 生产部 | 工序组长<br>PC 员<br>PMC 文员 | 每天 | 生产部长<br>PC 员 | 每天 | 1. 各工序生产组长未按要求填写《日计划（报）表》的，乐捐 5 元/次<br>2. 各工序生产组长未及时将《日计划（报）表》交给主管审核的，乐捐 5 元/次<br>3. 车间文员未及时上交《日计划（报）表》的，乐捐 5 元/次<br>4. PMC 文员未及时交各班组日计划达成情况统计在《日计划考核表》上的，乐捐 5 元/次<br>5. 各班组提交的《日计划（报）表》，对于未达成的未注明原因的，乐捐 5 元/次 |
| 2 | 数据通报 | 1. 计划员要将统计的结果：各工序的日计划达成情况在每天的生产协调会上进行通报<br>2. 对达成的结果按日计划考核的规定在会上兑现 | PMC | PC 员 | 每天 | 各部门/稽核 | 每天 | 计划员未将各班组的日计划达成情况在每天的生产协调会上进行通报和考核兑现的，乐捐 5 元/次 |

控制要点：
由PC负责生产计划达成率的数据来源规定，统计的时间、统计结果公布、处理的方式规定

# 第 2 章

# 品质成本运作

做好攻关的十个要点：

第一，攻关就是企业集中力量，解决瓶颈问题，进行现场改善。

第二，开展现场改善攻关，员工动作是我们的首要切入点。通过调动广大员工对自己多年习以为常的做法进行聚焦、研究和改善，我们的工作效率和产品品质就会有意想不到的改变。中小企业90%长期困扰企业的品质问题和成本问题，究其根源往往并不是技术性难题，而是员工操作问题，是管理问题。严格将员工动作抓到位，问题大多能解决。

第三，攻关得在现场做。因为员工的动作在现场发生，你就必须到现场去。如果在做攻关的时间里，管理人员天天坐在办公室，员工的操作动作又怎么能得到改善，攻关提高品质、提升效率就是一句空话了。

第四，攻关的主导是管理人员，主体是工人。所以做攻关的时候不要老跟管理人员探讨攻关方案，管理人员是攻关的主导，但不是主体。

第五，一定要设定明确的数据目标。搞攻关，不能说我们要干什么事，而要说我们要达到一个怎样的目标。例如，攻关的目标是提升合格率，但提高到多少我们要有明确的数据，是提高到70%还是90%？否则没用。

第六，一定要有阶段性目标。例如，你最终想达到的合格率是90%，而现在的合格率只有50%，你可以分两个阶段来达到这个目标，第一阶段先达到70%，达到后，再向最终目标冲刺。

我们欧博曾经有个老师就犯过这样的错，企业原先的合格率是60%，但他把目标设定到 90%。我说："你这个攻关方案一定会失败。"他问为什么，我说："因为没有人跟你走得到 90%。员工会这么想：'到了 70% 你还不鼓励我，到了 80% 你还不鼓励我，非要到 90% 你才鼓励我，对不起，我看不到，不干了'。"

还有另一个项目已取得了很大改变，但因为项目组长一开始定的目标很高而没有达到，所以项目组长最后宣布攻关失败。我说："你这样就错了，因为大家跟着你很辛苦地干，从 50% 提高到 70%，提高了 20%，但就因为没达到 85% 的目标，你竟然就告诉大家失败了，这太挫伤大家的积极性了。"他说："曾教授，那怎么办呢？目标已经定高了呀。"我说："改一种说法，叫'取得了明显改变'。这句话不只是告诉你的，而是要你告诉那些跟你干的人，特别是工人，让他们知道的的确确发生了很大改变。你不能用'失败'两个字，要知道，企业里面人的积极性、人的激情，经常是被失败感浇灭的。"

企业人的失败感多了，一种无助感就会蔓延，所有的人都会认为自己什么都做不成。做管理首先要消灭这种无助感，要让员工经常有成就感。因此，当你的攻关目标从 50% 提高到 70% 的时候，你要告诉员工，通过努力取得了明显的改变。所以，做攻关一定要有阶段性目标，有一点点成绩就奖励，想尽办法给员工发点钱。给员工一百元，他会给你创造一万元的价值。

第七，我们要懂得在车间进行频繁激励。每天 10 元、20 元、50 元的奖励，甚至几元钱的奖励对工人都是非常有吸引力的。要知道工人也是会算账的，一天 10 元，一个月就是 300 元，相当于增加了工资，他就会有想头。

第八，攻关一定要懂得 PK。攻关不要你做你的，他做他的，各不相干。一定要把大家放到一起，一起打擂台，并且一定要有赢家和输家。

第九，攻关一定要频繁总结。

第十，攻关一定要持续进行。这里的攻关完了，这个问题已经解决得差不多了，马上转移战场，又到另一个地方去寻找改善点。我们主张把攻关变成一个系统，使企业每天都有攻关。像欧博做过的雄兵项目就是这样，各种攻关加起来近 400 次，公司层面的、部门层面的、班组层面的，每个班组一个星期要进行一次攻关。有些人会问哪有这么多攻关点？企业的改善，特别是现场的改善永无止境。

企业的现场改善永无止境。像佳能电子这家企业，从 1999 年到 2009 年，十年时间里，它的利润率从 1.9% 提高到 19%，就是靠无数次现场攻关达到的。日本人非常崇尚现场改善，甚至他们认为管理就是持续改善，日本的精益生产就是持续改善。

所以我们一定要知道，企业里做攻关，进行现场改善，欧博只是开了一个头，企业要永远、持续地做下去。工厂存在一天，就应该攻关一天。这样十年下来，企业会变得非常优秀，因为真正的问题、细节的问题都一个一个被解决了。

——摘自欧博企管曾伟教授《欧博心法：好工厂这样管》

## 1. 品质成本改善系统——动作流

品质成本改善系统——动作流如图 2－1 所示：

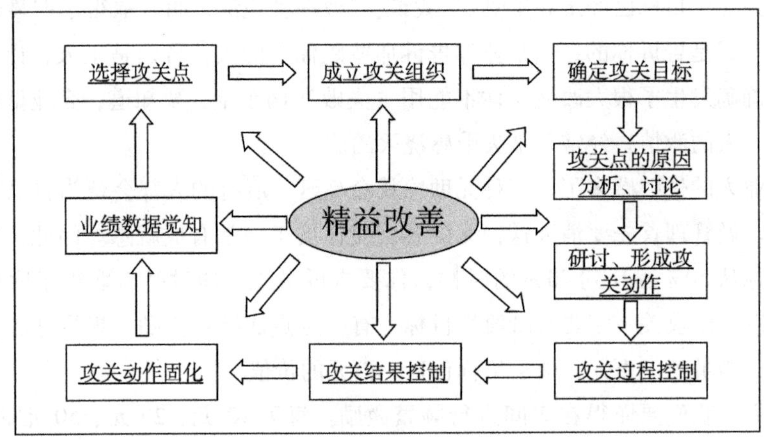


**图 2－1　品质成本改善系统——动作流**

## 2. 业绩数据觉知（成本）

（1）车间的生产成本主要分为物料成本、人工成本、其他费用（水、电、气等）三大类，人工成本主要是通过效率的提升来解决，车间最主要的成本其实就是物料成本。所以，一般进行车间成本改善的时候，是以物料成本的降低为主攻方向。

（2）物料成本又可以分为主材和辅料两个部分，主材成本可以通过品质提升及物料来控制，辅料比如家具厂的油漆、喷涂厂的喷粉、机加厂的刀具等，主要是通过减少浪费来控制成本。

（3）改善点的确定方法：①建立基础的成本数据表单；②建立成本数据分析表；③通过成本数据分析，找到具体的改善点。

《业绩数据觉知表》如表 2－1 所示：

**表 2－1　业绩数据觉知：20××年 6 月消耗品领用情况推移表（模板）**

| 序号 | 指标项目 | | 单位 | 当月目标 | 当月合计 | 1 日 | 2 日 | 3 日 | 4 日 | 5 日 | 6 日 | 7 日 | 合计 | |
|---|---|---|---|---|---|---|---|---|---|---|---|---|---|---|
| 生产 | 当日生产数量 | | 件 | | 1126466 | 41407 | 45551 | 46541 | 42732 | 40968 | 50188 | 42709 | 1126466. 0 | 当前累计单耗推移 |
| 销售 | 当日实绩销售数量 | | 件 | | 977145 | 41588 | 46348 | 37315 | 41090 | 48338 | 30280 | 17014 | 977145. 0 | |
| | 当日实绩销售不含税销售收入（加工费） | | 元 | | 3125864. 44 | 129855. 66 | 146326. 38 | 120857. 26 | 122529. 77 | 151544. 90 | 98302. 94 | 55326. 23 | 3125864. 44 | |
| 以下 A 类成本费用合计 | | | 元 | 0. 45 | 661，250. 45 | 9，816. 32 | 17，769. 70 | 20，635. 31 | 29，382. 00 | 10，721. 29 | 12，626. 58 | 9，343. 24 | 661，250. 45 | 0. 587 |
| | | | 单耗 | | 0. 587 | 0. 237 | 0. 390 | 0. 443 | 0. 688 | 0. 262 | 0. 252 | 0. 219 | 0. 587 | |
| A1 | 刀具用品费用 | 当日生产领用金额 | 元 | 0. 22 | 323，134. 80 | 11，163. 44 | 14，147. 80 | 13，543. 67 | 9，696. 17 | 9，151. 21 | 10，218. 88 | 7，337. 29 | 323，134. 80 | 0. 287 |
| | | | 单耗 | | 0. 287 | 0. 270 | 0. 311 | 0. 291 | 0. 227 | 0. 223 | 0. 204 | 0. 172 | | |
| A2 | 备品备件费用 | 当日生产领用金额 | 元 | 0. 025 | 45，456. 37 | 2，393. 79 | 680. 01 | 268. 12 | 16，364. 92 | 305. 46 | 388. 26 | 506. 79 | 45，456. 37 | 0. 040 |
| | | | 单耗 | | 0. 040 | 0. 058 | 0. 015 | 0. 006 | 0. 383 | 0. 007 | 0. 008 | 0. 012 | 0. 040 | |
| A3 | 制造油品费用 | 当日生产领用金额 | 元 | 0. 05 | 117，707. 59 | 0. 00 | 0. 00 | 0. 00 | 0. 00 | 0. 00 | 0. 00 | 0. 00 | 117，707. 59 | 0. 104 |
| | | | 单耗 | | 0. 104 | 0. 000 | 0. 000 | 0. 000 | 0. 000 | 0. 000 | 0. 000 | 0. 000 | 0. 104 | |
| A4 | 工装夹具费用 | 当日生产领用金额 | 元 | 0. 06 | 77，870. 69 | 5，320. 74 | 1，385. 34 | 5，224. 61 | 306. 23 | 43. 22 | 715. 70 | 92. 23 | 77，870. 69 | 0. 069 |
| | | | 单耗 | | 0. 069 | 0. 128 | 0. 030 | 0. 112 | 0. 007 | 0. 001 | 0. 014 | 0. 002 | 0. 069 | |
| A5 | 计量器具、检具费用 | 当日生产领用金额 | 元 | 0. 012 | 43，980. 30 | 0. 00 | 0. 00 | 0. 00 | 0. 00 | 0. 00 | 0. 00 | 0. 00 | 43，980. 30 | 0. 039 |
| | | | 单耗 | | 0. 039 | 0. 000 | 0. 000 | 0. 000 | 0. 000 | 0. 000 | 0. 000 | 0. 000 | 0. 039 | |

续表

| | | | | | | | | | | | | | |
|---|---|---|---|---|---|---|---|---|---|---|---|---|---|
| A6 | 杂消耗品费用 | 当日生产领用金额 | 元 | 0.01 | 13，624.92 | 352.28 | 220.18 | 685.06 | 440.38 | 113.92 | 119.73 | 170.94 | 13，624.92 | 0.012 |
| | | | 单耗 | | 0.012 | 0.009 | 0.005 | 0.015 | 0.010 | 0.003 | 0.002 | 0.004 | 0.012 | |
| A7 | 包装耗材费用 | 当日生产领用金额 | 元 | 0.01 | 11，902.65 | 245.90 | 25.64 | 130.52 | 771.55 | 167.27 | 148.47 | 419.75 | 11，902.65 | 0.011 |
| | | | 单耗 | | 0.011 | 0.006 | 0.001 | 0.003 | 0.018 | 0.004 | 0.003 | 0.010 | 0.011 | |
| A8 | 劳保用品费用 | 当日生产领用金额 | 元 | 0.012 | 13，119.52 | 400.39 | 664.48 | 62.82 | 1，041.68 | 454.52 | 408.70 | 475.90 | 13，119.52 | 0.012 |
| | | | 单耗 | | 0.012 | 0.010 | 0.015 | 0.001 | 0.024 | 0.011 | 0.008 | 0.011 | 0.012 | |
| A9 | 办公用品费用 | 当日生产领用金额 | 元 | 0.001 | 8.97 | 2.99 | 0.00 | 0.00 | 0.00 | 0.00 | 0.00 | 0.00 | 8.97 | 0.000 |
| | | | 单耗 | | 0.000 | 0.000 | 0.000 | 0.000 | 0.000 | 0.000 | 0.000 | 0.000 | 0.000 | |
| A10 | 质量损失成本 | 当日废品损失金额 | 元 | 0.05 | 14，444.66 | 578.26 | 646.25 | 720.51 | 761.08 | 485.68 | 626.83 | 340.33 | 14，444.66 | 0.013 |
| | | | 单耗 | | 0.013 | 0.014 | 0.014 | 0.015 | 0.018 | 0.012 | 0.012 | 0.008 | 0.013 | |
| A11 | 工时产量 | 当日生产工时产量 | 小时 | ≥25 | 46088 | 1，726.50 | 1，870.50 | 1，758.00 | 2，000.50 | 1，751.00 | 1，838.50 | 1，605.50 | | |
| | | | 效率 | | 24.44 | 23.98 | 24.35 | 26.47 | 21.36 | 23.40 | 27.30 | 26.60 | | |
| A12 | 产能损失 | 理论产能 | 件 | | 1722000 | 61，500 | 61，500 | 61，500 | 61，500 | 61，500 | 61，500 | 61，500 | 61，500 | |
| | | 生产计划 | | | | 45，224.00 | 49，968.00 | 52，385.00 | 51，542.00 | 48，900.00 | 54，099.00 | 48，500.00 | | |
| | 内部质量损失明细表 | | | | | | | | | | | | | |

## 3. 选择攻关点 （品质） 1

（1）攻关点的分类：①生产的瓶颈（产能）工序；②品质问题的改进；③工艺及技术的革新；④管理中的短板提升。

（2）攻关点的确定方法：①建立并如实填写基础表单；②表单数据的统计、分析、汇总；③通过数据分析找到具体的攻关点。

《制程不良统计表》如表 2 – 2 所示：

**表 2 – 2　制程不良统计表（模板）**

日期：

| 分类<br>工序 | 原材料 | 制错单 | 欠件 | 发错料 | 锯错料 | 切错方向 | 尺寸误差 | 锯漏/坏 | 压/钻孔/坏 | 刮花/划伤 | 碰撞/变形 | 安装损坏错/漏 | 调试损坏/漏 | 介错玻璃 | 玻璃爆破 | 款式做错 | 中空不净 | 合片错误 | 货运损坏 | 包装错/漏 | 其他 | 合计 | 目标值 | 生产一次交检合格率 |
|---|---|---|---|---|---|---|---|---|---|---|---|---|---|---|---|---|---|---|---|---|---|---|---|---|
| 客服 | | 9 | | | | | | | | | | | | | | | | | | | | | | |
| 仓储部 | | | | | | | | | | | | | | | | | | | | | | | | |
| 锯料班 | | | | | | | | 7 | | | | | | | | | | | | | | | | |
| 玻璃打胶 | | | | | | | | | 12 | | | | | | | | | | | | | | | |
| 玻璃合片 | | | | | | | | | | | | | | | 3 | | | | | | | | | |
| 玻璃工艺 | | | | | | | | | | | | | | | 1 | | | | | | | | | |
| 平开门安装 | | | | | | | | | | | | 2 | | | | | | | | | | | | |

续表

| 分类工序 | 原材料 | 制错单 | 欠件 | 发错料 | 锯错料 | 切错方向 | 尺寸误差 | 锯漏/坏 | 压/钻孔/坏 | 刮花/划伤 | 碰撞/变形 | 安装损坏错/漏 | 调试损坏/漏 | 介错玻璃 | 玻璃爆破 | 款式做错 | 中空不净 | 合片错误 | 货运损坏 | 包装错/漏 | 其他 | 合计 | 目标值 | 生产一次交检合格率 |
|---|---|---|---|---|---|---|---|---|---|---|---|---|---|---|---|---|---|---|---|---|---|---|---|---|
| 吊门安装 | | | | | | | | | | | | 10 | | | 1 | | | | | | | | | |
| 折叠门安装 | | | | | | | | | | | | | | | | | | | | | | | | |
| 品质部 | | | | | | | | | | | | | | | | | | | | | | | | |
| 供应商 | 54 | 1 | | | | | | | | 86 | 83 | | | | 5 | | | | | | | | | |
| 未判定 | 1 | | | | | | | | | 10 | 9 | | | | 6 | | | | | | | | | |
| 采购部 | | | | | | | | | | | | | | | | | | | | | | | | |
| 合计 | 55 | 10 | 0 | 0 | 0 | 0 | 0 | 7 | 12 | 96 | 92 | 12 | 0 | 0 | 16 | 0 | 0 | 0 | 0 | 0 | 0 | 300 | | 0 |
| 出错比例 | | | | | | | | | | | | | | | | | | | | | | | | |

| 生产总套数：1041 | 吊/推拉门（套）：452 | 补料返工单数：300 | 生产一次合格率：≥85%<br>生产单一次交检合格率：71.18% |
|---|---|---|---|
| | 折叠门（套）：93 | | |
| | 平开门（套）：496 | | |

文件呈送：

文件派送：

编制：　　审核：　　批准：

## 4. 选择攻关点 （品质） 2

对统计数据进行更进一步的分析，找出所占总不良比例高的品质点，这些品质点就是攻关的首选项。《制程不良统计表》如表 2 - 3 所示：

**表 2 - 3　生产制程不良现象分析表（模板）**

| 项目 \ 数据 \ 日期 | | 8 月第三周<br>8.24 - 8.29 | 9 月第一周<br>8.31 - 9.6 | 9 月第二周<br>9.9 - 9.13 | 9 月第三周<br>9.14 - 9.19 | 合计 |
|---|---|---|---|---|---|---|
| 生产检验总数（套） | | 1168 | 1041 | 874 | 722 | 3805 |
| 补料返工单数（单） | | 245 | 300 | 209 | 243 | 997 |
| 一次性合格率 | | 79.0% | 71.2% | 76.1% | 66.3% | 73.8% |
| 不良现象及比例 | 刮花/划伤 | 88 | 96 | 71 | 85 | 340 |
| | 不良比例 | 7.5% | 9.2% | 8.1% | 11.8% | 8.9% |
| | 占总不良比例 | 35.9% | 32.0% | 34.0% | 35.0% | 34.1% |
| | 碰撞变形 | 77 | 92 | 75 | 66 | 310 |
| | 不良比例 | 6.6% | 8.8% | 8.6% | 9.1% | 8.1% |
| | 占总不良比例 | 31.4% | 30.7% | 35.9% | 27.2% | 31.1% |
| | 色差/喷涂不良 | 44 | 55 | 47 | 49 | 195 |

前三项不良合计84.8%

其他不良类占15.2%

不良分类比例图示

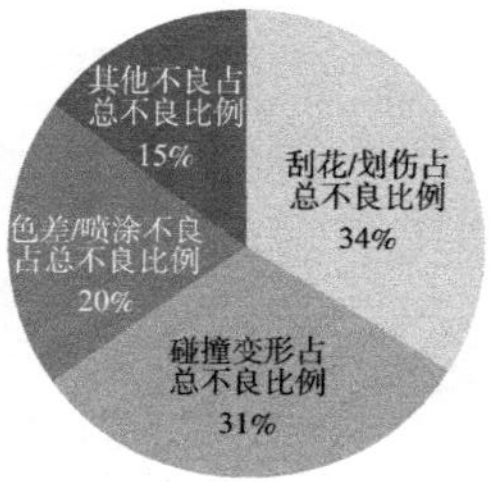

续表

| | | | | | | |
|---|---|---|---|---|---|---|
| 不良现象及比例 | 不良比例 | 3.8% | 5.3% | 5.4% | 6.8% | 5.1% |
| | 占总不良比例 | 18.0% | 18.3% | 22.5% | 20.2% | 19.6% |
| | 压/钻孔漏/坏 | 4 | 12 | 7 | 17 | 40 |
| | 不良比例 | 0.3% | 1.2% | 0.8% | 2.4% | 1.1% |
| | 占总不良比例 | 1.6% | 4.0% | 3.3% | 7.0% | 4.0% |
| | 玻璃爆破 | 5 | 16 | 5 | 9 | 35 |
| | 不良比例 | 0.4% | 1.5% | 0.6% | 1.2% | 0.9% |
| | 占总不良比例 | 2.0% | 5.3% | 2.4% | 3.7% | 3.5% |
| | 安装损坏/错/漏 | 4 | 12 | 1 | 7 | 24 |
| | 不良比例 | 0.3% | 1.2% | 0.1% | 1.0% | 0.6% |
| | 占总不良比例 | 1.6% | 4.0% | 0.5% | 2.9% | 2.4% |
| | 锯漏/坏 | 1 | 7 | 1 | 4 | 13 |
| | 不良比例 | 0.1% | 0.7% | 0.1% | 0.6% | 0.3% |
| | 占总不良比例 | 0.4% | 2.3% | 0.5% | 1.6% | 1.3% |
| | 发错料 | 4 | 0 | 0 | 3 | 7 |
| | 不良比例 | 0.3% | 0.0% | 0.0% | 0.4% | 0.2% |
| | 占总不良比例 | 1.6% | 0.0% | 0.0% | 1.2% | 0.7% |
| | 制错单 | 3 | 10 | 2 | 2 | 17 |
| | 不良比例 | 0.3% | 1.0% | 0.2% | 0.3% | 0.4% |
| | 占总不良比例 | 1.2% | 3.3% | 1.0% | 0.8% | 1.7% |
| | 包装错/漏 | 0 | 0 | 0 | 1 | 1 |

续表

| | | | | | | |
|---|---|---|---|---|---|---|
| 不良现象及比例 | 不良比例 | 0.0% | 0.0% | 0.0% | 0.1% | 0.03% |
| | 占总不良比例 | 0.0% | 0.0% | 0.0% | 0.4% | 0.1% |
| | 锯错料 | 2 | 0 | 0 | | 2 |
| | 不良比例 | 0.2% | 0.0% | 0.0% | 0.0% | 0.1% |
| | 占总不良比例 | 0.8% | 0.0% | 0.0% | 0.0% | 0.2% |
| | 款式做错 | 2 | 0 | 0 | | 2 |
| | 不良比例 | 0.2% | 0.0% | 0.0% | 0.0% | 0.1% |
| | 占总不良比例 | 0.8% | 0.0% | 0.0% | 0.0% | 0.2% |
| | 介错玻璃 | 1 | 0 | 0 | | 1 |
| | 不良比例 | 0.1% | 0.0% | 0.0% | 0.0% | 0.0% |
| | 占总不良比例 | 0.4% | 0.0% | 0.0% | 0.0% | 0.1% |
| | 其他 | 10 | 0 | 0 | | 10 |
| | 不良比例 | 0.9% | 0.0% | 0.0% | 0.0% | 0.3% |
| | 占总不良比例 | 4.1% | 0.0% | 0.0% | 0.0% | 1.0% |

## 5. 成立攻关组织

（1）攻关组织是保障攻关活动能够持续进行的基本条件，虽然是一个临时性的组织，但所起的作用是巨大的，所以，成本改善组织的建立是整个活动是否能有效开展的关键。

（2）攻关组织设置：①弄清楚攻关点所涉及的部门及岗位，这些部门和岗位人员均需包括在该团队中；②一般攻关活动最好是有高层挂帅，以资源提供和顾问的方式来参与攻关活动；③一定要分清主导人（攻关小组组长）、协助人（副组长等）、执行人（具体实际执行方案动作的人员）；④攻关组织中一定要有监督检查的人员（通常是稽核员）。

（3）整个组织的设定层面包括：策划层（以组织、调动、协调为主）、执行层（具体改善动作的执行）、监督层（过程中动作的执行检查）。

《攻关组织分工明细表》如表2－4所示：

**表2－4　外观不良攻关组织及职责分工明细表（模板）**

| 序号 | 攻关岗位 | 职务 | 人员分配 | 相关职责 | 备注 |
| --- | --- | --- | --- | --- | --- |
| 1 | 总指挥 | 制造中心副总经理 | ××× | 负责攻关活动过种中的资源支持、决策的确定及监督执行，负责统筹人员问题与相关部门沟通和协调问题，确保任务按质按量完成，对本次攻关活动负直接责任 | |
| 1 | 组长 | 生产经理 | ××× | 负责方案的具体实施，确保任务完成，负责任务总结，对未达成计划原因及时分析和处理 | |
| 2 | 副组长 | 品质主管 | ××× | 负责方案的具体实施，攻关过程中数据统计分析，负责配合组长完成其他相关事宜 | |

续表

| 序号 | 攻关岗位 | 职务 | 人员分配 | 相关职责 | 备注 |
|---|---|---|---|---|---|
| 3 | 组员 | 各装卸组、配料组、锯料组、压孔组、组装组、调试组、打包组组长、骨干员工、品质组长、品管员 | ××× | 参与攻关动作研讨、对出现的各种品质异常情况进行初步判别与分析，并按照所编制的规定、决议严格操作，防止异常问题频繁出现 | |
| 4 | 统计员 | 生产统计文员 | ××× | 负责整个攻关过程中数据每天的收集、统计、整理、提交组长、稽核中心 | |
| 5 | 稽核 | 稽核员 | ××× | 负责监督整个方案实施是否按要求时间完成各项工作 | |
| 6 | 顾问 | 老师 | ××× | 负责攻关小组运行过程中一切动作运行、方案的指导 | |

## 6. 确定攻关目标——阶段性设定目标攻关

（1）攻关目标是进行改善活动中为达成目的而设置的指标尺，通常用数据进行量化表述。攻关活动一定要有具体的数据，而目标指标是衡量攻关活动是否成功的关键数据。

（2）攻关目标设定的关键要点：①目标设置要量化，前期要展开讨论；②目标设置要合理，一定要细分成阶段性目标，循序渐进；③主攻要有方向，因此目标设置不宜过多，通常一个攻关方案目标不能超过两个指标；④目标的设置必须与问题点紧密关联，且目标的范围不宜过大。

《目标设定表》如表 2－5 所示：

**表 2－5　目标设定（案例）——门窗**

| 序号 | 项目 | 现状（攻关 8 月第四周、9 月第一、二、三周数据，共四周平均值） | 阶段性目标及时间 | | | |
|---|---|---|---|---|---|---|
| | | | 10 月第二周 | 10 月第三周 | 10 月第四周 | 11 月第一周 |
| 1 | 成品一次合格率 | 73.80% | 79.00% | 83.00% | 84.00% | 85.00% |
| | | | | | | |
| | | | | | | |
| | | | | | | |

## 7. 攻关点的原因分析和讨论

针对具体的问题，大家共同来讨论造成问题点的具体原因，这是形成具体操作动作的过程。该过程既是攻关活动前期的动员，也是群策群力发挥集体智慧的关键动作。做好该动作能够减少攻关动作在执行过程中的大量阻力。

**外观不良降低攻关原因分析（门窗行业）（模板）**

针对门窗外观不良的问题，攻关副组长召集了攻关成员、部份骨干员工及相关人员进行了讨论和分析，主要有以下几点原因：

（1）配料周转车放置型材过多、随意导致重压变形；

（2）搬运过程中型材碰伤、刮花、碰撞变形；

（3）拆包装刮伤型材；

（4）锯料台铝屑残留与型材摩擦刮花型材表面；

（5）压孔模有铝屑残留，型材套入、拉出时表面被摩擦刮花；

（6）拿取锯好的型材时随意，一次性拿的量多、容易掉落变形；

（7）压孔时将型材放在地面或搭在压孔机架上刮花碰伤表面；

（8）组装好的门框或待组装的型材直接放置于地面刮花碰伤表面；

（9）货架（周转车）防护包裹层损坏刮花碰伤型材；

（10）门框从中间拖拉出来刮花碰伤型材表面；

（11）组装班安装台面铝屑、配件未清理导致刮花不良；

（12）调试、打包人员从料架取外框时拉出或翻转导致划伤碰伤。

## 8. 研讨、形成攻关动作

（1）如何进行攻关动作的梳理和确定

①根据前期问题改善点的数据，了解问题点，并以此作为讨论的基础；②将问题进行展开，召集相关联的人员（特别是基层管理人员和老员工）进行充分的讨论（头脑风暴会议），并进行仔细记录；③将针对问题讨论出来的解决对策进行系统的整理和筛选，并将这些对策进行动作化描述，以转化成攻关方案中的具体操作动作；④这些动作要一对一地确定好执行人、执行时间、谁来检查、承担什么责任等。

（2）攻关动作讨论会核心要点

①会前要将数据准备好并进行公布；②会中要设定一两个核心的议题（攻关点）；③会议组织者要引导参会人员针对该议题（攻关点）进行对策讨论，确保不跑题；④会上可以对提出建议的人员进行适当奖励；⑤安排好熟悉情况的人员作为记录员，确保不漏记，不错记。

《公关动作案例表》如表2－6所示：

**表2-6 攻关动作（案例）——门窗：外观不良降低攻关具体动作表（模板）**

| 序号 | 问题点 | 原因分析 | 改善动作 | 责任人 | 监督人 | 完成体现 | 完成时间 | 责任 |
|---|---|---|---|---|---|---|---|---|
| 1 | 来料检验比例低 | 型材来料入仓前抽检比例低，无法及时发现来料不良 | 检验型材是否有碰伤、刮花、喷涂不良时需撕开保护膜依据型材外观检验标准进行检验，抽检比例在5%以上（每批次均抽检） | ××× | ××× | 型材外观检验标准、来料检验记录表 | 10月8日起至攻关结束 | 未按标准进行抽检乐捐责任人5元/次 |
| 2 | 型材卸货过程中型材碰伤、碰撞变形 | 型材卸货操作动作不规范 | 1. 型材从车上卸货时两人配合，车上车下各一人使用滑轮辅助卸货 | 装卸班成员 | ××× | 现场检查卸货人员按标准动作执行 | 10月8日起持续 | 未按标准动作操作的乐捐责任人5元/次 |
| | | | 2. 放置在地面或货物上面时两人各抬型材的一端，需轻放，杜绝丢投等危险动作 | | | | | |
| 3 | 上下货架型材刮伤 | 型材上下货架未使用滑轮或相互配合 | 1. 最顶层货架型材上下时必须使用滑轮辅助且两人配合进行，不可碰撞到其他型材 | 配料班成员 | ××× | 现场稽查收发料人员按规范动作执行 | 10月8日起持续 | 未按标准动作操作的乐捐责任人5元/项（次） |
| | | | 2. 每班使用滑轮时先检查滑轮滚动是否灵活或存在刮花型材风险 | | | | | |
| | | | 3. 型材上货架或从货架取出时不可粗暴推塞拖拉，需两人配合进行 | | | | | |
| 4 | 搬运过程中型材碰伤、刮花、碰撞变形 | 物料周转车未包裹保护好，周转运输磕碰 | 所有周转车需用泡沫棉包裹防止划伤、刮花，长度3米以上的型材运输过程中车的前后各两人共4人一起配合进行推车，避免车上型材碰撞到其他型材 | 配料班成员及××× | ××× | 现场稽查配发领料及领料人员按规范动作执行 | 10月8日起持续 | 未按标准动作操作的乐捐责任人5元/次 |

续表

| 序号 | 问题点 | 原因分析 | 改善动作 | 责任人 | 监督人 | 完成体现 | 完成时间 | 责任 |
|---|---|---|---|---|---|---|---|---|
| 5 | 拆包装刮伤型材 | 型材拆保护层时方法不当划伤 | 需用刀片打开包装时，必须使用带刀架的刀片，刀口不可对着型材正面划开包扎层避免划伤型材 | 配料班成员、锯料班成员、调试组成员、打包组成员 | ××× | 现场稽查拆包动作按规范操作 | 10 月 8 日起持续 | 未按标准动作操作的乐捐责任人 5 元/次 |
| 6 | 从周转车上拿取物料不规范 | 从周转车上拿取锯好的型材时随意抽取出来导致刮花或短的型材掉落 | 从周转车上拿取锯好的铝材时先拿短的再拿长的，不可随意从中间抽取防止短的铝材掉落和刮伤其他铝材 | 锯料班成员 | ××× | 现场稽查作业人员从周转车上拿取铝材动作符合规范要求 | 10 月 8 日起持续 | 未规范操作乐捐责任人 5 元/次 |
| 7 | 周转车放置型材多 | 配料周转放置型材过多导致重压变形 | 配料周转车放型材每隔层放置均匀，每隔层堆码型材不超过三层型材并且大料小料分开，大的料不可压小的料，长的料不可压短的料 | 配料班成员 | ××× | 现场稽查配料周转车放置每层不可堆码两层型材 | 10 月 8 日起至攻关结束 | 未按标准动作操作的乐捐责任人 5 元/次 |
| 8 | 锯料台铝屑刮花 | 锯料台铝屑残留与型材摩擦刮花 | 随时保持锯料工作台面清洁无铝屑残留 | 锯料班成员 | ××× | 现场稽核保持干净、机器日常保养表 | 10 月 8 日起持续 | 发现锯料台铝屑残留乐捐责任人 5 元/次 |
| 9 | 压孔模有铝屑 | 压孔模有铝屑残留，插入、拉出型材时表面被摩擦刮花 | 每班清洁压孔模，压孔时先检查压孔模是否有铝屑残留，型材插入模具或从磨具取出时避免型材表面与模具摩擦 | 压孔班成员 | ××× | 设备模具日常点检保养表，现场稽查无铝屑残留 | 10 月 8 日起持续 | 未按标准动作操作的乐捐责任人 5 元/次 |

续表

| 序号 | 问题点 | 原因分析 | 改善动作 | 责任人 | 监督人 | 完成体现 | 完成时间 | 责任 |
|---|---|---|---|---|---|---|---|---|
| 10 | 物料周转车、货架焊点等未打磨处理平 | 周转车、货架焊点等凸起刮花型材 | 每班组负责人按计划排查自己所管辖使用的周转车、货架是否有焊点等凸起存在刮花型材隐患，如有需停用维修 | ××× | ××× | 《物料架、周转车碰伤刮花型材隐患全面检查计划表》 | 10月8日起10月10日止 | 未按计划完成排查责任人乐捐5元/每辆车（每个货架） |
| 11 | 物料架、周转车金属外露 | 物料架、周转车金属未完全包裹摩擦碰伤型材 | 1. 员工每天自我检查自己所用的周转车隔层的金属是否有外露，如有需将外露部分包裹起来<br>2. 责任人每两天排查一次所有物料架、周转车隔层的金属是否有外露存在碰伤刮花铝材现象，如有需将外露部分包裹起来 | 配料、锯料、压孔、组装作业员 | ××× | 周转车隔层金属无外露现象，《物料架、周转车碰伤刮花型材隐患排查记录表》 | 10月8日至攻关结束 | 未按标准动作操作的乐捐责任人5元/次 |
| 12 | 拿取过程中掉落 | 拿取锯好的型材时一次性拿的量多、容易掉落变形（特别是尺寸短的料） | 拿取锯好料的型材时要将长的短的分开拿取，一次性拿取的量不可超过6根，而且不可以翻倒外面型材拿取里面的型材 | 锯料、压孔、组装作业员 | ××× | 现场稽查拿取型材数量不可超过6根 | 10月8日起持续 | 未按标准动作操作的乐捐责任人5元/次 |
| 13 | 拖拉门扇外框 | 在门扇安装时从半成品存放区拖出门框而碰伤刮花 | 多个外框挨在墙壁上，取出中间或靠墙里的门框时，两人配合，一人扶住无需搬动的门框，另一人端起搬出需要的门框，不可单独一人拖出门框避免碰伤刮花门框表面 | 组装作业员 | ××× | 现场稽查拿取门框需端起或抬起进行 | 10月8日起持续 | 未按标准动作操作的乐捐责任人5元/次 |
| 14 | 安装台面铝屑、配件未清理 | 在安装台留有铝屑或配件时，在组装过程中碰刮到型材导致刮花不良 | 组装门窗时先将安装台面的铝屑、配件清理干净，安装过程中随时保持无铝屑残留、铝材不可压在铝屑、配件上进行作业 | 组装作业员 | ××× | 组装台面无铝屑残留、放置配件影响安装 | 10月8日起持续 | 铝材压在铝屑、配件上作业乐捐责任人5元/次 |

续表

| 序号 | 问题点 | 原因分析 | 改善动作 | 责任人 | 监督人 | 完成体现 | 完成时间 | 责任 |
|---|---|---|---|---|---|---|---|---|
| 15 | 门框、铝材直接放置地面 | 组装好的门框或待组装的铝材直接放置于地面刮伤表面 | 先在地面铺放一层纸皮或胶垫再放置门框或铝材 | 组装作业员 | ××× | 门框门扇、铝材放置在纸皮或胶垫上 | 10月8日起持续 | 门框门扇、铝材直接放在地面乐捐责任人5元/次 |
| 16 | 调试、打包人员从料架拉出外框动作 | 打包人员在取出外框时，从料架拉出外框翻转外框导致划伤 | 1. 调试、打包人员从料架取出外框时需两人配合抬起取下不可拖拉出来、不可翻来翻去<br>2. 如果放置两层外框时必须使用纸皮隔开<br>3. 外框调试好在打包区拆包时需放在工作台上进行（不可在货架上），而且割开捆扎的静电膜时刀片不可对着铝材正面 | 调试组成员、打包组成员 | ××× | 外框取出动作符合规范要求 | 10月8日起持续 | 外框拿取未按标准动作进行乐捐责任人5元/次 |
| 17 | 本工序无自检 | 本工序完工后未自检或没有全检不良现象未能及时发现 | 1. 本工序完成后需进行自我检查，检查铝材表面是否有刮伤碰伤等不良，如有需挑出并且开单补料<br>2. 压孔、钻孔工序需自检披锋，如有披锋需去除干净防止刮花其他型材 | 锯料、压孔、组装作业员 | ××× | 检验记录表、补料单、抽检无不良或后工序无投诉上工序不良 | 10月8日起持续 | 未按标准进行自检乐捐5元/次，不良现象流入下工序乐捐责任人5元/次 |
| 18 | 工序间无互检 | 接收上工序半成品后未确认检查品质状况，不良现象未能及时发现 | 接收上工序半成品时先检查铝材表面是否有刮伤、碰伤等不良，如有立即反馈班组长和上工序 | 锯料、压孔、组装作业员 | ××× | 检验记录表、检验无外观不良 | 10月8日起持续 | 未检验上工序来料乐捐责任人5元/次，发现上工序不良奖励后工序发现者5元/次 |

## 9. 形成攻关方案

(1) 任何一项改善活动的推行必须要有明确的方案，用以整体指导活动过程中的各项工作，同时也为公司留下书面的记录，为以后的其他改善活动的开展提供样板。

(2) 攻关方案的要点必须包括的八点及三要素：①为什么要做；②什么时间做（标准）；③需要什么组织来保证（标准）；④怎么做（标准）；⑤过程中小结与调整（标准）；⑥明确检查与监督（制约）；⑦要达成什么目标（标准）；⑧责任承担（责任）。

外观不良降低攻关方案（模板）

(1) 攻关背景

生产制程出错率高，补料返工率居高不下，成品一次性合格率低，目标≥85%，实际连续4周未达标。

(2) 攻关目的

通过优化规范制程作业动作，降低生产制程过程中出错率，提升成品一次合格率特制定本方案。

(3) 攻关范围

制造中心生产部。

(4) 攻关时间

20××年10月8日～20××年11月8日。

(5) 成品一次性合格率现状

《成品一次性合格率现状》如表2－7所示：

**表2－7 成品一次性合格率现状**

| 项目 | 8月第四周 | 9月第一周 | 9月第二周 | 9月第三周 | 平均 |
|---|---|---|---|---|---|
| 成品一次性合格率实绩 | 79.0% | 71.2% | 76.1% | 66.3% | 73.8% |
| 成品一次性合格率目标 | 85% | 85% | 85% | 85% | —— |
| 是否达标 | 否 | 否 | 否 | 否 | —— |

（6）成品一次性合格率攻关目标

《成品一次性合格率攻关目标》如表 2－8 所示：

**表 2－8　成品一次性合格率攻关目标**

| 项目 | 10 月第三周 | 10 月第四周 | 10 月第五周 | 11 月第一周 |
|---|---|---|---|---|
| 成品一次性合格率攻关目标 | 79% | 83% | 84% | 85% |

（7）攻关小组成员与职责

《攻关小组成员与职责》如表 2－9 所示：

**表 2－9　攻关小组成员与职责**

| 岗位 | 人员分配 | 相关职责 |
|---|---|---|
| 顾问 | 欧博老师组 | 负责整个攻关方案的顾问指导 |
| 总指挥 | X 总 | 负责攻关活动过程中的资源支持、决策的确定及监督执行，负责统筹人员问题与相关部门沟通和协调问题，确保任务按质按量完成，对本次攻关活动负直接责任 |
| 组长 | ××× | 负责方案的具体实施，确保任务完成，负责任务总结，对未达成计划的原因及时分析和处理 |
| 副组长 | ××× | 负责方案的具体实施，攻关过程中数据统计分析，负责配合组长完成其他相关事宜 |
| 组员 | 质管部成员：×××<br>装卸班成员：×××<br>配料班成员：×××<br>锯料班成员：×××<br>压孔班成员：×××<br>组装班成员：×××<br>调试组成员：×××<br>打包组成员：××× | 负责落实方案的具体动作，在方案运作过程中严格按照要求操作，对执行过程中出现的异常及其他事项及时反馈 |
| 统计员 | ××× | 负责整个攻关过程中数据每天的收集、统计、整理，提交组长、稽核中心 |
| 稽核 | ××× | 负责跟进整个攻关方案的执行情况公布，每天、每周攻关数据核对，奖罚的跟进及奖金领发 |

（8）攻关动作

《攻关动作》如表2－10所示：

**表2－10　攻关动作**

| 序号 | 问题点 | 原因分析 | 改善动作 | 责任人 | 监督人 | 完成体现 | 完成时间 | 责任 |
|---|---|---|---|---|---|---|---|---|
| 1 | 来料检验比例低 | 型材来料入仓前抽检比例低，无法及时发现来料不良 | 检验型材是否有碰伤、刮花、喷涂不良时需撕开保护膜依据型材外观检验标准进行检验，抽检比例在5%以上（每批次均抽检） | ××× | ××× | 型材外观检验标准、来料检验记录表 | 10月8日起至攻关结束 | 未按标准进行抽检乐捐责任人5元/次 |
| 2 | 型材卸货过程中型材碰伤、碰撞变形 | 型材卸货中操作动作不规范 | 1. 型材从车上卸货时两人配合，车上车下各一人使用滑轮辅助卸货<br>2、放置在地面或货物上面时两人各抬型材的一端，需轻放杜绝丢投等危险动作 | 装卸班成员 | ××× | 现场检查卸货人员按标准动作执行 | 10月8日起持续 | 未按标准动作操作的乐捐责任人5元/次 |
| 3 | 上下货架型材刮伤 | 型材上下货架未有使用滑轮或相互配合 | 1. 最顶层货架型材上下时必须使用滑轮辅助且两人配合进行，不可碰撞到其他型材<br>2. 每班使用滑轮时先检查滑轮滚动是否灵活或存在刮花型材风险<br>3. 型材上货架或从货架取出时不可粗暴推塞拖拉，需两人配合进行 | 配料班成员 | ××× | 现场稽查收发料人员按规范动作执行 | 10月8日起持续 | 未按标准动作操作的乐捐责任人5元/项（次） |
| 4 | 搬运过程中型材碰伤、刮花、碰撞变形 | 物料周转车未包裹保护好，周转运输磕碰 | 所有周转车需用泡沫棉包裹防止划伤、刮花，长度3米以上的型材运输过程中车的前后各两人共4人一起配合推车，避免车上型材碰撞到其他型材 | 配料班成员及××× | ××× | 现场稽查配发领料及领料人员按规范动作执行 | 10月8日起持续 | 未按标准动作操作的乐捐责任人5元/次 |

续表

| 序号 | 问题点 | 原因分析 | 改善动作 | 责任人 | 监督人 | 完成体现 | 完成时间 | 责任 |
| --- | --- | --- | --- | --- | --- | --- | --- | --- |
| 5 | 拆包装刮伤型材 | 型材拆保护层时方法不当划伤 | 需用刀片打开包装时，必须使用带刀架的刀片，刀口不可对着型材正面划开包扎层避免划伤型材 | 配料班成员、锯料班成员、调试组成员、打包组成员 | ××× | 现场稽查拆包动作按规范操作 | 10月8日起持续 | 未按标准动作操作的乐捐责任人5元/次 |
| 6 | 从周转车上拿取物料不规范 | 从周转车上拿取锯好的型材时随意抽取出来导致刮花或短的型材掉落 | 从周转车上拿取锯好的铝材时先拿短的再拿长的，不可随意从中间抽取，防止短的铝材掉落和刮伤其他铝材 | 锯料班成员 | ××× | 现场稽查作业人员从周转车上拿取铝材动作符合规范要求 | 10月8日起持续 | 未规范操作乐捐责任人5元/次 |
| 7 | 周转车放置型材多 | 配料周转放置型材过多导致重压变形 | 配料周转车放型材每隔层放置均匀，每隔层堆码型材不超过三层型材并且大料小料分开，大的料不可压小的料，长的料不可压短的料 | 配料班成员 | ××× | 现场稽查配料周转车放置，每层不可堆码两层型材 | 10月8日起至攻关结束 | 未按标准动作操作的乐捐责任人5元/次 |
| 8 | 锯料台铝屑刮花 | 锯料台铝屑残留与型材摩擦刮花 | 随时保持锯料工作台面清洁无铝屑残留 | 锯料班成员 | ××× | 《现场稽核保持干净、机器日常保养表》 | 10月8日起持续 | 发现锯料台铝屑残留乐捐责任人5元/次 |
| 9 | 压孔模有铝屑 | 压孔模有铝屑残留，插入、拉出型材时表面被摩擦刮花 | 每班清洁压孔模，压孔时先检查压孔模是否有铝屑残留，型材插入模具或从磨具取出时避免型材表面与模具摩擦 | 压孔班成员 | ××× | 《设备模具日常点检保养表》，现场稽查无铝屑残留 | 10月8日起持续 | 未按标准动作操作的乐捐责任人5元/次 |
| 10 | 物料周转车、货架焊点等未打磨处理平 | 周转车、货架焊点等凸起刮花型材 | 每班组负责人按计划排查自己所管辖使用的周转车、货架是否有焊点等凸起存在刮花型材隐患，如有需停用维修 | ××× | ××× | 《物料架、周转车碰伤刮花型材隐患全面检查计划表》 | 10月8日起10月10日止 | 未按计划完成排查责任人乐捐5元/每辆车（每个货架） |

续表

| 序号 | 问题点 | 原因分析 | 改善动作 | 责任人 | 监督人 | 完成体现 | 完成时间 | 责任 |
|---|---|---|---|---|---|---|---|---|
| 11 | 物料架、周转车金属外露 | 物料架、周转车金属未完全包裹摩擦碰伤型材 | 1. 员工每天自我检查自己所用的周转车隔层的金属是否有外露，如有需将外露部分包裹起来<br>2. 责任人每两天排查一次所有物料架、周转车隔层的金属是否有外露，存在碰伤刮花铝材现象，如有需将外露部分包裹起来 | 配料、锯料、压孔、组装作业员 | ××× | 周转车隔层金属无外露现象，《物料架、周转车碰伤刮花型材隐患排查记录表》 | 10月8日至攻关结束 | 未按标准动作操作的乐捐责任人5元/次 |
| 12 | 拿取过程中掉落 | 拿取锯好的型材时一次性拿的量多、容易掉落变形（特别是尺寸短的料） | 拿取锯好料的型材时要将长的短的分开拿取，一次性拿取的量不可超过6根，而且不可以翻倒外面型材拿取里面的型材 | 锯料、压孔、组装作业员 | ××× | 现场稽查拿取型材数量不可超过6根 | 10月8日起持续 | 未按标准动作操作的乐捐责任人5元/次 |
| 13 | 拖拉门扇外框 | 在门扇安装时从半成品存放区拖出门框而碰伤刮花 | 多个外框挨在墙壁上，取出中间或靠墙里的门框时，两人配合，一人扶住无需搬动的门框，另一人端起搬出需要的门框，不可单独一人拖出门框避免碰伤刮花门框表面 | 组装作业员 | ××× | 现场稽查拿取门框需端起或抬起进行 | 10月8日起持续 | 未按标准动作操作的乐捐责任人5元/次 |
| 14 | 安装台面铝屑、配件未清理 | 在安装台留有铝屑或配件时，在组装过程中碰刮到型材导致刮花不良 | 组装门窗时先将安装台面的铝屑、配件清理干净，安装过程中随时保持无铝屑残留、铝材不可压在铝屑、配件上进行作业 | 组装作业员 | ××× | 组装台面无铝屑残留、放置配件影响安装 | 10月8日起持续 | 铝材压在铝屑、配件上作业乐捐责任人5元/次 |

续表

| 序号 | 问题点 | 原因分析 | 改善动作 | 责任人 | 监督人 | 完成体现 | 完成时间 | 责任 |
|---|---|---|---|---|---|---|---|---|
| 15 | 门框、铝材直接放置地面 | 组装好的门框或待组装的铝材直接放置于地面刮伤表面 | 先在地面铺放一层纸皮或胶垫再放置门框或铝材 | 组装作业员 | ××× | 门框门扇、铝材放置在纸皮或胶垫上 | 10月8日起持续 | 门框门扇、铝材直接放在地面，乐捐责任人5元/次 |
| 16 | 调试、打包人员从料架拉出外框动作 | 打包人员在取出外框时，从料架拉出外框翻转外框导致划伤 | 1. 调试、打包人员从料架取出外框时需两人配合抬起取下不可拖拉出来、不可翻来翻去<br>2. 如果放置两层外框时必须使用纸皮隔开<br>3. 外框调试好在打包区拆包时需放在工作台上进行（不可在货架上），而且割开捆扎的静电膜时刀片不可对着铝材正面 | 调试组成员、打包组成员 | ××× | 外框取出动作符合规范要求 | 10月8日起持续 | 外框拿取未按标准动作进行，乐捐责任人5元/次 |
| 17 | 本工序无自检 | 本工序完工后未自检或没有全检，不良现象未能及时发现 | 1. 本工序完成后需进行自我检查，检查铝材表面是否有刮伤碰伤等不良，如有需挑出并且开单补料<br>2. 压孔钻孔工序需自检披锋，如有披锋需去除干净防止刮花其他型材 | 锯料、压孔、组装作业员 | ××× | 检验记录表、补料单、抽检无不良或后工序无投诉上工序不良 | 10月8日起持续 | 未按标准进行自检乐捐5元/次，不良现象流入下工序乐捐责任人5元/次 |
| 18 | 工序间无互检 | 接收上工序半成品后未确认检查品质状况，不良现象未能及时发现 | 接收上工序半成品时先检查铝材表面是否有刮伤碰伤等不良，如有立即反馈班组长和上工序 | 锯料、压孔、组装作业员 | ××× | 检验记录表、检验无外观不良 | 10月8日起持续 | 未检验上工序来料乐捐责任人5元/次，发现上工序不良奖励后工序发现者5元/次 |

(9) 每天攻关动作执行情况巡查总结

攻关方案推行过程中每天由攻关组长组织或指派副组长组织型材仓主管、稽核员、相关班组长到现场巡查攻关动作执行情况，巡查时间不少于1小时，巡查结束后由组织人主持进行检讨总结存在的问题点和改善点（15分钟为宜），稽核员做好稽核记录并跟进改善。（班组长只参与本班组巡检，但巡检结束后需参加检讨总结）

（10）数据统计与总结

①攻关启动第二天起，统计员每天早上10：00前要把昨天攻关相关的数据统计完毕交给稽核中心；

②稽核中心在每天10：30前核对完毕昨天的攻关数据，11：00前公布在公告栏上（包括昨天未按标准规范要求的作业现象）；

③统计员每周一16：00前统计上一周攻关相关数据给到攻关组长和稽核中心；

④稽核中心在每周二10：00前核对完毕上周的攻关数据，并在10：30前公布在公告栏上；

⑤攻关组长每周二15：00组织攻关团队进行总结检验上一周攻关成绩及不足之处。

（11）执行、达标奖罚标准

①第一阶段奖励攻关组成员总计500元；第二阶段奖励攻关组成员总计800元；第三阶段奖励攻关组成员总计900元；第四阶段奖励攻关组成员总计1500元；

②如果班组当天没有产生刮花碰伤等不良返工补料单，经稽核中心核对后在第三天早会奖励该班组5元/人；

③阶段目标未达标：攻关组长乐捐30元，其他组员管理人员乐捐20元，一线员工乐捐10元；

④攻关数据由质管部负责统计，攻关组长审核，稽核中心负责核对，如有徇私舞弊、作假者，取消奖励资格，并给予乐捐100元/次处理，并全公司通告批评；

⑤以上第9和第10动作未执行责任人乐捐20元/次，未按时执行乐捐10元/次；

⑥阶段目标获奖安排在每周二总结会上颁奖；

（12）附则

本方案由制造中心制定，经董事长批准生效，如因客观原因需修订或停止时，由制造中心修订或提报，经董事长批准后执行。

## 10. 攻关过程控制1：攻关动作排查表（模板）

攻关动作执行过程的控制：依据攻关的具体动作要求，由执行负责人、稽核员等进行频繁检查，依据看板的数据反馈来及时掌控攻关改善活动的推行状态。

《攻关动作排查表》如表2－11所示：

**表2－11 动作排查表（案例）——门窗**

| 日期 | 责任班组 | 责任人 | 问题点 | 改善措施 | 改善负责人 | 跟进结果 |
|---|---|---|---|---|---|---|
| 10月12日 | 吊门班 | ××× | 1. 半成品及天窗玻璃未有按制定要求摆放<br>2. 物料架未进行保护包边 | 将半成品及天窗玻璃的摆放具体要求写在早会宣导表当中对员工进行宣导及增加巡查频率，对于没有改善的地方，勒令及时更改，无及时更改的通知稽核开单处理 | ××× | 1. 10月13日检查早会动作时，班长有在早会期间进行宣导半成品及天窗玻璃的摆放要求<br>2. 10月13日的攻关小组巡查当中发现，吊门班确实有实施改善 |
| 10月12日 | 锯料班 | ××× | 针对余料的摆放，没有明确要求 | 10月13日召集锯料组员工对已经废弃的余料进行收集及捆扎，还能循环利用的交与型材仓，不能循环利用的就报废 | ××× | 1. 之前堆积的余料已经全部捆扎报废<br>2. 对于刚锯料剩余的余料已使用专用余料车进行捆扎收集 |
| 10月12日 | 平开门 | ××× | 外框上横料没按要求摆放 | 从10月13日开始要求员工，按要求摆放整齐，确保统一规范，及出具需求单给到工程部增加墙体的胶垫 | ××× | 10月13日已出需求单给到工程部，在各工作区域分别贴有胶垫或是纸皮进行保护 |
| 10月12日 | 包装班 | ××× | 从组装区域拉过来的条有先拆后包的现象 | 从平开门拉过来的条，未包装之前，不能把锁拆开，避免包错的现象发生，如有未包装就拆开的，按攻关方案进行乐捐 | ××× | 10月13日车间巡检过程当中，未发现有未包装先把锁拆开的现象 |
| 巡查人员： | | | | | | |
| 记录汇总： | | | | | | |

## 11. 攻关过程控制 2： 攻关数据看板

攻关动作执行过程的控制要点：（1）确定稽核员的检查频率；（2）开展上下工序间的横向监督；（3）攻关改善活动的核心指标要每小时/每天如实填写在看板上；（4）统计攻关动作执行率的变化趋势；（5）每天的动作总结；（6）定期的稽核案例分析。

《生产单一次交验合格率统计表》如表 2－12 所示：

**表 2－12 生产单一次交验合格率统计表**

| 出错类型<br>出错工序 | 碰/撞/变形 | 刮花/划伤 | 喷涂不良/色差 | 制错单 | 下错单 | 发错/漏料 | 锯错料/漏料 | 尺寸误差 | 压/钻错孔漏压 | 安排损坏/错/漏 | 玻璃爆破 | 介错玻璃 | 款式做错 | 玻璃划伤 | 合片错误 | 错检/漏检 | 调试损坏/漏 | 客户改单 | 货运损坏 | 包装错/漏 | 其他 | 合计 | 目标值 | 生产一次交检合格率 |
|---|---|---|---|---|---|---|---|---|---|---|---|---|---|---|---|---|---|---|---|---|---|---|---|---|
| PMC 部 | | | | | | | | | | | | | | | | | | | | | | | | |
| 型材仓 | | | | | | | | | | | | | | | | | | | | | | | | |
| 配件仓 | | | | | | | | | | | | | | | | | | | | | | | | |
| 成品仓 | | 1 | | | | | | | | | | | | | | | | | | | | | | |
| 锯料班 | | | | | | | 1 | | | | | | | | | | | | | | | | | |
| 压孔班 | 2 | 5 | | | | | | | 8 | | | | | | | | | | | | | | | |
| 玻璃合片 | | | | | | | | | | | | | | | | | | | | | | | | |
| 玻璃工艺 | | | | | | | | | | | | | | | | | | | | | | | | |

续表

| 出错类型<br>出错工序 | 碰/撞/变形 | 刮花/划伤 | 喷涂不良/色差 | 制错单 | 下错单 | 发错/漏料 | 锯错料/漏料 | 尺寸误差 | 压/钻错孔漏压 | 安排损坏/错/漏 | 玻璃爆破 | 介错玻璃 | 款式做错 | 玻璃划伤 | 合片错误 | 错检/漏检 | 调试损坏/漏 | 客户改单 | 货运损坏 | 包装错/漏 | 其他 | 合计 | 目标值 | 生产一次交检合格率 |
|---|---|---|---|---|---|---|---|---|---|---|---|---|---|---|---|---|---|---|---|---|---|---|---|---|
| 平开门安装 | | | | | | | 1 | | | 2 | | | | | | | | | | | | | | |
| 供应商 | 9 | 2 | 8 | | | | | | | | | | | | | | | | | | | | | |
| 未判定 | | 2 | | | | | | | | | | | | | | | | | | | | | | |
| 合计 | 11 | 10 | 8 | 0 | 0 | 0 | 2 | 0 | 8 | 2 | 0 | 0 | 0 | 0 | 0 | 0 | 0 | 0 | 0 | 0 | 0 | 41 | | |
| 出错比例 | 26.8% | 24.4% | 19.5% | 0.0% | 0.0% | 0.0% | 4.9% | 0.0% | 19.5% | 4.9% | 0.0% | 0.0% | 0.0% | 0.0% | 0.0% | 0.0% | 0.0% | 0.0% | 0.0% | 0.0% | 0.0% | | | |
| 生产总套数（生产检验总数）：154 | | | | 吊/推拉门（套）：81 | | | | | | 补料返工单数（单）：41 | | | | | | 生产单一次交检合格率目标：≥79% | | | | | | | | |
| | | | | 折叠门（套）：0 | | | | | | | | | | | | | | | | | | | | |
| | | | | 平开门（套）：73 | | | | | | | | | | | | 生产单一次交检合格率：73% | | | | | | | | |

## 12. 攻关结果控制

（1）攻关结果控制就是对每天的动作执行情况，以及数据目标的变化情况进行检讨、表彰、总结；

（2）每天小结：侧重点是小结动作的执行情况，及时快速形成决议落实整改；

（3）每周小结：侧重点放在数据的变化趋势和人员的小激励，通过数据变化的状态来反推动作的执行真实状态，查漏补缺、对动作进行优化升级；

（4）总结会：侧重点是表彰有功人员，正面宣传造势，总结经验，以及后续如何保持关注并形成绩效考核。

**第二阶段攻关总结 10.19－10.25（模板）**

外观不良降低攻关

第二阶段总结会议

汇报部门：制造中心生产部

汇报人：XXX

汇报时间：20XX.10.27

汇报内容：

1、第二阶段一次性攻关合格率统计
2、攻关目标及达成情况
3、数据分析
4、第二阶段未达标，各班组应乐捐金额
5、第二阶段攻关方案实施获奖班组排名公布
6、稽核巡检发现的问题点
7、奖惩措施重申

### 1、第二阶段一次性攻关合格率统计

| 第二阶段10月19日至10月25日一次性合格率目标：82% | 10.19 | 10.20 | 10.21 | 10.22 | 10.23 | 10.24 | 10.25 | 平均 | 备注 |
|---|---|---|---|---|---|---|---|---|---|
| | 74% | 69% | 77% | 80% | 84% | 82% | 81% | 78.1% | （10.19-10.25）生产套数：1248套 补料返工单数：269套 |
| 合格率目标 | 82% | 82% | 82% | 82% | 82% | 82% | 82% | 82% | |
| 与目标相差 | 差8% | 差13% | 差5% | 差2% | 超2% | 0% | 差1% | 差3.9% | |

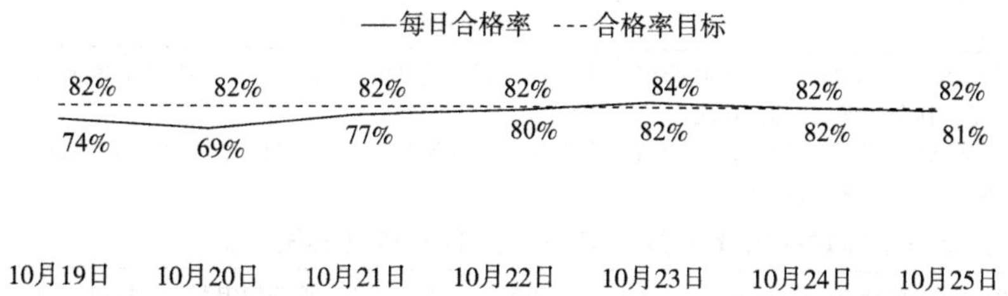

—每日合格率 ---合格率目标

82% 82% 82% 82% 84% 82% 82%

74% 69% 77% 80% 82% 82% 81%

10月19日 10月20日 10月21日 10月22日 10月23日 10月24日 10月25日

### 2、攻关目标及达成情况

| 序号 | 阶段 | 一次性合格率实绩 | 目标 | 与目标差距 |
|---|---|---|---|---|
| 1 | 第一阶段（10. 12－10. 17） | 76. 5% | 79% | 差 2. 5% |
| 2 | 第二阶段（10. 19－10. 25） | 78. 1% | 82% | 差 3. 9% |

第二阶段：一次性合格率目标≥82%

当前制造中心实际攻关合格率：78. 1%

未达成第二阶目标，差 3. 9%

### 3、数据分析

| 第二阶段不良分布 | | | | 补料返工单分析 |
|---|---|---|---|---|
| 不良项 / 班组 | 碰撞/变形 | 划伤/刮花 | 色差/喷涂不良 | 主要问题点 |
| 供应商 | 82 | 54 | 74 | 来料有划伤、有变形、有色差 主要问题是供应商（采购、来料、质检要严格抽查） |
| | 占 30. 5% | 占 20. 1% | 占 27. 5% | |
| 压孔班 | 4 | 19 | / | 有两个新员工压错孔，进行每日早会培训 |
| | 占 1. 5% | 占 7. 16% | / | |
| 锯料班 | / | 1 | / | 员工看错尺寸，要求自检互检 |
| | / | 占 0. 4% | / | |
| 仓库 | / | 1 | / | 仓库原材料划伤，流到下个工序 |
| | / | 占 0. 4% | / | |
| 其他 | 5 | 14 | 1 | 不能判定哪个工序出错，材料的模没有破烂 |
| | 占 1. 86% | 占 5. 2% | 占 0. 4% | |
| 合计 | 91 | 89 | 75 | |

## 4、第二阶段未达标，各班组应乐捐金额

| 员工乐捐 | | | | | | | | | | |
|---|---|---|---|---|---|---|---|---|---|---|
| 日期 | 型材仓 | 锯料 | 压孔 | 贴膜 | 吊门组装 | 平开门组装 | 打包 | 品质 | | |
| 10. 19 – 10. 25 | 90 | 100 | 70 | 70 | 180 | 70 | 120 | 40 | | |
| 个人乐捐 | | | | | | | | | | |
| 邹总 | 陈伦长 | 莫振允 | 廖保勇 | 张正才 | 莫优良 | 贾泽顺 | 李开炮 | 毕春华 | 卢艺冰 | 刘燕军 |
| 50 | 30 | 40 | 40 | 20 | 20 | 20 | 20 | 20 | 20 | 20 |
| 合计 | 1040 元 | | | | | | | | | |

①第二阶段（第四周）一次性合格率为78%，目标为82%，未达标。一线员工乐损10元，邹总乐损50元，其余管理层乐损20元。

②品质部第二阶段（第四周）原材料返工补料比例为16. 83%，目标为11. 71%，未达标，一线员工乐损10元，管理层乐捐20元。

## 5、第一阶段攻关方案实施获奖班组排名公布（奖励金额）

| 日期 | 型材仓 | 锯料 | 压孔 | 贴膜 | 吊门组装 | 平开门组装 | 打包 | 品质 |
|---|---|---|---|---|---|---|---|---|
| 10. 19 | 50 | 50 | / | 35 | 95 | 40 | 65 | 45 |
| 10. 20 | 50 | 50 | / | 35 | 95 | 40 | 65 | 45 |
| 10. 21 | 50 | 50 | / | 35 | 95 | 40 | 65 | 45 |
| 10. 22 | 50 | 50 | / | 35 | 95 | 40 | 65 | 45 |
| 10. 23 | 50 | / | / | 35 | / | 40 | 65 | 45 |
| 10. 24 | 50 | 50 | / | 35 | 95 | 40 | 65 | 45 |
| 10. 25 | / | / | / | 35 | 95 | 40 | 65 | 45 |
| 合计 | 300 | 250 | 0 | 245 | 570 | 280 | 455 | 315 |
| | 2415 元 | | | | | | | |

奖励说明：当日未产生补料返工单班组，给与奖励5元/日/人

| 返工补料比例达标情况及奖励 | | | | | | | | |
|---|---|---|---|---|---|---|---|---|
| 项目 | 型材仓 | 锯料班 | 压孔班 | 吊门组 | 平开门 | 大折叠 | 包装组 | 品质/采购 |
| 10月第三周返工补料比例 | 0. 28% | 0. 67% | 5. 76% | 0. 28% | 0. 57% | 0. 19% | 0. 09% | 15. 2% |
| 10月第四周返工补料目标 | ≤0. 21% | ≤0. 52% | ≤4. 45% | ≤0. 21% | ≤0. 43% | ≤0. 14% | ≤0. 07% | ≤11. 71% |
| 10月第四周返工补料实际达成 | 0. 08% | 0. 48% | 1. 84% | 0. 15% | 0. 24% | 0. 00% | 0. 00% | 16. 83% |
| 10月第四周目标达标奖励 | 50 | 100 | 150 | 50 | 50 | 50 | 50 | / |
| | 合计 | | 500 元 | | | | | |

**6、稽核巡检发现的问题点**

**①原材料喷不良色差问题比第三周更严重。（采购部/品质部）**

**②补料返工单未判定因素有所增加。（品质部）**

③物料架/车未进行包边保护。（各班组）

④锯料完工后未使用风枪吹锯料台。（锯料班）

⑤锯料完工后未按要求摆放在物料车上。（锯料班）

⑥物料车上的物料未有分轻重进行摆放，小料放下方被压。（各班组）

备注：加粗字体为着重点。

**7、奖惩措施重申**

罚款项目：

①各工序未按动作标准执行的，乐捐 5 元/人/次；

②攻关小组每日车间巡检未执行或未按时执行的乐捐 20 元/人/次；

③每日数据统计与总结未执行或未按时执行的乐捐 20 元/人/次；

④未检验上工序来料的责任人乐捐 5 元/人/次；

⑤攻关数据如有徇私舞弊、作假者，取消奖励资格，并乐捐 100 元，全公司通告批评；

⑥攻关阶段目标未达标的，攻关组长乐捐 30 元，其他组员和管理人员乐捐 20 元，一线员工乐捐 10 元。

新增：

⑦周返工补料比例未达标的班组管理层乐捐 20 元/人，员工乐捐 10 元/人。

奖励项目：

①发现上工序不良的，奖励 5 元/次；

②当日没有产生补料返工单的班组，奖励 5 元/人/天；

③第一阶段达标攻关组成员奖励：500 元；第二阶段达标攻关组成员奖励：800 元；第三阶段达标攻关组成员奖励：900 元；第四阶段达标攻关组成员奖励：1500 元；

新增：

④周返工比例达标班组给与各班组分别 50/100/150 元的奖励。

（型材仓 50 元、锯料班 100 元、压孔班 150 元、吊门班 50 元、平开门 50 元、大折叠 50 元、包装组 50 元、品质/采购 50 元。）

图片展示：

图 2－2　不按要求摆放

图 2－3　未使用风枪吹锯料台

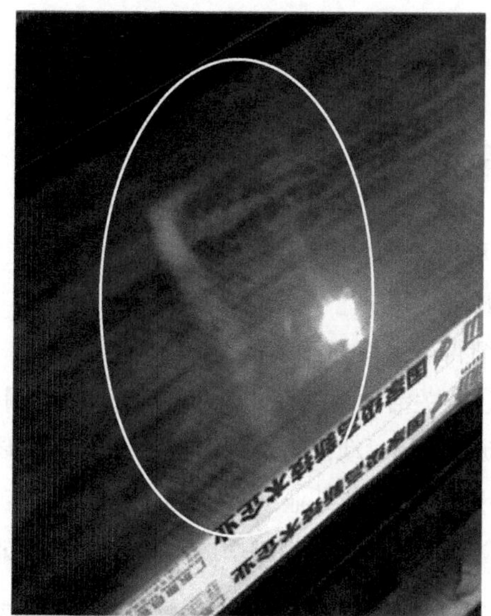

图 2－4　原材料喷涂不良色差问题

图 2－5　物料架/车未进行包边保护

## 13. 攻关动作固化

（1）动作固化：对攻关过程中有效的动作进行标准化，形成员工作业指导书和管理动作控制卡，让动作形成“标准”“制约”“责任”，便于稽核进行常规检查，使攻关活动的业绩得以保持和持续提升。

（2）固化要点：①攻关活动结束后系统的梳理攻关方案中的动作，对动作进行排查，整理出有效的动作；②对动作的执行细节进行展开，形成管理动作控制卡和员工作业指导书；③针对攻关达成的业绩指标组织讨论并制定出业绩考核方案。

《生产单一次交验合格率统计表物料摆放动作控制卡》如表2－13所示：

**表2－13 生产单一次交验合格率统计表物料摆放动作控制卡（模板）**

<table>
<tr><td rowspan="4">×××</td><td colspan="2" rowspan="2">×××有限公司</td><td>文件编号</td><td>×××</td></tr>
<tr><td>版本</td><td>A0</td></tr>
<tr><td colspan="2" rowspan="2">物料摆放动作控制卡</td><td>生效日期</td><td>20××年×月××日</td></tr>
<tr><td>页数</td><td>第1页，共1页</td></tr>
<tr><th>控制点</th><th>执行标准</th><th>使用表单</th><th>制约</th><th>责任</th></tr>
<tr><td>规范物料摆放，减少型材刮花，更好地服务下工序</td><td>1. 仓库配料员按层数将型材摆放在物料车上，所有门型的材料统一摆放标准为：大料2～3层，小料放在大料最上层的上面<br>2. 平开门型材摆放具体标准：分3层摆放，第1层、第2层摆放门扇或门框，第3层摆放门扇扣盖及辅料。每层平开门套数10套左右（最多不超过12套）。每个颜色超过12套以上时，分2层摆放<br>3. 非平开门型材摆放具体标准：分2层或3层摆放，直角锯和45度锯的型材分开。直角锯的型材有门框、轨道、勾企、门扇扣盖等，45度锯的型材有门框、门扇、门口线等。配料员找的余料多时，单独再摆一层。每层推拉门、吊门套数摆放8套以内，超过8套分两层摆放</td><td>《型材配料摆放标准》</td><td>1. 仓库主管和班长监督仓库配料员是否按要求摆放物料<br>2. 锯料组监督型材仓是否按要求摆放物料</td><td>配料员未按要求摆放，责任人乐捐2元/次</td></tr>
</table>

核准：　　　　审核：　　　　会签：

# 第 3 章

# 执行力提升系统 1——稽核运作

我们做管理时要经常思考两个问题：第一，要求别人做什么；第二，他不按你的要求做怎么办。这两个问题要同时思考，我们很多做管理的人没有这个习惯，绝对不会马上想到他不按要求做怎么办的问题。

我们很多做管理的人特别喜欢一厢情愿，以为自己说的就是别人做的，以为自己要求了别人就会做到。**我们做管理的人一定要有一个“他不会按我的要求做”的假设，**每一次当别人说没有问题的时候，你心里马上要想“有问题我怎么办?”

我们在企业里抓执行率，首先要培养一个良好的管理习惯。什么习惯?

做两手准备的习惯：第一手准备就是要下属怎么做，第二手准备就是防止他不这样做。

从操作上来讲，我们一定要有相应的组织保障，要有专门的稽核检查部门，要有专门的稽核检查人员，要把稽核检查当成一家企业常规的动作，因为它是防止别人说而不做的武器。

为什么要把稽核当成常规动作对待？这跟企业的职能有很大的关系。

企业的职能我认为至少有两个，**第一个职能就是生产的职能，**企业生产职能的结果是合格的产品，其他部门都是围绕生产服务的。

但是只有这一个职能这家企业是很难真正做大的。很多企业在这个问题上正在犯错误，他们以为企业只要把合格的产品生产出来就好啦！他们忽视了**企业另外一个更重要的职能是生产合格的人。**

也就是说企业除了生产职能以外还有一个更重要的职能，就是教育的职能，或者叫教化的职能，这个职能所输出的结果是合格的人。

企业和企业之间的比较在于对人改变的能力。你有了改变人的能力，你就能够留住人；你有了改变人的能力，你就不需要找“高素质”、高学历的人，你就不需要去寻找“高端”人才，你就能发现到处都是人才。

怎么改变人？稽核！

稽核是通过检查一个人做的事来改变人的。

真正改变人的不是思想工作，而是守着他做，在做的过程当中去改变他。要求他一点一点地做事情，一点一点地查他做的事情，用一点一点的事情去改变他，这个人就会被改变。除此以外没有更好的方法。

稽核就是专门查实事情的，所以我们也可以简单地说，通过改变事来改变人就叫稽核。

现在，在管理界和培训界，人和事是分开解决的，培训大师给人的脑袋做工作，他是针对人，不针对事；搞生产管理的，是针对事，不针对人，欧博把这两个结合起来了，通过事来改变人。

——摘自欧博企管曾伟教授《欧博心法：好工厂这样管》

## 1. 稽核运作动作流

稽核运作动作流如图 3－1 所示：

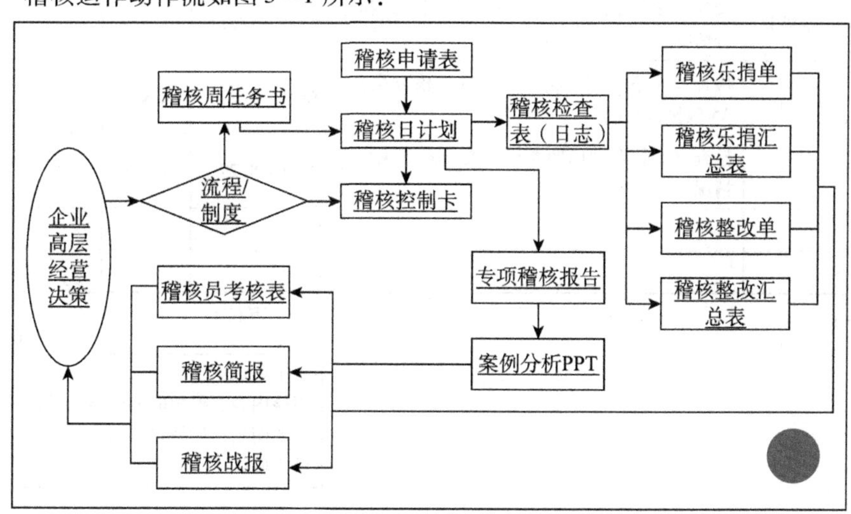


**图 3－1　稽核运作动作流**

## 2. 周稽核任务书

(1) 稽核的范围很大，针对的是全公司，必须要有重点，否则，稽核的内容就浮在面上，没有深度，也没有工作效率，不能真正起到提升执行的作用。

(2) 根据当前公司的管理重点及主要解决的管理问题，来确定每一周的稽核重点，每一周都要有明确的检查任务，每周下达。

《周稽核任务书》如表3－1所示：

**表3－1　周稽核任务书（模板）**

（期间：×××－×××）

企业名称：×××公司

| 项次 | 类型 | 稽核项目 | 计划稽核时间 | 稽核员 | 责任人签名 |
|---|---|---|---|---|---|
| 1 | 会议 | 检查涂装车间早会执行情况 | 8/21－8/27 | ××× | |
| 2 | 控制卡 | 检查《面漆房管理动作控制卡》执行情况 | 8/21－8/27 | ××× | |
| 3 | 控制卡 | 检查《面漆房/油磨作业指导书》执行情况 | 8/21－8/27 | ××× | |
| 4 | 控制卡 | 检查《涂装车间5S管理动作控制卡》执行情况 | 8/21－8/27 | ××× | |
| 5 | 控制卡 | 检查《涂装车间产品防护动作控制卡》执行情况 | 8/21－8/27 | ××× | |
| 6 | 方案 | 检查《面漆/油磨/底磨工序日考核方案》A5版执行情况 | 8/21－8/27 | ××× | |
| 7 | 方案 | 检查《涂装车间周期考核攻关方案》执行情况 | 8/21－8/27 | ××× | |
| | | | | | |
| | | | | | |

编制：　　　　　　　　　　　　　　　　审核：

表单要点：
稽核内容、稽核时间、具体的稽核员都要明确；稽核员要对一周稽核任务签字确认

## 3. 稽核申请单

（1）遇到执行上的问题时，本部门经过解决仍不能执行时，可以向稽核部门申请协助。

（2）需要第三方协助验证时，比如责任划分、现场少数等情况，可以申请稽核协助。

《稽核申请单》如表3－2所示：

**表3－2　稽核申请单（模板）**

××× 有限公司　　　　NO：

| 稽核申请部门 | 品质部 | 稽核申请人 | ××× | 日期 | 5.3 |
|---|---|---|---|---|---|
| 申请稽核事由描述：<br>近期三车间品质问题多，品质直通率下降到60%，品质部目前对三车间加强了品质检验，发现仍有很多的违规操作，特申请稽核部介入，参与对三车间的品质稽核<br>表单要点：稽核部负责人要对申请内容进行把关 | | | | | |
| 稽核部经理审核 | | | | | |
| 说明 | 1. 单一式两联，1页白联稽核小组，2页绿联稽核申请部门（可打印使用）<br>2. 单由稽核申请部门填制后，转稽核部经稽核经理核准后由稽核专员稽核 | | | | |

## 4. 稽核日计划

（1）稽核的任务需要明确到天，明确到个人，做到有计划的、有目的的稽核，这样有助于提升稽核的效率。

（2）明确的稽核日计划，需要公开，让被稽核部也知道每一天的稽核内容，有助于动作的执行，充分体现稽核的公开性。《稽核日计划表》如表 3－3 所示：

**表 3－3　稽核日计划（模板）**

稽核跟进人：×××

日期：×××

| 序号 | 检查时间 | 类型 | 稽核项目 | 稽核内容 | 被稽核部门 | 责任人 | 问题描述 | 处理结果 | 备注 |
|---|---|---|---|---|---|---|---|---|---|
| 1 | 7：45－8：05 | 会议 | 早会管理动作控制卡 | 早会方式、早会准备、早会内容、早会纪律 | 五金车间 | ××× | | | |
| | | | | | 实木车间 | ××× | | | |
| | | | | | 计划物控部 | ××× | | | |

表单要点：
1.将稽核周任务分解，每个稽核员每一天都要有明确的稽核任务
2.检查时间、被检查人要明确

续表

| 序号 | 检查时间 | 类型 | 稽核项目 | 稽核内容 | 被稽核部门 | 责任人 | 问题描述 | 处理结果 | 备注 |
|---|---|---|---|---|---|---|---|---|---|
| 2 | 10：00－11：00 | 控制卡 | 生产车间、仓库5S管理动作控制卡 | 1. 物品摆放不能超黄线 | 屏风车间 | ××× | | | |
| | | | | 2. 叉车用完是否归位 | 板式车间 | ××× | | | |
| | | | | 3. 地拖板是否整齐摆放 | 软体车间 | ××× | | | |
| | | | | 4. 工夹具用好后是否归位 | 五金车间 | ××× | | | |
| | | | | 5. 机台是否保持清洁 | 实木车间 | ××× | | | |
| | | | | 6. 清洁工具用后是否放好 | 材料仓 | ××× | | | |
| | | | | 7. 消防设备有无保养 | 成品仓 | ××× | | | |
| 3 | 14：00－15：00 | 表单 | 看板填写执行情况 | 1. 是否要求填写；2. 现场加工与看板是否相符；3. 看板是否及时更新；4. 看板与计划是否相符 | 屏风车间 | ××× | | | |
| | | | | | 板式车间 | ××× | | | |
| | | | | | 软体车间 | ××× | | | |
| | | | | | 五金车间 | ××× | | | |
| 4 | 16：00 | 决议 | 品质周例会决议 | 沙发扶手、沙发架物流是否用绳子捆好 | 实木车间 | ××× | | | |
| 5 | 17：00 | 表单 | 主生产计划表 | 1. 计划物控部是否在规定时间内（未定）更新主计划；2. 是否将通过评审的订单录入主计划；3. 是否根据入库单进行消数；4. 下达车间计划是否准确 | 计划物控部 | ××× | | | |

编制：　　　　审核：

## 5. 稽核控制卡

（1）任何的操作，都要有明确的作业指导，只凭方案或是流程去进行检查，那就只能凭检查者的个人经验来去做，检查是否有效，能否快速抓住问题，就只是凭经验。

（2）稽核控制卡是将检查的细节、检查的手法进行明确，让稽核员能够快速查到问题，避免做无用功，是稽核人员的作业指导书，是将稽核动作标准化，凭标准去稽核，而不是凭个人经验。

### 5.1 《会议管理动作》稽核控制卡

《会议管理动作》稽核控制卡如表3－4所示：

| 文件编号 | JH－001 |
|---|---|
| 文件版次 | A/0 |
| 发行日期 | ××× |

**表3－4 ×××有限公司【会议管理动作】稽核控制卡（模板）**

| 流程制订部门：行政部 | | 流程负责人：××× | 流程稽核部门：稽核部 | | 流程稽核人：稽核员 |
|---|---|---|---|---|---|
| 序号 | 稽核要点 | 执行部门 | 执行人 | 稽核方法 | 稽核频率 |
| 1 | 是否在规定时间召开会议 | 会议召集部门 | 会议主持人 | 1. 检查会议通知；<br>2. 现场检查 | 每天1次 |
| 2 | 参会人员是否有迟到、缺席 | 会议召集部门 | 会议主持人 | 1. 检查《会议签到表》；2. 现场检查 | 每天1次 |
| 3 | 请假或出差人员是否提前30分钟向主持人请假 | 相关部门 | 请假人 | 1. 检查《会议记录表》；2. 询问主持人；3. 现场检查 | 每天1次 |
| 4 | 会议期间是否有手机响或是会场接听电话 | 会议召集部门 | 会议主持人 | 现场检查 | 每天1次 |

续表

| 序号 | 稽核要点 | 执行部门 | 执行人 | 稽核方法 | 稽核频率 |
|---|---|---|---|---|---|
| 5 | 会议延时，主持人是否提前10分钟申请 | 会议召集部门 | 会议主持人 | 现场检查 | 每天1次 |
| 6 | 是否形成会议决议和是否在第二天12点前下发决议 | 会议召集部门 | 会议主持人 | 1. 检查《会议记录表》；2. 检查相关决议执行人是否收到《会议记录表》 | 每天1次 |
| 7 | 会议决议是否被执行 | 相关部门 | 决议执行人 | 1. 检查会议决议执行人；2. 检查会议决议跟踪人；3. 检查会议主持人 | 每天1次 |
| 8 | 会议违规行为是否受到处罚 | 会议召集部门 | 会议主持人 | 1. 检查会议主持人是否开奖罚单 | 每天1次 |
| 备注：<br>1. 信息传递：流程稽核人将稽核状况记录在《稽核记录表》中，每周一汇总后交稽核部经理<br>2. 流程负责人：即流程制订部门负责人，负责流程制订、修订、培训，并对流程的执行情况进行稽核<br>3. 处罚规定："流程稽核人"稽核发现"执行人"未按本流程作业时，依据流程中"处罚规定"进行处罚<br>4. 此卡由稽核部负责制定、修订，呈总经理核准后实施（流程修订时修订此控制卡） | | | | | |
| 总经理： | | 稽核经理： | | 稽核员： | |

表单要点：
稽核方法要明确、具体，明确稽核频率

## 5.2 "涂装车间产能提升攻关方案" 稽核控制卡

《"涂装车间产能提升攻关方案"稽核控制卡》如表3-5所示：

| 文件编号 | JH-002 |
|---|---|
| 文件版次 | A/0 |
| 发行日期 | ××× |

**表3-5 ×××有限公司"涂装车间产能提升攻关方案"稽核控制卡（模板）**

| 方案制订部门：涂装车间 | | 方案负责人：××× | | 稽核部门：稽核部 | 稽核人：稽核员 |
|---|---|---|---|---|---|
| 序号 | 稽核要点 | 执行部门 | 执行人 | 稽核方法 | 稽核频率 |
| 1 | 涂装车间计划是否在每天16：30前下发 | 计划物控部 | ××× | 1.16：30前检查计划员的计划<br>2.16：30后现场检查 | 每天2次 |

续表

| 序号 | 稽核要点 | 执行部门 | 执行人 | 稽核方法 | 稽核频率 |
|---|---|---|---|---|---|
| 2 | 涂装车间每天是否在17：00的领班会上对面漆组的任务进行分配 | 涂装车间 | ××× | 1. 现场检查<br>2. 检查《派工单》 | 每天1次 |
| 3 | 检查涂装车间是否进行区域划分，各区域是否挂有标识牌 | 涂装车间 | ××× | 现场检查，拍照取证 | 每天4次 |
| 4 | 检查《产品标识票》是否按规定填写 | 涂装车间 | 各领班 | 现场表单检查 | 每天4次 |
| 5 | 检查《工序交接单》《车间交接单》是否按要求执行 | 涂装车间 | 各领班 | 现场表单检查 | 每天10次 |
| 6 | 检查《车间工序看板》《车间整体进度看板》是否按要求填写 | 涂装车间 | 各领班 | 现场检查，拍照取证 | 每天4次 |
| 7 | 检查面漆组是否按要求进行每天备料工作，各油房所需物品是否提前备好 | 涂装车间 | 面漆领班 | 现场按照计划物控部所下达的《日生产计划》进行检查 | 每天1次 |
| 8 | 核实面漆组各油房竞赛数据、日考核数据，检查日竞赛奖金是否已准备 | 涂装车间 | 统计员 | 1. 当天检查昨天报表数据<br>2. 对各油房实际的任务达成数据报表进行检查<br>3. 对质管员的品质报表进行检查<br>4. 现场早会拍照 | 每天1次 |
| 9 | 检查是否在每周六进行攻关总结 | 涂装车间 | ××× | 现场参与 | 每周六 |

备注：

1. 信息传递：流程稽核人将稽核状况记录在《稽核记录表》中，每周一汇总后交稽核部经理
2. 方案负责人：即方案制订部门负责人，负责方案制订、修订、培训，并对方案的执行情况进行稽核
3. 处罚规定："方案稽核人"稽核发现"执行人"未按本方案作业时，依据方案中"处罚规定"进行处罚
4. 此卡由稽核部负责制定、修订，呈总经理核准后实施（主案修订时修订此控制卡）

| 总经理： | 稽核经理： | 稽核员： |
|---|---|---|

## 6. 稽核检查表（日志）

（1）做事不能只凭经验、不能只凭口头，这样只会没有方向，没有效率，所以，稽核的检查必须要详细的书面记录。

（2）稽核检查表是将检查的情况如实记录，用来作数据统计、结果反馈，以及作问题的改善用，同时作为稽核记录进行备案。

《稽核检查表（日志）》如表3－6所示：

表单要点：
依据稽核日计划如实填写稽核记录，被稽核人要对稽核记录进行确认，处理结果要明确

**表3－6　×××有限公司稽核检查表（稽核日志）（模板）**

| 序号 | 日期 | 类型 | 稽核项目 | 稽核内容 | 被稽核部门 | 责任人 | 稽核手法 | 稽核记录 | 判定结果 | 责任人确认 | 稽核跟进人 | 检查次数 | NG次数 | 执行率 | 处理结果 | 备注 |
|---|---|---|---|---|---|---|---|---|---|---|---|---|---|---|---|---|
| 1 | 6/28 | 会议 | 早会 | 检查早会的方式、准备、纪律、内容 | 业务部 | ××× | 现场查看 | 到岗13人，包括两名质管员，业务部莫嘉嘉请假，手势统一，队列整齐 | OK | ××× | ××× | 1 | 0 | 100% | | |
| 2 | 6/28 | 会议 | 早会 | 早会方式、早会准备、早会内容、早会纪律 | 木工车间 | ××× | 现场查看 | 早会时间不足5分钟 | NG | ××× | ××× | 1 | 1 | 0% | 乐捐5元 | |

续表

| 序号 | 日期 | 类型 | 稽核项目 | 稽核内容 | 被稽核部门 | 责任人 | 稽核手法 | 稽核记录 | 判定结果 | 责任人确认 | 稽核跟进人 | 检查次数 | NG次数 | 执行率 | 处理结果 | 备注 |
|---|---|---|---|---|---|---|---|---|---|---|---|---|---|---|---|---|
| 3 | 6/28 | 会议 | 早会 | 早会方式、早会准备、早会内容、早会纪律 | 木工车间 | ××× | 现场查看 | 队伍不整齐，人员间隔不均匀 | NG | ××× | ××× | 1 | 1 | 0% | 乐捐5元 | |
| 4 | 6/28 | 会议 | 早会 | 早会方式、早会准备、早会内容、早会纪律 | 木工车间 | ××× | 现场查看 | 梁宁宁手势、站姿不统一，有小动作 | NG | ××× | ××× | 1 | 1 | 0% | 主持人乐捐5元,责任人拒签乐捐4元 | |
| 5 | 6/28 | 控制卡 | 生产车间5S管理动作控制卡 | 车间的物品摆放是否超黄线，通道是否畅通，地面是否整洁 | 实木车间 | ××× | 现场抽查 | 车间物品摆放整齐，叉车归位放好，不超黄线 | OK | ××× | ××× | 4 | 0 | 100% | | |
| 6 | 6/28 | 控制卡 | 调油房5S管理动作控制卡 | 不同油漆是否分开放置，摆放整齐，工作台面无杂物，油漆用完后盖上盖子 | 涂装车间 | ××× | 现场查看 | 不同油漆分开放置，摆放整齐，工作台面无杂物，油漆用完后盖上盖子，但是墙壁上乱涂乱画 | NG | ××× | ××× | 4 | 1 | 75% | 下整改通知书 | 中午准备下班的时候我又去看了一次调油房的5S，调油员施丽冲我喊，怎么你总是跟我这两个桶过不去，这么闲得慌。我看到有两个空桶是相互扣着的，施丽走过去，一边捣鼓一边说，我这两个桶是空的，不要又说我没盖盖子 |

**续表**

| 序号 | 日期 | 类型 | 稽核项目 | 稽核内容 | 被稽核部门 | 责任人 | 稽核手法 | 稽核记录 | 判定结果 | 责任人确认 | 稽核跟进人 | 检查次数 | NG次数 | 执行率 | 处理结果 | 备注 |
|---|---|---|---|---|---|---|---|---|---|---|---|---|---|---|---|---|
| 7 | 6/28 | 控制卡 | 生产车间5S管理动作控制卡 | 木工车间的物品摆放是否超黄线，通道是否畅通，地面是否整洁 | 木工车间 | ××× | 现场查看 | CNC 机台上摆放了卷尺、透明胶等物品，开料组机台上摆放有刀具、木条、卷尺等物品，我拍完照告诉他们不应把这些物品摆放在机台上，他们的反应都是那我该放哪里，你来摆给我们看。面板组区域垫条摆放凌乱，散落一地 | NG | ××× | ××× | 10 | 3 | 70% | 乐捐及下整改通知书 | 机台上物品摆放凌乱的下整改，我把整改通知书给开料组领班雷武炎，他看了一下内容，马上就说我没有时间整改，如果我把时间都用在整理这些事情上，晚上我又要加班了。面板组垫条凌乱开乐捐单 |

续表

| 序号 | 日期 | 类型 | 稽核项目 | 稽核内容 | 被稽核部门 | 责任人 | 稽核手法 | 稽核记录 | 判定结果 | 责任人确认 | 稽核跟进人 | 检查次数 | NG次数 | 执行率 | 处理结果 | 备注 |
|---|---|---|---|---|---|---|---|---|---|---|---|---|---|---|---|---|
| 8 | 6/28 | 控制卡 | 车间产前排查准备管理动作控制卡 | 在15点前做好次日人员排查，在16点做好设备、工具、夹治具的排查，并在16点前备好次日生产所需的加工图、装配图纸 | 木工车间 | ××× | 现场查看 | 订装蒙国维已做产前排查，木磨组何春林、手工木皮线蒙春未做排查 | NG | ××× | ××× | 3 | 2 | 66.6% | 乐捐 | 木磨组何春林、木皮线蒙春未做排查的原因都是日计划没下来。从前几天检查的情况看，很多班组都反映日计划不准，而不愿提前备料。也有领班直接跟我反映："好多人都是提前做几天的产前排查，排查动作形同虚设"。而同样是日计划未下达的情况，订装组蒙国维17：00前已根据滚动日计划做好物料方面的排查 |
| 9 | 6/28 | 表单 | 表单 | 检查材料仓昨日出库项账物相符率，每天10项 | 计划物控部 | ××× | 现场抽查 | 检查10款，有四款不符 | NG | ××× | ××× | 10 | 4 | 60% | | |

续表

| 序号 | 日期 | 类型 | 稽核项目 | 稽核内容 | 被稽核部门 | 责任人 | 稽核手法 | 稽核记录 | 判定结果 | 责任人确认 | 稽核跟进人 | 检查次数 | NG次数 | 执行率 | 处理结果 | 备注 |
|---|---|---|---|---|---|---|---|---|---|---|---|---|---|---|---|---|
| 10 | 6/28 | 控制卡 | 生产车间5S管理动作控制卡 | 车间的物品摆放是否超黄线，通道是否畅通，地面是否整洁 | 饰面车间 | ××× | 现场抽查 | 车间物品摆放整齐，物品分类放置做好标识，不超黄线 | OK | ××× | ××× | 3 | 0 | 100% | | |
| 11 | 6/28 | 表单 | 表单 | 查看财务人员对成品仓的盘点记录 | 财务部 | ××× | 查看表单 | 盘点表上记录抽查NAP－65ESP等十款产品，十款相符 | OK | ××× | ××× | 1 | 0 | 100% | | |
| 12 | 6/28 | 控制卡 | 产品防护管理动作控制卡 | 是否按要求垫纸条 | 木工车间 | ××× | 现场查看 | 垫纸条还是不符合要求，垫的位置不规范，纸条大小、长短也不统一 | NG | ××× | ××× | 1 | 1 | 0% | | 已经开整改通知书给车间主任 |
| 13 | 6/28 | 方案 | 实木车间品质提升攻关方案 | 机加工是否做首检并填写《调机检验记录表》 | 实木车间 | ××× | 查看表单 | GS9808沙发扶手按要求填写记录 | OK | ××× | ××× | 1 | 0 | 100% | | |
| 14 | 6/28 | 方案 | 实木车间品质提升攻关方案 | 是否对首检进行确认并填写《调机检验记录表》 | 质管部 | ××× | 查看表单 | 有按要求一个小时检查一次并签字 | OK | ××× | ××× | 1 | 0 | 100% | | |

续表

| 序号 | 日期 | 类型 | 稽核项目 | 稽核内容 | 被稽核部门 | 责任人 | 稽核手法 | 稽核记录 | 判定结果 | 责任人确认 | 稽核跟进人 | 检查次数 | NG次数 | 执行率 | 处理结果 | 备注 |
|---|---|---|---|---|---|---|---|---|---|---|---|---|---|---|---|---|
| 15 | 6/28 | 方案 | 木工车间品质提升攻关方案 | 各工序是否按要求做首件确认并填写记录表 | 木工车间 | ××× | 查看表单 | GB条形桌面板、SON－60面板按要求填写首件确认 | OK | ××× | ××× | 2 | 0 | 100% | | |
| 16 | 6/28 | 方案 | 木工车间品质提升攻关方案 | 各工序是否按要求做首件确认并填写记录表 | 木工车间 | ××× | 查看表单 | KEN－02/12旁板按要求填写首件确认 | OK | ××× | ××× | 1 | 0 | 100% | | |

## 7. 稽核乐捐单

（1）稽核检查的结果，不能不了了之，要有明确的处理结果，并且是书面的，以此来树立稽核的权威。否则，大家对于稽核的检查就会无所谓，不利于管理规定的执行，是树稽核权威，同时也是树制度的权威。

（2）《稽核乐捐单》是对稽核检查结果的书面体现，强调及时，强调一对一，需要公开，全厂公布。

《稽核乐捐单》如表3－7所示：

**表3－7　×××有限公司稽核乐捐单（模板）**

流水编号（NO）：

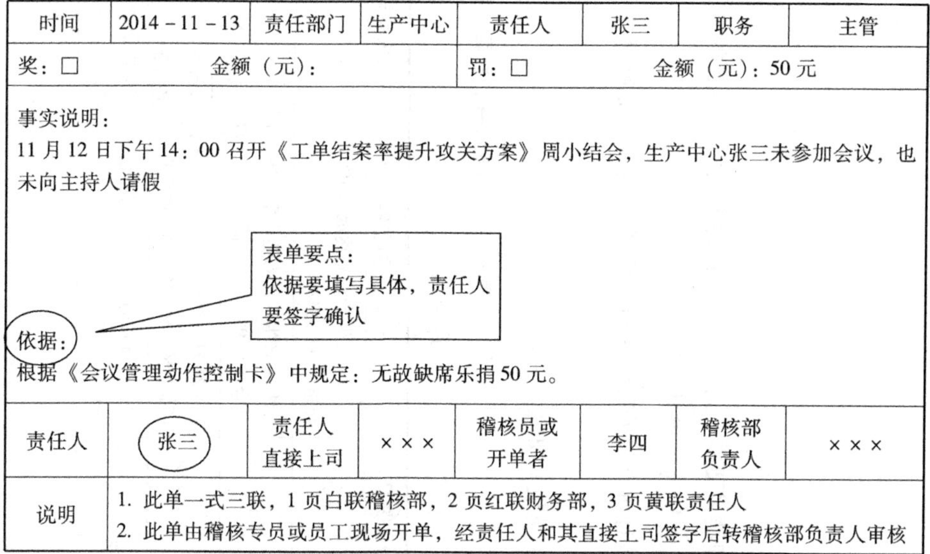

| 时间 | 2014－11－13 | 责任部门 | 生产中心 | 责任人 | 张三 | 职务 | 主管 |
|---|---|---|---|---|---|---|---|
| 奖：□ | 金额（元）： | | | 罚：□ | 金额（元）：50元 | | |
| 事实说明：<br>11月12日下午14：00召开《工单结案率提升攻关方案》周小结会，生产中心张三未参加会议，也未向主持人请假<br>依据：<br>根据《会议管理动作控制卡》中规定：无故缺席乐捐50元。 | | | | | | | |
| 责任人 | 张三 | 责任人直接上司 | ××× | 稽核员或开单者 | 李四 | 稽核部负责人 | ××× |
| 说明 | 1. 此单一式三联，1页白联稽核部，2页红联财务部，3页黄联责任人<br>2. 此单由稽核专员或员工现场开单，经责任人和其直接上司签字后转稽核部负责人审核 | | | | | | |

## 8. 稽核乐捐汇总

（1）对于稽核的处理结果要有汇总、统计，有助于我们对问题的觉知，对于执行差的问题和个人实施帮扶，而不是为了稽核而稽核，真正的目的是为了提升执行。

（2）稽核乐捐汇总是对所有的处理结果进行汇总、统计，能够从中进行检讨、分析和改进，为下一次的改进和稽核提供数据依据。

《稽核乐捐汇总表》（模板）如表3－8所示：

**表3－8　稽核乐捐汇总表（模板）**

时间：××年05月27日至 ××年6月1日

| 序号 | 日期 | 部门/职务 | 责任人 | 奖/罚原因 | 奖励金额（元） | 处罚金额（元） | 单号 | 开单者 | 备注 |
|---|---|---|---|---|---|---|---|---|---|
| 1 | 5月27日 | 实木车间 | ××× | 5月24日生产计划达成率100%，产品合格率99.39% | 20.00 | | 0002880 | ××× | 现金发放 |
| 2 | 5月27日 | 涂装车间 | ××× | 5月24日生产计划达成率98%，产品合格率98.21%，清尾计划100% | 15.00 | | 0002878 | ××× | 现金发放 |
| 3 | 5月27日 | 总装车间 | ××× | 5月24日生产计划达成率100%，产品合格率99.4%，清尾计划100% | | | 0002877 | ××× | 现金发放 |
| 4 | 5月27日 | 计划物控部 | ××× | 产品没有按时交货也没有提前3天申请变更 | | 10.00 | 0001863 | ××× | 从工资里扣除 |

表单要点：
奖罚部门、责任人、具体的奖罚原因要明确，便于执行情况统计、汇总、分析、改善

续表

| 序号 | 日期 | 部门/职务 | 责任人 | 奖/罚原因 | 奖励金额（元） | 处罚金额（元） | 单号 | 开单者 | 备注 |
|---|---|---|---|---|---|---|---|---|---|
| 5 | 5月27日 | 涂装车间 | ××× | 没有参加中午的班组会 | | 5.00 | 0002736 | ××× | 从工资里扣除 |
| 6 | 5月27日 | 木工车间 | ××× | 早会大声喧哗，拒签加倍 | | 10.00 | 0003453 | ××× | 从工资里扣除 |
| 7 | 5月27日 | 木工车间 | ××× | 周一培训会非因公请假 | | 10.00 | 0003114 | ××× | 从工资里扣除 |
| 8 | 5月27日 | 计划物控部 | ××× | 产品没有按时交货也没有提前3天申请变更 | | 10.00 | 0001864 | ××× | 从工资里扣除 |
| 9 | 5月27日 | 计划物控部 | ××× | 产品没有按时交货也没有提前3天申请变更 | | 10.00 | 0001862 | ××× | 从工资里扣除 |
| 10 | 5月27日 | 木工车间 | ××× | 5月26日没有填写派工单并拒签 | | 10.00 | 0003737 | ××× | 从工资里扣除 |
| 11 | 5月27日 | 木工车间 | ××× | 5月25日没有做产前排查并拒签 | | 4.00 | 0003736 | ××× | 从工资里扣除 |
| 12 | 5月27日 | 业务部 | ××× | 周例会主动回答问题 | 10.00 | | 0003115 | ××× | 现金发放 |
| 13 | 5月27日 | 稽核部 | ××× | 稽核部早会迟到 | | 20.00 | 0003704 | ××× | 从工资里扣除 |
| 14 | 5月27日 | 计划物控部 | ××× | 周例会主动回答问题 | 5.00 | | 0003116 | ××× | 现金发放 |
| 15 | 5月27日 | 计划物控部 | ××× | 在总装车间并检时发现KEN－Z3T配件少90－50双面沿头铁少10块 | | 5.00 | 0003256 | ××× | 从工资里扣除 |
| 16 | 5月27日 | 木工车间 | ××× | 奖励：冷压领班林盼发现涂装砂光交来的GB订制写字桌里面混有长度不一样的面板、底板 | 74.00 | | 0003552 | ××× | 现金发放 |
| 17 | 5月27日 | 实木车间 | ××× | 上工序机加工有不良品E/155椅架扶手1件流到白坯木磨组，组长未给上工序开乐捐单，未在不良品登记表上填写不良品记录 | | 20.00 | 0003751 | ××× | 拒签罚款<br>从工资中扣 |
| 18 | 5月27日 | 计划物控部 | ××× | 实木车间、木工车间在16：55分都未收到计划部下达的日计划报表 | | 4.00 | 0003755 | ××× | 罚款从工资中扣 |
| | | | | 合计 | 144.00 | 118.00 | | | |

## 9. 稽核整改单

(1) 整改措施是要书面的，便于下一次的检查，而不是为了处罚，最终的目的是为了改变，提升管理动作的执行力。

(2) 稽核整改单强调的是整改，是后续的检查，强调具体的整改动作，明确的整改时间，明确的责任人，最终是为了通过稽核带来改变。

《稽核整改单》如表 3-9 所示：

**表 3-9　×××有限公司整改通知书**

NO：

<table>
<tr><td>整改部门</td><td>返修组</td><td>负责人</td><td>×××</td><td>通知日期</td><td>2015 年 6 月 29 日</td></tr>
<tr><td>事实描述</td><td colspan="5">检查返修组发现离子风机不开启、离子风机不对准作业区、电测岗位没有离子风机现象且已 3 次暗点曝光，现责令整改于 2015 年 7 月 2 日完成<br><br>稽核专员签名/日期：×××</td></tr>
<tr><td>原因分析</td><td colspan="5">1. 工作台面宽度不够人员在离子风机下方，头无法低下作业<br>2. 电测岗位工程回复无法装离子风机，且拉线还在待整装状态，待拉线整改完成后统一安装<br>表单要点：<br>整改措施要有具体动作、明确的完成时间、执行人，便于下一次的稽核跟进</td></tr>
<tr><td colspan="3">整改措施</td><td>责任人</td><td colspan="2">完成日期</td></tr>
<tr><td>1</td><td colspan="2">已安装离子风机的台面要求全部打开</td><td>×××</td><td colspan="2">6 月 30</td></tr>
<tr><td>2</td><td colspan="2">无离子风机的区域待拉线整改后安装</td><td>×××</td><td colspan="2">7 月 20 日</td></tr>
<tr><td>3</td><td colspan="2">应急对策先将离子风机放在桌面作业</td><td>×××</td><td colspan="2">7 月 3 日</td></tr>
<tr><td>4</td><td colspan="2"></td><td></td><td colspan="2"></td></tr>
<tr><td colspan="6">整改部门负责人签名/日期：×××</td></tr>
<tr><td colspan="6">整改稽核：<br><br>稽核专员签名/日期：</td></tr>
<tr><td colspan="6">标准：稽核部针对不符合事项，发出整改通知书，责任部门在规定时间内回复整改措施。<br>制约：被稽核部门收到本通知书后在二个工作日内填写好“原因分析”“整改措施”栏后并回复到（可用复印件）稽核部备案<br>责任：<br>1. 延期回复或填写不完整的负责人处罚 10 元/次<br>2. 未按时落实、完成整改措施的责任人处罚 10 元/项</td></tr>
</table>

## 10. 稽核整改汇总表

如何让稽核的整改有效，如何让整改的措施得到有效落实，整改措施的汇总是一个有效的解决办法，便于稽核的跟进，从而确保稽核整改的效果。

《稽核整改通知书汇总表（模板）》如表3-10所示：

**表3-10　×××有限公司稽核整改汇总表（模板）**

类型分：人员、设备、质量、交期、行政违规、技术六项　发现环节分：事前、事中、事后三项　封闭情况分：closed on-going　两项发文日期：2012年4月20日

| 序号 | 问题编号 | 发出日期 | 问题简述 | 所属部门 | 解决方案 | 发现人 | 受理人 | 预计完成时间 | 实际完成日期 | 完成情况描述 | 检查验证日期 | 验证人 | 提前 | 推后 | 封闭情况 | 月份 |
|---|---|---|---|---|---|---|---|---|---|---|---|---|---|---|---|---|
| 1 | 0000025 | 4月28日 | 日计划没有做到提前一天下发和达成率没有达到90% | 计划组 | | 梁文杰 | 王大业 | 5/10 | | 复检不符合 | | | | | | |
| 2 | 0000033 | 5月10日 | 日计划没有做到提前一天下发和达成率没有达到90% | 计划组 | | 梁文杰 | 王大业 | 5/4 | | 5/14查未实施 | | | | | | |
| 3 | 0000081 | 5月18日 | 戴小平未按时完成填写《岗位派工单》 | 一车间 | | 陈华明 | 周中云 | | 6/12 | 6月12日查有按时填写岗位派工单 | 6月12日 | 陈华明 | | | 关闭 | |

表单要点：
1.整改问题要如实汇总，便于分析、统计
2.整改措施的跟进结果记录要如实填写，便于了解整改过程的状态

续表

| 序号 | 问题编号 | 发出日期 | 问题简述 | 所属部门 | 解决方案 | 发现人 | 受理人 | 预计完成时间 | 实际完成日期 | 完成情况描述 | 检查验证日期 | 验证人 | 提前 | 推后 | 封闭情况 | 月份 |
|---|---|---|---|---|---|---|---|---|---|---|---|---|---|---|---|---|
| 7 | 0000094 | 5月30日 | 一车间焊磨车间黄启茂开早会迟到 | 一车间 |  | 陈华明 | 周中云 |  | 6/12 | 6月12日查黄启茂至今未有早会迟到现象 | 6月12日 | 陈华明 |  |  | 关闭 |  |
| 8 | 0000095 | 6月5日 | 按有按时提交周汇总数据 | 市场营销部 |  | 陈华明 | 覃世梅 |  | 6/14 | 6月14日查没有发现迟交周汇总报表的情况 | 6月14日 | 陈华明 |  |  | 关闭 |  |
| 9 | 0000185 | 6月6日 | 接收焊磨鸭嘴四齿钗无签字确认 | 一车间 |  | 李金 | 周中云 |  | 6/12 | 6月6日至今未发现产品流转时无签字确认 | 6月12日 | 李金 |  |  | 关闭 |  |
| 10 | 0000189 | 6月7日 | 五金仓库处理边料后木筐木垫板堆放未处理 | 一车间 |  | 李金 | 周中云 |  | 6/12 | 仓库已于当日清理完毕，至今未发现有类似事件发生 | 6月12日 | 李金 |  |  | 关闭 |  |
| 11 | 0000251 | 5月25日 | 5/25品质多重排查讨论会未通知到PMC部 | 品质部 |  | 喻海平 | 程洪波 |  |  | 查6/4会议仍有此人员到不准时现象，未通知到位 |  |  |  |  |  |  |

续表

| 序号 | 问题编号 | 发出日期 | 问题简述 | 所属部门 | 解决方案 | 发现人 | 受理人 | 预计完成时间 | 实际完成日期 | 完成情况描述 | 检查验证日期 | 验证人 | 提前 | 推后 | 封闭情况 | 月份 |
|---|---|---|---|---|---|---|---|---|---|---|---|---|---|---|---|---|
| 12 | 0000254 | 6 月 1 日 | 查 6/1 管理变革周例会上未宣布会议决议 | 总经办 | | 喻海平 | 廖利萍 | 6/8 | 6/7 | 查 6/7 会议已宣布会议决议 | 6 月 7 日 | 喻海平 | | | 关闭 | |
| 13 | 0000256 | 6 月 3 日 | 查 6/3 车间上班品质部未安排人员上班 | 品质部 | | 喻海平 | 程洪波 | | 6/10 | 查 6/10 星期天车间上班，品质部有安排人员加班 | 6/11 | 喻海平 | | | 关闭 | |
| 14 | 0000258 | 6 月 5 日 | 查仓库元支小手铲车间已领料但无相应的单据 | 仓库 | | 喻海平 | 彭全旺 | | 6/11 | 6/7、 6/11 查各产品领料均有相应的单据 | 6/11 | 喻海平 | | | 关闭 | |
| 15 | 0000259 | 6 月 6 日 | 查二车间包装线检验表到下午 14：30 仍为上午 9：30 记录 | 品质部 | | 喻海平 | 程洪波 | | 6/11 | 6/11 查车间检验表均有按时间检验填写 | 6/11 | 喻海平 | | | 关闭 | |
| 16 | 0000260 | 6 月 6 日 | 查市场营销部 33314 订单评审时间未做签收记录 | 市场营销部 | | 喻海平 | 覃世梅 | | 6/11 | 查 6/7 已补签，近期无新资料下发 | 6/11 | 喻海平 | | | 关闭 | |
| 17 | 0000261 | 6 月 7 日 | 查计划生产看板未更新 | 计划组 | | 喻海平 | 王大业 | | 6/11 | 6/11 查生产看板已更新 | 6/11 | 喻海平 | | | 关闭 | |
| 18 | 0000262 | 6 月 7 日 | 二车间包装的碳挂无品质部人员签板 | 二车间 | | 喻海平 | 高钜辉 | | 6/11 | 查 6/11 包装的产品均有品质部签板 | 6/11 | 喻海平 | | | 关闭 | |

续表

| 序号 | 问题编号 | 发出日期 | 问题简述 | 所属部门 | 解决方案 | 发现人 | 受理人 | 预计完成时间 | 实际完成日期 | 完成情况描述 | 检查验证日期 | 验证人 | 提前 | 推后 | 封闭情况 | 月份 |
|---|---|---|---|---|---|---|---|---|---|---|---|---|---|---|---|---|
| 19 | 0000263 | 6月7日 | 查品质部来料检验铝钉无实配记录 | 品质部 |  | 喻海平 | 程洪波 | 6/11 | 6/11 | 查6/12介嘴已实配 | 6/12 | 喻海平 |  |  | 关闭 |  |
| 20 | 0000264 | 6月11日 | 查33289外箱条码标错误品质部未检出 | 品质部 |  | 喻海平 | 程洪波 | 6/12 | 6/14 | 查6/14早会对此项问题进行培训 | 6月14日 | 李存国 |  |  | 关闭 |  |
| 21 | 0000265 | 6月11日 | 33289条码设计内容输入错误 | 设计组 |  | 喻海平 | 孙武能 | 6/11 | 6/13 | 6/13条码内容已纠正 | 6/13 | 喻海平 |  |  | 关闭 |  |
| 22 | 0000266 | 6月11日 | 33289条码标错误仓库打印时未核对资料 | 仓库 |  | 喻海平 | 彭全旺 | 6/11 |  | 查6/13仓库打印条码时已对资料 | 6/13 | 喻海平 |  |  | 关闭 |  |
| 23 | 0000267 | 6月11日 | 至6/11下午17：00未下发6/12生产计划 | 计划组 |  | 喻海平 | 王大业 | 6/11 | 6/12 | 2012－6－12查已更新 | 6/12 | 喻海平 |  |  | 关闭 |  |
| 24 | 0000301 | 6月7日 | 查焊磨车间检验表未填写完整（无日期及检验员姓名） | 品质部 |  | 陈华明 | 程洪波 | 6/12 |  | 2012－6－12查未发现焊磨车间检验表未填写完整现象 | 6/12 | 6/13 |  |  | 关闭 |  |

## 11. 专项稽核报告

（1）面对一些重大的或是典型的问题，很多时候的处理太粗，也不具备的公平性，也没能留下记录，没有转变成案例教材，让损失白白浪费。

（2）专项稽核报告能够很好地解决这个问题，对问题的调查有深度，结果处理也是以第三方的身份进行，也体现了公平性，在解决问题的同时也留下了记录，形成同类问题的教材，作为稽核案例分析会的素材。

《专项稽核报告》如表3－11所示：

**表3－11　×××有限公司专项稽核报告（模板）**

<table>
<tr><td>主题</td><td colspan="2">总装车间玻璃装错</td><td colspan="2">稽核员/日期</td><td>×××</td></tr>
<tr><td colspan="6">事实描述：<br>事因：5月28日发现，P－30007订单KEN－47TGM在安装时，×××等五位员工在27日、28日共计损坏四块玻璃。经过深入调查，发现铝框标准尺寸应为1264×346×20mm，而实际测量尺寸为1263×345×20mm，玻璃的标准尺寸应为1259×341mm，而实际所测尺寸为1260×341mm。经查图纸的尺寸由研发部提供，而研发部所提供的图纸铝框尺寸小，玻璃尺寸大，故员工在安装过程中，因上述原因造成对玻璃的损坏。当我询问品管员×××有没有对产品进行首件确认，他的回答是没有</td></tr>
<tr><td colspan="6">损失评估：：KEN－47TGM磨砂玻四块，磨砂玻单价80元，共计损失320元</td></tr>
<tr><td colspan="2">整改措施</td><td>制定人</td><td>责任人</td><td>完成日期</td><td>稽核验证</td></tr>
<tr><td>1</td><td></td><td></td><td></td><td></td><td></td></tr>
<tr><td>2</td><td></td><td></td><td></td><td></td><td></td></tr>
</table>

续表

| 整改措施 | | 制定人 | 责任人 | 完成日期 | 稽核验证 |
| --- | --- | --- | --- | --- | --- |
| 3 | | | | | |
| 4 | | | | | |
| 责任划分与责任追究 | | | | | |
| 稽核经理审核意见 | 签名/日期： | 总经理审批意见 | 签名/日期： | | |
| 备注 | 可另行附页 | | | | |

表单要点：
1.事实描述需要深入细致；2.整改措施要当事人来制定；3.责任划分要明确，由稽核人员来完成

## 12. 稽核案例分析会

（1）面对已经发生重大的或是典型的问题，没有很好的利用，有时候可能只是处罚就完事了，并没有形成很好的教育素材，用来教育和预防。

（2）稽核案例分析会强调对问题深入调查，强调整改、教育，强调公开，以此来对当事人造成一定的压力，从而达到改变的目的。

（3）案例分析会要点：①各责任部门或人员只能讲自已的问题并提出自我的改善对策；②一定要在会上落实责任；③问题的描述一定要清晰，必要时要图文并茂，且要有损失的计算或描述；④高层要参与。

（4）案例分析会的主要议程（会议时长一般控制在60分钟内）：①稽核员作案例描述及案例损失、责作划分介绍；②案例中当事人现场做原因分析和对策检讨；③当事人的上司作相关补充；④相关部门负责人对对策进行补充，便于形成动作决议；⑤稽核部负责人宣布责任人的处理结果；⑥老总/老师对案例进行总的点评；⑦稽核部负责人作决议总结，将对策形成动作决议，便于跟进及下次的案例分析会上通报执行情况。

**××公司稽核案例分析会**

**案例：TV－04打包时候发现组装不了**

**一、案例概括**

（1）时间：12月19日晚上8点30分左右

（2）地点：包装车间一线

（3）产品型号：TV－04（订单号：4183）

（4）数量：125套

（5）下单日期：10月29日，订单交期：12月3日

**二、问题点**

（1）上架中心距不对，与图纸要求的710mm相差6mm，只有704mm。

（2）#12铁架套不进配件#13。

（3）#10B配件喷粉后，螺杆#11要穿进#10B的孔比较困难。

（4）14×25mm螺丝很难才能扭进#13管，如图3－2所示：

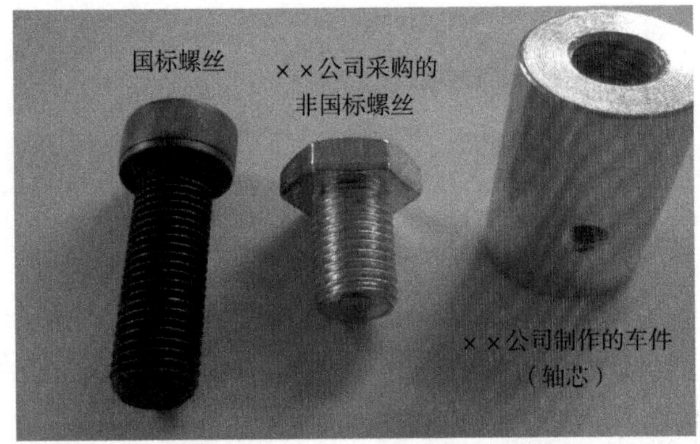


**图3－2　第4点的14×25mm螺丝图片**

## 三、事情解决过程

（1）上架内框尺寸不对，经梁经理确认勉强可以使用，没作处理。

（2）五金部对全部部件#12进行打磨返工。

（3）品管部检查保证所有螺杆#11都能穿过#10B才准打包。

（4）用扳手转动14×25mm的螺丝才扭进了#13管。

## 四、造成损失

（1）打包完成时间推迟。

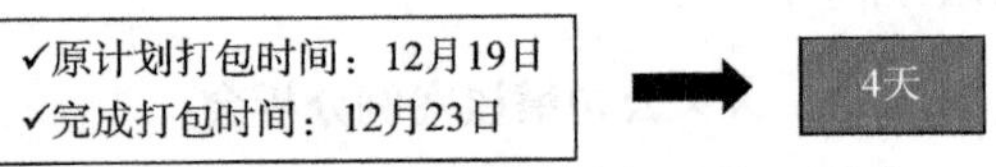


（2）员工工时损失。

①12月19日打包线损失工时3小时×16人＝48小时

②12月21日打包线损失工时3小时×16人＝48小时

③其相关人员工时损失无法统计（五金车间返工工时、品管人员增加工时）

## 五、责任划分

（1）第一责任人：×××（没有按照图纸制作模具）。

（2）第二责任人：×××（没有坚持模具必须与图纸完全相符的原则）。

（3）第三责任人：喷涂厂（没有按照我厂的要求进行加工）。

（4）第四责任人：×××（更改配件的表面处理方式没有通知设计部作变更）。

（5）第五责任人：仓库品管员×××（没检查出螺丝扭不进轴芯）。

## 六、原因分析——失控点

（1）五金模具师傅没有按图纸要求制作模具。

（2）品管员作首检时没有坚持按图纸要求模具的品质。

（3）梁经理更改#10B的表面处理方法时没与设计部沟通作变更。

（4）莫基通在冲#10B时没有按照图纸要求的尺寸冲压。

（5）喷涂厂的加工有时出错，没能按照我厂的要求去加工。

（6）采购员采购的14×25mm螺丝的螺纹存在较多批锋，品管部没有检查。出质量存在问题。

## 七、改善对策——处理结果和预防措施

（1）处理结果。

①×××罚50元；②×××罚10元；③×××罚10元；④×××罚5元；⑤涂厂发出异常改善表。

（2）预防措施。

《五金模具评审控制卡》如表3-12所示：

**表3-12　五金模具评审控制卡**

| 序号 | 执行标准 | 责任人 | 使用表单 | 制约 | 责任 |
|---|---|---|---|---|---|
| 1 | 新模具完成后第二天必须开始生产样件：2套/2个工作日内 | 模具师<br>五金主管 | 联络单 | PMC和稽核中心对样件的制作过程进行监督检查 | 对违反要求责任人乐捐10元/次 |
| 2 | 样件检测完成（零件全检和组装1套）：1个工作日内 | 品管员 | 检测报告 | PMC和模具师对品管样件检测进行监督 | |
| 3 | 检测结果评审：2小时内（参加者：开发主管、设计师、模具师、品管主管、五金主管、五金组长） | 开发主管 | 评审报告 | 稽核中心对评审过程进行监督 | |
| 4 | 评审后异常处理：4小时内 | 模具师<br>设计师 | 评审报告 | 品管部和稽核中心对处理过程进行监督检查 | |

## 八、案例启示

（1）没有标准的管理最终没有管理！

（2）没有制约的管理最终没有管理！

（3）没有责任的管理最终没有管理！

（4）用数据和证据才能做好管理！

## 13. 稽核简报

（1）稽核简报的目的是及时曝光、公开表彰，充分体现稽核的公开性，让稽核过程中的问题快速展现在大家的面前，达到树立榜样、经验分享、警醒不良、促进改善的目的。

（2）稽核简报强调主题鲜明、及时、频率。

**稽核简报（模板）**

**图3－3　稽核简报1**

稽核简报 第11-2期

白点、白印、异物攻关方案阶段达成数据

白点、异物、白印不良降低攻关方案数据（11月）

| 项目 | 调研数据 | 目标数据 | 第45周 | 第46周 | 第47周 | 11月24日 | 11月25日 | 11月26日 | 11月27日 | 11月28日 | 11月29日 | 11月30日 |
|---|---|---|---|---|---|---|---|---|---|---|---|---|
| | | | 11.3－11.9 | 11.10－11.16 | 11.17-11.23 | | | | | | | |
| 批合格率 | 89.00% | 96.00% | 91.60% | 91.10% | 95.00% | 95.05% | | | | | | |
| 直通率 | 92.00% | 99.00% | 94.00% | 94.90% | 93.74% | 95.22% | | | | | | |
| 不良占比率 | 71.00% | 30.00% | 57.70% | 53.18% | 66.94% | 72.29% | | | | | | |

图3－4 稽核简报

白点、白印、异物攻关方案阶段达成奖励现场

郑总给攻关组长颁奖

唐总给攻关小组成员颁奖

【白点、白印、异物攻关方案】启动前OQC合格率调研数据为89%，攻关方案启动后OCQ合格率为92%，同比增长了3%，FQC直通率调研前数据为91%，攻关方案启动后FQC直通率为94%，同比增长了3%。公司给各攻关小组成员各奖励100元。

徐总助给品质人员颁奖

工程副总监给生产人员颁奖

图3－5 稽核简报3

## 14. 稽核战报

（1）稽核战报是对稽核工作一周的总结，主要用来系统地公开一周的稽核情况，让管理人员都能清楚地知道这一周各自的稽核情况，从而达到促进改善的目的；

（2）稽核战报强调每周全面总结、每周在管理层会上进行公开的通报、强调如实汇总，以此来达到改变，提升执行的目的。

**稽核战报（模板见下图）**

XX公司稽核战报

汇报内容

一、激励汇总
二、横向问责汇总
三、上周稽核重点及相对应问题点
四、上周各部门稽核执行率
五、下周稽核任务
六、控制卡及方案执行情况
七、稽核亮暗点通报
八、稽核小结

# 一、激励汇总

时间：2015年6月8日 - 2015年6月14日

| 开出奖捐单总数 | 奖励总金额 | 乐捐总金额 |
|---|---|---|
| 42 | 195 | 192 |

员工奖惩福利基金收支明细表(6.8-6.14).xls

# 二、横向问责汇总

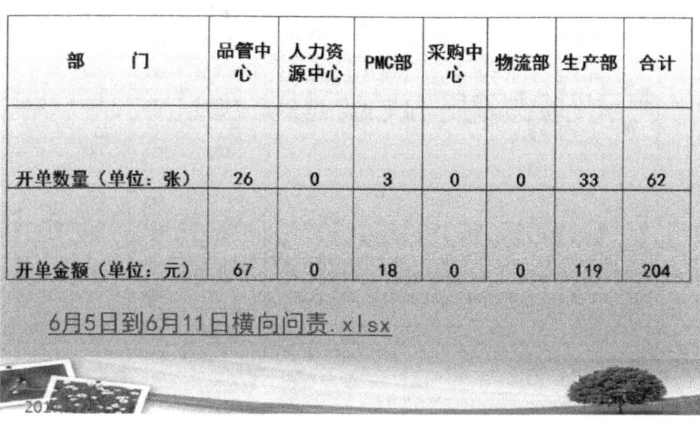

| 部　　门 | 品管中心 | 人力资源中心 | PMC部 | 采购中心 | 物流部 | 生产部 | 合计 |
|---|---|---|---|---|---|---|---|
| 开单数量（单位：张） | 26 | 0 | 3 | 0 | 0 | 33 | 62 |
| 开单金额（单位：元） | 67 | 0 | 18 | 0 | 0 | 119 | 204 |

6月5日到6月11日横向问责.xlsx

# 三、上周稽核重点及相对应问题点

| 第一：计划管控 | | | | | | |
|---|---|---|---|---|---|---|
| 序号 | 稽核重点 | 存在问题点 | 责任部门 | 责任人 | 部门负责人 | 处理结果 |
| 1 | 生产计划达成率考核方案 | 车间组长奖罚由车间主管在周一16：00前开出，生管中心PC进行检查：6月10日C5/D3检查C5车间没有在16：00前开出奖罚单给到稽核部，实际没有开出奖罚单 | C5车间 | XXX | XXX | 乐捐 |
| | | | D3车间 | XXX | XXX | |
| 2 | 生产日计划下达动作控制卡 | 针对前天达成差异的型号，生产主管在每天12:00前回复差异原因，以RTX的方式通报给PMC、稽核部、欧博：6月8号/6月12号C3车间未及时回复，6月9号D3车间未及时回复 | C3车间 | XXX | XXX | 乐捐 |
| | | | D3车间 | XXX | | |

| 第二：物料管控 | | | | | | |
|---|---|---|---|---|---|---|
| 序号 | 稽核重点 | 存在问题点 | 责任部门 | 责任人 | 部门负责人 | 处理结果 |
| 3 | 不良品退仓动作控制卡 | 车间退料时确认单据、实物、标签是否一致，核对单据及标签字体是否清晰可辨：6月9日C3车间模组D线退GS150502301来料不良，将料号207070074写错为202070074料号，单据与实物不一致 | C3车间 | XXX | XXX | 乐捐 |
| 4 | 备料效率提升攻关方案 | 收料员、仓管员、账务员分别在单据上签收接收时间：6月11日、12日物流部仓管员拉接收到送检单时，没有在单据上签署接收时间 | 物流部 | 各仓管员 | XXX | 乐捐 |
| | | 冷冻滚动3日生产计划每天下午15:00前以电子邮件方式发给线边仓，BOM清单下午15:30前打印交给线边仓：6月10日、11日、12日各PC都没有在规定时间15：00前将《3日冷冻滚动计划》以电子邮件方式发给线边仓，也没有在15：30前新BOM清单纸质档给到线边仓，实际都是16：00之后才完成 | PMC部 | 各PC | XXX | |

| 第三：现场管控 | | | | | | |
|---|---|---|---|---|---|---|
| 序号 | 稽核重点 | 存在问题点 | 责任部门 | 责任人 | 部门负责人 | 处理结果 |
| 5 | 落实三定卡内容 | B5车间雷满峰/孙孝寒/孙尚林未落实三定卡内容；C3车间吴玲/吴锦春未落实三定卡内容；C5车间肖小龙未落实三定卡内容；D2车间徐伟/梁凤娟/肖芳平/覃洪琼/陆术祥/黄幸标未落实三定卡内容；D3车车间彭艳鹏/容宝艳/彭艳鹏/陈壮未落实三定卡内容 | C3车间 | XXX | XXX | 乐捐 |
| | | | C5车间 | XXX | XXX | |
| | | | D2车间 | XXX | XXX | |
| | | | D3车间 | XXX | XXX | |
| 6 | 洁净棚环境管理动作控制卡 | 洁净棚内人员必须保持，口罩需盖住鼻子，头发不能外露，衣领不能敞开，袖子不能卷起：6月9日D2C3各有一个员工头发外露；6月10日D3有两个员工头发外露；6月11日B5有4个员工口罩没盖住鼻子 | D2车间 | XXX | XXX | 乐捐 |
| | | | C3车间 | XXX | XXX | |
| | | | D3车间 | XXX | XXX | |
| | | | | XXX | | |
| | | | B5车间 | XXX | XXX | |
| | | | | XXX | | |

| 第三：现场管控 | | | | | | |
|---|---|---|---|---|---|---|
| 序号 | 稽核重点 | 存在问题点 | 责任部门 | 责任人 | 部门负责人 | 处理结果 |
| 7 | 生产异常处理动作控制卡 | 产线出现异常要及时提报，对口品质工程要及时处理：6月11日检查FOG段前A线，8：00-10：00时间段，生产KD070D50-33NI-A1产品，投入1400PCS，其功能性不良38PCS，良率低于98%，实际97.3%，产线出现异常没有及时提；6月11日检查D3车间模组D线，8：00-12：00两个时间段，OQC合格率低于90%，实际66%，产线出现异常，组长未及时提报也没有填写异常处理登记表；6月11日检查C3车间模组A线，10：00-12：00时间段OQC全格率低于90%，实际75%，产线出现异常有及时提报，工程部没在异常处理登记表上签名确认并及时进行分析；6月12日检查模组B线，8：00-10：00时间段，生产7寸A80型号产品，OQC合格率低于90%，实际86%，产线出现异常没有及时提报，也没有填写异常处理登记表；6月12日检查模组A线，8：00-10：00时间段，直通率低于90%实际75%，产线出现异常没有及时提报，也没有填写异常处理登记表 | D2车间 | XXX | XXX | 乐捐 |
| | | | C3车间 | XXX | XXX | |
| | | | 工程部 | XXX | XXX | |
| | | | D3车间 | XXX | XXX | |

| 第三：现场管控 | | | | | | |
|---|---|---|---|---|---|---|
| 序号 | 稽核重点 | 存在问题点 | 责任部门 | 责任人 | 部门负责人 | 处理结果 |
| 8 | 员工上岗管理办法 | 生产组长认为新员工能够上线作业可以随时向品质、工艺提出考核认证，由工艺实施操作技能培训基础考核，品质实施检验标准培训基础考核，考核合格后颁发《临时上岗证》，新入职的生产员工必须取得和佩戴临时上岗证方可上线作业：6月9日检查D3车间模组A线新员工孔飞飞，模组B线新员工陈洁，没有临时上岗证也没有老员工1对1或1对2的帮扶，就直接上线作业；6月11日检查D4车间邦定，新员工李妙玲、廖其辉两人没有临时上岗证，也没有老员工1对1或1对2的帮扶就直接上线作业；6月12日检查D2车间FOG段A线，FOG本压岗位1名新员工、点胶工位1名新员工没有临时上岗证，也没有老员工1对1或1对2的帮扶就直接上线作业 | D3车间 | XXX | XXX | 乐捐 |
| | | | D4车间 | XXX | XXX | |
| | | | D2车间 | XXX | XXX | |
| 9 | 早会管理动作控制卡 | 6月8日D3车间有一个员工迟到；6月9日D3有四个员工迟到；6月13日C3车的两个员工迟到 | D3车间 | XXX | XXX | 警告 |
| | | | C3车间 | XXX | | |

| 第三：现场管控 | | | | | | |
|---|---|---|---|---|---|---|
| 序号 | 稽核重点 | 存在问题点 | 责任部门 | 责任人 | 部门负责人 | 处理结果 |
| 10 | 整改通知书 | 流入车间内的胶框须保持清洁无灰尘明显异物：6月8日/6月9日D3车间进入车间的胶框有明显可见的异物 | D3车间 | XXX | XXX | 警告 |
| | | | D3车间 | XXX | | |
| 11 | 作业指导书 | C3车间/C5车间/B5车间/D1车间/D2车间/D3车间都是SOP悬挂于SOP不符合及未有按SOP里的内容作业 | C3车间 | XXX | XXX | 警告 |
| | | | D3车间 | XXX | | |
| | | | C5车间 | XXX | XXX | |
| | | | B5车间 | XXX | | |
| | | | D1车间 | XXX | XXX | |
| | | | D2车间 | XXX | XXX | |

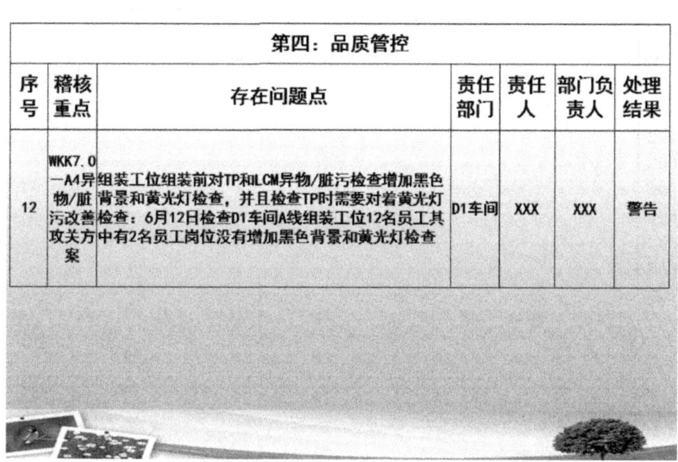

| 第四：品质管控 | | | | | | |
|---|---|---|---|---|---|---|
| 序号 | 稽核重点 | 存在问题点 | 责任部门 | 责任人 | 部门负责人 | 处理结果 |
| 12 | WKK7.0—A4异物/脏污改善攻关方案 | 组装工位组装前对TP和LCM异物/脏污检查增加黑色背景和黄光灯检查，并且检查TP时需要对着黄光灯检查：6月12日检查D1车间A线组装工位12名员工其中有2名员工岗位没有增加黑色背景和黄光灯检查 | D1车间 | XXX | XXX | 警告 |

| 第五：研发管控 | | | | | | |
|---|---|---|---|---|---|---|
| 序号 | 稽核重点 | 存在问题点 | 责任部门 | 责任人 | 部门负责人 | 处理结果 |
| 13 | 项目评审动作控制卡 | 项目经理对技术部分、工艺部分、品质部分逐一检讨并记录在《新产品开发立项评审记录表》，评审完后由各参会人员会签：6月10日有4个型号未填写完整项目评审表 | 项目部 | XXX | XXX | 警告 |
| 14 | 《LCM样品制作点检卡》 | 要求《LCM样品制作点检卡》要填写完整：6月11日检查B4样品房，KD50G28-40NI-A3，《LCM样品制作点检卡》中发现外观项RA是否出够数量未填写完整 | B4样品房 | XXX | XXX | 警告 |

## 四、上周各部门稽核执行率（6.1-6.7）

| 被稽核部门 | 检查次数 | 符合次数 | NG次数 | 本周执行率 | 上周执行率 | 趋势 | | 排名 |
|---|---|---|---|---|---|---|---|---|
| 线边仓 | 34 | 34 | 0 | 100.00% | 100.00% | ↑ | 0.0% | 1 |
| 品管中心 | 20 | 20 | 0 | 100.00% | 88.89% | ↑ | 11.1% | 2 |
| 销售中心 | 10 | 10 | 0 | 100.00% | 100.00% | ↑ | 0.0% | 3 |
| PMC部 | 54 | 53 | 1 | 98.15% | 95.83% | ↑ | 2.3% | |
| C3车间 | 99 | 80 | 19 | 80.81% | 91.67% | ↓ | -10.9% | |
| 物流部 | 15 | 12 | 3 | 80.00% | 100.00% | ↓ | -20.0% | |
| D2车间 | 89 | 71 | 18 | 79.78% | 90.74% | ↓ | -11.0% | |
| C5车间 | 41 | 32 | 9 | 78.05% | 73.33% | ↑ | 4.7% | |
| D3车间 | 76 | 55 | 21 | 72.37% | 65.71% | ↑ | 6.7% | |
| D1车间 | 10 | 6 | 4 | 60.00% | 65.00% | ↓ | -5.0% | (3) |
| 研发中心 | 12 | 6 | 6 | 50.00% | 60.00% | ↓ | -10.0% | (2) |
| B5车间 | 33 | 15 | 18 | 45.45% | 60.00% | ↓ | -14.5% | (1) |
| | | | | | | | | |
| D4车间 | 1 | 0 | 1 | 0.00% | 0.00% | ↓ | 0.0% | 稽核不到10次不纳入检查 |
| 工程部 | 1 | 0 | 1 | 0.00% | 0.00% | ↓ | 0.0% | |
| 制造部 | 6 | 6 | 0 | 100.00% | 100.00% | ↑ | 0.0% | |
| 贴片车间 | 8 | 8 | 0 | 100.00% | 85.71% | ↓ | 14.3% | |
| 财务中心 | 6 | 5 | 1 | 83.33% | 100.00% | ↓ | -16.7% | |
| 合计： | 515 | 413 | 102 | 80.19% | 86.56% | ↓ | | |

## 稽核执行率走势图

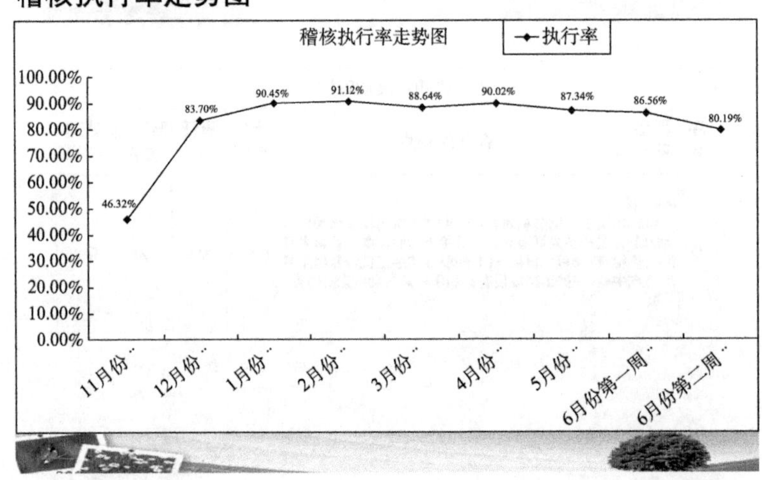

# 五、下周稽核任务

（1）方案：

新员工上岗管理办法

OQC良率考核方案

C3车间白点白印攻关方案

呆滞物料降低攻关方案

WKK 7.0-A4异物/脏污改善攻关方案

（2）动作控制卡：

不良品退仓动作控制卡

PMC三定卡

生产日计划下达动作控制

备料效率提升攻关方案

来料检查动作控制卡

订单变更动作控制卡

订单交货主计划跟新动作控制卡

胶箱清洁管理动作控制卡

洁净棚环境管理动作控制卡

C3车间生产组长三定卡

品质排查动作控制卡

生产异常处理作业动作控制卡

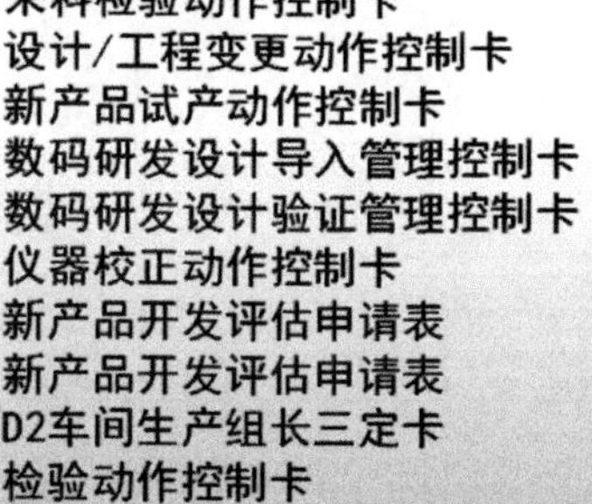

来料检验动作控制卡

设计/工程变更动作控制卡

新产品试产动作控制卡

数码研发设计导入管理控制卡

数码研发设计验证管理控制卡

仪器校正动作控制卡

新产品开发评估申请表

新产品开发评估申请表

D2车间生产组长三定卡

检验动作控制卡

线边仓备料动作控制卡

（3）决议：
生产协调会会议决议
品质对接会决议

（4）对策：
各车间周制程异常改善对策，售后客诉改善对策

（5）SOP

## 六、控制卡及方案执行情况

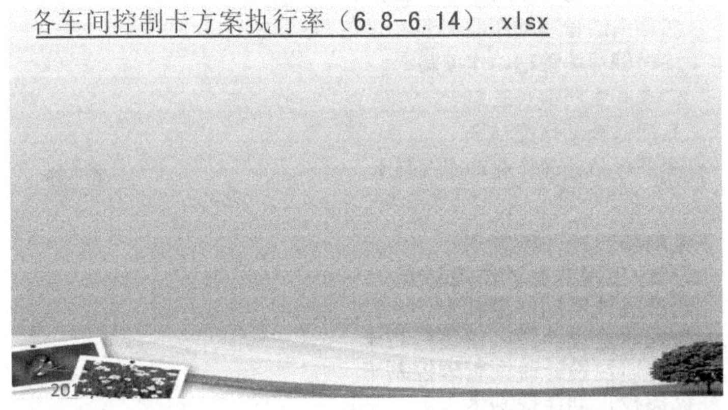

# 各车间控制卡方案执行率

《早会管理动作控制卡》

| 6月8-14日 | C3车间 | | D3车间 | | C5车间 | |
|---|---|---|---|---|---|---|
| | 检查次数 | OK次数 | 检查次数 | OK次数 | 检查次数 | OK次数 |
| | 10 | 8 | 13 | 8 | 8 | 8 |
| 执行率 | 80% | | 61.5% | | 100% | |

《各车间稽核状况》

| 6月8-14日 | C3车间 | D2车间 | D3车间 | C5车间 | D5车间 | C4车间 | D4车间 | D1车间 | B5车间 |
|---|---|---|---|---|---|---|---|---|---|
| | 检查次数 | 检查次数 | 检查次数 | 检查次数 | 检查次数 | 检查次数 | 检查次数 | 检查次数 | 检查次数 |
| | 110 | 45 | 100 | 81 | 35 | 12 | 28 | 0 | 90 |

《组长三定卡内容》

| 6月8-14日 | D2车间 | | C3车间 | | D3车间 | | B5车间 | |
|---|---|---|---|---|---|---|---|---|
| | 检查次数 | OK次数 | 检查次数 | OK次数 | 检查次数 | OK次数 | 检查次数 | OK次数 |
| | 24 | 17 | 27 | 25 | 11 | 7 | 12 | 5 |
| 执行率 | 70.8% | | 92.5% | | 63.6% | | 41.6% | |

《SOP执行状况》

| | D2车间 | | C3车间 | | D3车间 | | C5车间 | | D1车间 | | B5车间 | |
|---|---|---|---|---|---|---|---|---|---|---|---|---|
| 6月8-14日 | 检查次数 | OK次数 | 检查次数 | OK次数 | 检查次数 | OK次数 | 检查次数 | OK次数 | 检查次数 | OK次数 | 检查次数 | OK次数 |
| | 21 | 13 | 12 | 3 | 4 | 1 | 17 | 12 | 6 | 3 | 12 | 3 |
| 执行率 | 61.9% | | 25% | | 25% | | 70.5% | | 50% | | 25% | |

# 七、稽核亮暗点通报

2015年6月8日检查D3车间，发现工程部袁工针对模组A线型号KD070D26-50NB-A108，没有口字胶背光产品，由于员工放拿产品时力度较大，组装后很容易导致该产品在生产过程背光鼓起来，要求工程部技术员全程跟线，针对产线拿放产品力度较大者以及产品堆积者员工，给予现场批评处理

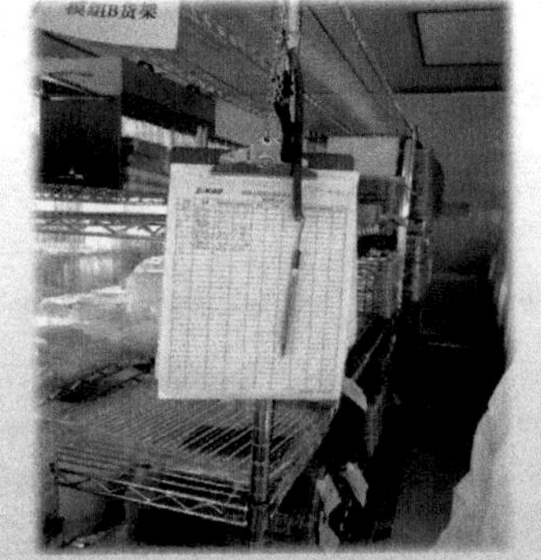

检查D2车间，发现D2车间作人员离岗由之前的员工离岗自行登记到目前的人员离岗需拿上岗证与 组长更换离岗证，这样严格的控制了减少了作业人员离岗频次及产线上人员的随意性走动

6月12日检查D3车间，发现袁工在快要下班的前一刻还赶来车间对产线组长及品质人员宣导：针对KD070D20-33NC-A105型号产品，亮点不良，经上级决定亮点在标准0.25以内的可出正常品，0.25-0.3标准的可分开出货。针对异常能够及时处理，并及时通知产线做好区分。导致产线不会因此而脱节，袁工这种及为负责任的态度值的我们大家学习

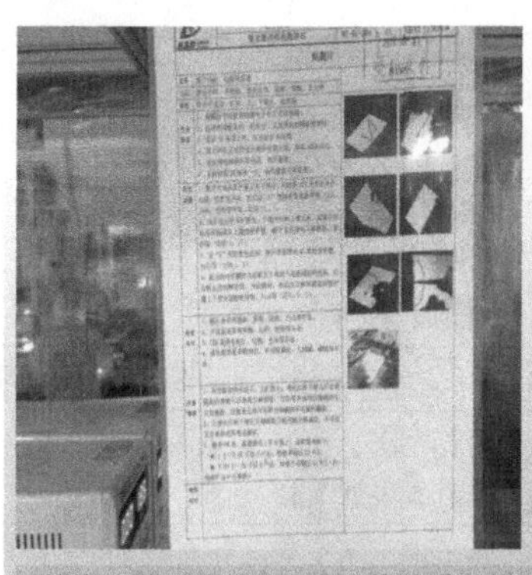

检查C3车间背光A/B/C/D线贴膜岗位,SOP上要求作业员要以45度角检查背光异物、白印等，实际员工是没做此动作。（据组长反馈：一直以来都是这样做的，如果每个产品都以45度角去检验，会导致产品堆积。）

# 八、稽核小结

1、连续一周检查各车间的SOP状况，SOP悬挂不对应的，不按SOP作业的情况都很多，各车间品质要协助检查，生产要执行，让员工都要按SOP作业。

2 、各部门对异常处理动作控制卡的流程还是有不执行及不清楚的状况，不清楚流程主要是B5车间，不提报异常主要是C3车间模组D线。

3 、稽核部检查早会管理办法，在更衣室发现员工早会迟到，拍照后员工不配合给出厂牌，并态度恶劣，把照片给到车间主管，车间主管说要稽核员把员工的名字找到，这种情况主要是C3车间。

4 、本周D3工程反映给出的对策生产线不执行，C5车间反映PMC的计划不给生产核对签字，实验室反映车间过期的仪器不及时送验，等此类问题，需要稽核部介入监督执行，各对口部门要积极的配合横向部门的工作，也欢迎各部门把此类的问题能积极的反映给稽核部。

## 15. 稽核员考核

(1) 稽核工作需要量化，没有量化的工作是没法有效衡量的。所以，稽核员的工作也要有考核，既是量化稽核员的工作，同时也是为了激励稽核员，从而更好地做稽核。

(2) 稽核员考核强调每天统计、每周小结、每月考核；考核内容强调同工作本身的一致性。

### 15.1 稽核员考核表（模板1）

《稽核员考核表》如表3-13所示：

**表3-13 稽核员考核表1**

被考核部门：稽核部　　考核岗位：稽核员 20××年5月　　版本 A/0

| 项次 | 指标 | 指标说明 | 目标值 | 分数 | 计分方法 | 实际值 | 实际得分 | 考核部门 |
|---|---|---|---|---|---|---|---|---|
| 1 | 被投诉次数 | 经过调查属实的，被稽核部门的投诉 | 1 | 30 | 投诉一次，扣10分；没有投诉加5分 | | | 总经办 |
| 2 | 稽核建议项数 | 针对稽核对象提出的有效的改善建议 | 12 | 30 | 少1项，扣5分；多1项，加1分；(10分封顶) | | | 总经办 |
| 3 | 稽核提升率 | 本月稽核对象的稽核合格率的提升 | 5%* | 20 | (1) 每低于目标值1个点，扣2分；(2) 每超过目标值1个点，加2分；(10分封顶) | | | 总经办 |
| 4 | 稽核任务完成率 | 稽核任务完成率=合格次数/总次数 | 100% | 20 | (1) 每低于目标值1个点，扣2分 | | | 总经办 |
| 计算说明：本岗位考核工资×××元（满分100分计），如实际得分为110分，则实际考核工资为110/100××××=×××元<br>如实际得分为90分，则实际考核工资为90/100××××=×××元 | | | | | | | | |

注：*表单要点：指标设定同稽核的实际工作相符；指标的计算方式要明确；计分方法明确，每天统计，每周分布，每月考核

## 15.2 稽核员考核表 （模板2）

《稽核员考核表》如表3－14所示：

**表3－14　稽核员考核表2**

| 序号 | 项目 | 指标名称 | 指标定义/考核细节 | 量化数据 | 配分 | 标准 | 达成情况 | | | 得分 |
|---|---|---|---|---|---|---|---|---|---|---|
| | | | | | | | 1－10号 | 11－20号 | 20－31号 | |
| 1 | 日常工作质量 | 稽核任务按质按量完成率 | 1. 考核周期内稽核计划的完成情况.<br>2. 每月稽核总项次为1200次 | ≥98% | 25 | 1. 完成率＝稽核完成合格数量÷稽核数量<br>2. 完成的稽核任务需要覆盖稽核计划内容，没有覆盖的1项未完成的稽核计划扣2分处理<br>3. 完成率≥200%的加5分 | | | | |
| 2 | | 案例分析 | 稽核专员负责对现场发现的案例进行资料收集、原因调查、组织相关人员进行案例分析会，每人每月进行2次 | ≥2次 | 10 | 按成功召开的案例分析计算 | | | | |
| | | 稽核项目制定 | 稽核员自行编制攻关方案，控制卡 | ≥2次 | 10 | 召开会议进行讨论并会签执行 | | | | |
| 3 | | 稽核简报 | 每周个人制作及张贴2期上级审批OK的简报 | ≥8份 | 10 | 按审批后张贴的简报计算 | | | | |
| 4 | | 亮点，暗点 | 每周拍摄亮点暗点共15个 | ≥60个 | 10 | 以PPT形式每周四发给冯副总及梁海堂的数量计算 | | | | |
| 5 | | 整改通知书 | 稽核专员按照《稽核管理制度》对发现的问题进行跟进，发现问题，确定责任部门，发出《整改通知书》并跟踪完成情况 | ≥15份 | 10 | 1. 按部门负责及稽核经理签名的整改通知单数量计算<br>2. 如发出的整改通知单负责人回复的完成时间到期后未跟进的将给予1单扣5分处理 | | | | |

续表

| 序号 | 项目 | 指标名称 | 指标定义/考核细节 | 量化数据 | 配分 | 标准 | 达成情况 | | | 得分 |
|---|---|---|---|---|---|---|---|---|---|---|
| | | | | | | | 1－10号 | 11－20号 | 20－31号 | |
| 6 | 日常工作质量 | 稽核乐捐 | 核专员按照《稽核管理制度》对发现的问题进行跟进，发现问题，确定责任部门，开出《乐捐单》并跟踪完成情况 | ≥40份 | 10 | 达到数量即得满分 | | | | |
| 7 | | 按要求加班 | 根据工作要求（领导要求，开会，异常处理，紧急事件等）加班的，按打卡记录为准 | ≥4次 | 15 | 每月以4次为基数，超出四次计入自行加班加分项 | | | | |
| 8 | 加分项 | 自行申请加班 | 因自身工作原因需自己加班的，需提前书面申请加班并按打卡记录为准 | —— | —— | 加班打卡记录晚上满两个小时算3分，以此类推；周日加20分 | | | | |
| | | 阶段总结 | 以PPT/视频等形式完成稽核部阶段总结 | | | PPT加2分；视频加15分 | | | | |
| 9 | | 合理化建议 | 提出合理化建议并被实施的 | —— | —— | 被实施的合理化建议1条加2分 | | | | |
| 10 | | 表扬 | 所有的工作 | —— | —— | 任何会议上表扬1次加1分 | | | | |
| 11 | 扣分项目 | 上级安排的临时任务 | 上级安排的任务必须不折不扣地执行 | —— | —— | 1. 拒绝执行扣30分/次<br>2. 讨价还价扣10分/次<br>3. 带情绪工作扣5分/次 | | | | |
| 12 | | 职业素养 | 弄虚作假等任何严重的违规行为 | —— | —— | 发现1次扣100分并取消职位资格 | | | | |
| 13 | | 工作拖延 | 所有的工作 | —— | —— | 拖延1天扣2分 | | | | |
| 14 | | 批评、投诉 | 所有的工作 | —— | —— | 批评1次扣1分，投诉1次扣5分 | | | | |
| 合计得分： | | | | | | | | | | |

稽核员确认：　　　　稽核经理确认：

# 第 4 章

# 执行力提升系统 2——横向控制

很多企业的管理就靠几个领导在做，靠一层一层的领导抓。而领导们又忙又累，还不一定能把工作做好。这样不是办法，欧博提倡横向控制。

怎么做到横向控制呢？

第一，发挥职能部门的作用，让计划部对生产安排进行统筹，而不是由厂长或者老总进行统筹。

很多企业就习惯于靠厂长或老总安排生产，这种方法可能短期内效果非常好，但长期就不行，为什么？厂长要管几百人，他的注意力完完全全放到事务性的工作中了，他有那么多人和突发事件的问题要处理，还有多少精力去跟踪计划的落实？而真正的计划运作要了解每个细节。

我们以前在企业里经常看到厂长边走路边签字的现象。要买什么物料，签字；要做什么，签字。你要问那个厂长："这个物料是不是一定要买呢？""仓库到底有没有？"他说不知道。不知道为什么要签字？他会说："该我签啊。"

靠厂长做管理，这家企业就离不开这个厂长，为什么？除了厂长，谁都不知道怎么安排计划。无论厂长怎么指挥，生产部门都要听，因为厂长是老大。

**有的时候短期有效的，长期说不定就是有害的**，因为短期有效就意味着对个人经验的依赖性非常大。对个人经验依赖大，长期来讲，企业要做大很困难。如果厂长出现异动，企业根本没有办法应付接下来的局面。

我们主张领导管人、流程管事，管人管事要两条线。让计划部发挥作用，通过流程、制度来管，通过控制卡来管，通过一个专业岗位或部门来管，这样管理就容易标准化。管理标准化了，那么张三能管，李四也能管。

计划部门和生产部门平级，没有流程文件，没有相关规定，生产部门凭什么听计划部门的指挥？所以，让职能部门管，**横向控制，某种程度上是迫使企业的管理靠制度来做。**

有些企业一方面讲制度管理、流程管理，另一方面又在靠领导管理。领导需要制度吗？领导凭什么做管理？凭身份。如果你跟老总说："你制订一个制度，否则凭什么管我？"老总的反应会很简单，从明天开始你就会被晾到一边去守仓库大门。最容易破坏制度的人是什么人？就是领导。

制度化管理的最大的障碍是什么？就是领导参与所有的事务性管理。

管理要靠流程，靠横向。如果你不认可计划部的作用，还认为有厂长有老总就行，可以不要计划部，那么，你的企业永远不可能实行规范化、标准化、制度化。

领导要把人管好，但如果不了解事情，领导也管不好人。总之，一定要懂得发挥职能部门的作用。

第二，横向控制还包括部门和部门之间的横向控制，上下工序的横向控制。买的物料回来没有，仓库最清楚；发的物料型号对不对、规格对不对、数量对不对，车间最清楚。所以，横向控制是控制交接的数量、质量的一个关键点。我们不要让一个人到处查，仅仅靠查是查不过来的。

欧博的稽核检查很厉害，但要知道，稽核要有效，一定要建立在横向控制的基础上，并不能完全靠稽核员。一家企业能有几个稽核员？一两百人的企业也就一两个，怎么查得完？

现在很多日本企业没有巡检了，而是靠上下工序互相检查。所以我们要懂得发挥上下工序的相互监督作用，特别是质量问题，上道工序做错了，下道工序检查出来，能够立马堵住不合格的东西。下道工序检查不出来，下下道工序检查出来，不追究那个做错的人的责任，而要追究那个"放水"的人的责任。你放了它，我找你，这就是围追堵截。

抓好互检非常重要，在这里我们把互检也划入横向控制。在企业，通过横向控制让那些"员"字号的管理者，如仓管员、采购员、物料员、品管员、计划员、物控员、工艺员行动起来，发挥管理作用，可以让"长"字号的管理者轻松一点。

员工也是"员"字号的，把他们当管理者看，让他们在做事的过程中发挥管理作用，这是一个大趋势。下道工序可以作为上道工序的管理者，上道工序也可以作为下道工序的管理者。

**要让员字号的人发挥管理作用，前提是什么？前提是我们要有相应的规定。**这个规定可以是制度、流程、文件，也可以是控制卡和各种标准。“员”字号的人不是领导，他们没有办法凭身份做管理，他们只能凭规定做管理。权力来源于两个地方：第一身份，第二规定。

领导们，要想轻松下来，很简单，学会让下面“员”字号的人发挥作用，也就是要把规定制订到位，然后实施横向控制。

——摘自欧博企管曾伟教授《欧博心法：好工厂这样管》

## 1. 横向控制动作流

横向控制动作流如图 4－1 所示：

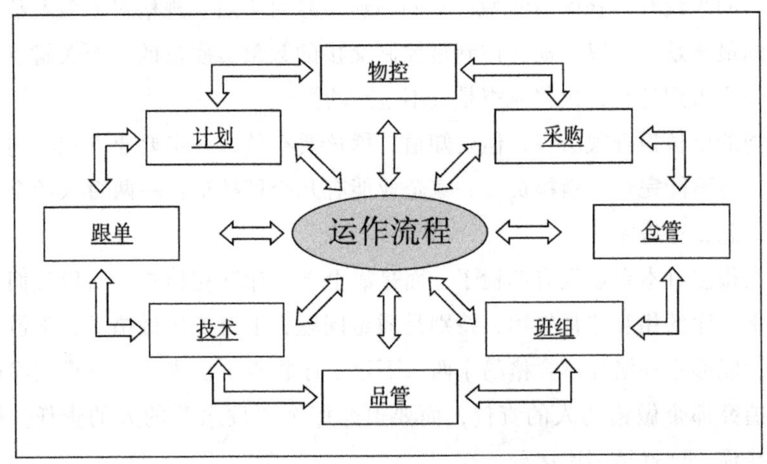


**图 4－1　横向控制动作流**

## 2. 横向问责动作控制卡

《横向问责动作控制卡》如表 4－1 所示：

**表 4－1　横向问责动作控制卡**

<table>
<tr><td colspan="2" rowspan="3"></td><td colspan="2" rowspan="3">×××有限公司</td><td>文件编号</td><td></td></tr>
<tr><td>文件版本</td><td></td></tr>
<tr><td>出文部门</td><td></td></tr>
<tr><td colspan="4" rowspan="2">横向问责动作控制卡</td><td>生效日期</td><td></td></tr>
<tr><td>页　次</td><td></td></tr>
<tr><td>控制点</td><td>控制操作流程</td><td colspan="4">控制要点</td></tr>
<tr><td>过分依赖专职稽核人员制约</td><td> 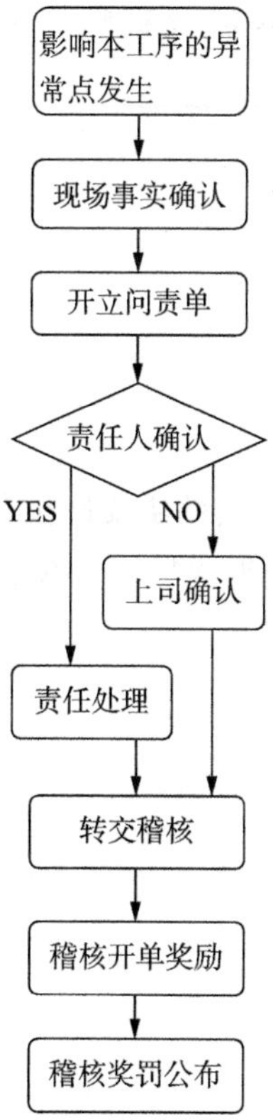影响本工序的异常点发生<br>现场事实确认<br>开立问责单<br>责任人确认<br>YES<br>NO<br>上司确认<br>责任处理<br>转交稽核<br>稽核开单奖励<br>稽核奖罚公布</td><td>标准</td><td colspan="3">1. 各部门或工序完善各自与相关部门或工序的“横向问责动作标准”之依据的一览表，其依据是来源于之前制定好的各类与本部门或工序相关联的横向控制卡、动作控制卡或其他三要素控制卡、流程、制度等，如之前没有定标准的可重新制定新的动作标准作为执行依据，会签后生效<br>2. 各部门或工序根据异常点对本部门或工序的影响程度，依“问责标准”对责任人填写《横向问责单》并让责任人签名确认（如有影响到本工序但又无执行标准的，则可由稽核副主任主导制定临时执行标准并要作为下次问责标准修正的依据）<br>3. 发现人开出《横向问责单》责任人拒绝签字的，由发现人反馈到本部门直接上级处，由直接上级与责任人直接上级沟通协调，确认事实，由责任人直接上司签字后生效并对责任人进行双倍乐捐（拒绝交纳现金的在工资中扣除），若责任人上级亦拒绝签字确认事实的，发现人直接上级向责任人上级的主管领导直接反映，确认事实并对责任人进行四倍乐捐，以此类推<br>4. 责任归属：<br>①工厂内部：工厂内部发生的问题由下工序直接给上工序开单，只追究上工序未控制的责任，如果上工序的异常是因第三方原因导致的，则要在下工序追究上工序责任前要把第三方的责任单开出，否则由上工序全部承担；如果在下工序追究上工序责任时，上工序已经把第三方的责任单开出，则可在《问责单》上注明“已追究第三方的责任，乐捐金额是多少，问责单的编号是多少”，这样被问责的次数可不计在此上工序的责任上（即开单数计二次，责任者只计一次）<br>②工厂外部：如客户投诉等问题，能划分责任的划分责任，无法划分责任的由相关部门共同承担责任<br>5. 每周每个部门按照《横向问责任务书》的要求开出相应的横向《问责单》的数量<br>6. 具体奖励措施参照《横向问责活动推行方案》</td></tr>
</table>

**续表**

| 过分依赖专职稽核人员制约 |  | 制约 | 1. 各部门、岗位、工序所有人员依据汇编的“横向问责动作标准一览表”做好监督工作<br>2. 稽核员对各岗位横向问责情况进行检查，对有异议的可召开仲裁会议进行仲裁 |
| --- | --- | --- | --- |
|  |  | 责任 | 1. 稽核人员在稽核过程中，发现横向部门和本部门针对异常责任人不开单或隐瞒不报，经查核属实的，责任双方按 50 元乐捐；如发现为了充数相互开单来完成任务而弄虚作假或其他作弊作为者，责任双方按 200 元乐捐<br>2. 所有当事人都享有投诉、申诉权利；发现相关人员乐捐了，当事人没有开单，没有将乐捐金额交稽核中心、私自扣押的，责任人乐捐 200 元/次，并对投诉人员给予 20% 比例的奖励 |
| 备注：<br>1. 上、下工序定义：上下工序是以企业生产运作主流程为基础的各项工作的衔接岗位；上下工序包含了部门与部门之间、岗位与岗位之间和工序与工序之间，而非狭义的生产车间内部的生产工序<br>2. 《各部门或工序横向问责一览表》中无明确责任人的，责任人默认为各部门负责人；有明确责任人的，由各部门负责人负责落实横向问责《横向问责单》的责任<br>3. 《各部门或工序横向问责一览表》中问责项目与相关流程、制度、控制卡等标准发生冲突时，按照《横向问责一览表》的标准执行 |  |  |  |

## 3. 跟单员横向问责一览表

业务部对各横向部门的主要问责岗位是跟单员，被问责的主要岗位有：计划员、品管员、仓管员、技术员等，主要问责事项：订单交期回复、订单交期考核、样品进度管理、成品出货等。

《跟单员横向问责一览表》如表 4－2 所示：

**表4－2　横向问责一览表（跟单员）**

| 序号 | 开单部门 | 开单人 | 依据 | 横向制约标准（控制点） | 横向部门 | 责任人 | 备注 |
|---|---|---|---|---|---|---|---|
| 1 | 业务部 | 跟单员 | 1 订单评审动作控制卡 50 | 检查计划员是否在规定时间内回复订单交期，未按规定作业乐捐 5 元/次 | PMC 部 | 计划员 | |
| 2 | 业务部 | 跟单员 | 2 订单准交率考核规定 51 | 考核计划员是否按照回复的订单交期按时入库，未按规定作业乐捐 5 元/单 | PMC 部 | 计划员 | |
| 3 | 业务部 | 跟单员 | 3 车间生产计划动作控制卡 52 | 计划员未及时安排生产，漏排生产计划，乐捐 5 元/次 | PMC 部 | 计划员 | |
| 4 | 业务部 | 跟单员 | 4 样品管理动作控制卡 53－54 | 检查技术员是否在规定时间内完成样品的入库，未按规定作业乐捐 2 元/次 | 技术部 | 技术员 | |
| 5 | 业务部 | 跟单员 | 5 成品进仓动作控制卡 55 | 仓管员没有按时将进仓数据录入系统账，乐捐 5 元/次 | 仓务部 | 仓管员 | |
| 6 | 业务部 | 跟单员 | 6 成品出仓动作控制卡 56 | 发货未按规定及时备货，责任人乐捐 5 元/项，其主管负连带责任乐捐 1 元/项 | 仓务部 | 仓管员 | |
| 7 | 业务部 | 跟单员 | 6 成品出仓动作控制卡 56 | 财务每日是否在 15:00 之前更新并发出《销售出库核销表》，如没有，乐捐 5 元 | 财务部 | 会计 | |
| 8 | 业务部 | 跟单员 | 6 成品出仓动作控制卡 56 | 财务是否将当月客户系统退货单并未开退货单的产品进行反馈并下发在《销售出库核销表》上，如没有，乐捐 5 员/次 | 财务部 | 会计 | |
| 9 | 业务部 | 跟单员 | 7 成品检验动作控制卡 57 | 检查品管员是否按时完成检验报告；检查品管员是否按时完成装箱单和合格证；未按规定作业乐捐 1 元/次 | 品管部 | 品管员 | |
| 10 | 业务部 | 跟单员 | 8 成品退货动作控制卡 58 | 检查品管员是否在退货八个小时内完成退货确认，并出具《不良品处理报告》，未按规定作业乐捐 3 元/次 | 品管部 | 品管员 | |

**说明：**后工序工作人员发现前面工序出的问题，碍于情面，不予追究责任，反而听之任之，习以为常，导致责任得不到落实。要改变懒散、拖沓、粗心、随意的坏习惯，就必须从自身勇于承担责任，敢于追究责任做起。不追究他人责任，自己就要承担责任。所以我们必须见错就纠，否则就要替人背黑锅。这是“横向控制法”的精髓。只有通过横向控制的实施，让人人都成为管理者，让管理无处不在。你要成为一个有工作责任心的人，那就一次次地承担责任，一次次反复追究责任。以上稽核点为责任人的工作内容和责任标准；制约人的制约依据。稽核中心重点稽核制约人的横向控制动作。让稽核工作步入“相互稽核”阶段。

## 3.1 订单评审动作控制卡

《订单评审动作控制卡》如表4－3所示：

**表4－3 订单评审动作控制卡**

| 序号 | 控制要点 | 执行动作 | 执行部门 | 执行人 | 执行时间 | 检查人 | 检查频率 | 责任 |
|---|---|---|---|---|---|---|---|---|
| 1 | 客户订单处理 | 1. 业务跟单员接到客户订单后，先对订单信息进行确认，无误后，填写《订单评审表》的基本信息，并注明是常规或是非常规订单<br>2. 将客户订单及《订单评审表》交给PMC部计划员，并注明交接时间<br>3. 此动作要求在接单后30分钟内完成 | 业务部 | 业务跟单 | 接订单后30分钟内 | 业务经理/计划员 | 每天 | 1. 业务跟单在客户下单后30分钟内未完成的乐捐5元/次<br>2. 《订单评审表》传递时，未注明交接时间的，乐捐责任5元/次 |
| 2 | 常规订单评审 | 1. 计划员在接到业务部客户订单后，如是常规订单即进行内部评审，在4个工作小时内完成评审工作<br>2. PMC主管将填写好的《订单评审表》发给业务部和制造副总各一份 | PMC | 计划员 | 接订单后4个工作小时内 | PMC经理/业务跟单 | 随时 | 1. 计划员在接订单后4个工作小时内未完成的乐捐5元/次<br>2. 《订单评审表》传递时，未注明交接时间的，乐捐责任5元/次 |
| 3 | 非常规订单评审 | 1. PMC主管在接到业务部非常规订单后，将业务员填写好的《订单评审表》及客户订单分别交工程部、采购部、品管部、生产部依次进行评审<br>2. 各部门的评审时间为各2个工作小时<br>3. PMC主管对各部门的评审情况进行综合评定，在2个工作小时内确定交货日期，并将确定好的《订单评审表》发给业务员及制造副总各一份<br>4. 对于各部门评审的时间有异议的，PMC主管在次日生产协调会上提出，进行集中评审，在会上确定最终的订单交期 | 相关部门 | 各部门负责人 | 接《评审表》后2个工作小时内 | PMC经理/稽核员 | 每天 | 1. 各部门未在规定时间内完成评审工作，乐捐10元/单<br>2. 各部门未在评审表中承诺的时间内完成相关任务的，乐捐10元/天<br>3. 若因时间延误耽误生产造成的经济损失按公司赔偿管理规定对责任人进行处罚 |

## 3.2 订单准交率考核规定

（1）目的：通过订单准交率的考核，衡量生管中心对订单进度的管控状况和对生产计划的落实情况，促进公司整体生产管控协调能力的提高。

（2）考核原则：

①以部门为考核单位；

②每日进行考核；

③考核对象为生管中心全体（PC、MC及主管、总监）。

（3）考核标准：

①依订单评审之交期来判定。

订单交期评审标准如表4－4所示：

**表4－4 订单交期评审标准**

| 序号 | 订单准交达成 | 奖罚标准 |
|---|---|---|
| 1 | ≥95% | 奖励150元 |
| 2 | 90%～94% | 奖励100元 |
| 3 | 85%～89% | 乐捐2元/人 |
| 4 | 80%～84% | 乐捐5元/人 |
| 5 | ＜80% | 乐捐10元/人 |

②数据收集方式。

a. 每天上午12:00前由销售管理中心跟单员收集订单准交数据，用邮件和RTX的形式通报给各车间主管、经理、生管中心全员和稽核部；

b. 稽核部对每天的订单准交情况进行稽核检查。

③奖罚执行方式。

a. 每天下午17:00在生产协调会上进行通报和现场开单进行奖罚；

b. 如各PC员不能按照考核指标达成考核，则在当天下午13:30部门内部对单会上对不准交的订单进行检讨分析，属于PMC内部疏忽造成不能准交的，按照5元/项进行乐捐处罚；

c. 本考核规定长期有效，先试行一周，无异常后，正式执行。

会签：　　　　　　　　批准：

## 3.3 车间生产计划动作控制卡

《车间生产计划动作控制卡》如表4－5所示：

**表4－5　车间生产计划动作控制卡**

| 序号 | 控制要点 | 执行动作 | 执行部门 | 执行人 | 执行时间 | 检查人 | 检查频率 | 责任 |
|---|---|---|---|---|---|---|---|---|
| 1 | 主生产计划展开 | 1. PMC主管在每月25号对《主生产计划》进行展开和细化，形成车间生产计划下一个月的生产计划<br>2. 车间生产计划要求细化到关键工序，便于工序日计划的下达<br>3. 将《车间生产计划》交PMC经理审核通过后（审核时间4个工作小时），交PMC文员及各PC，由各PC将计划下达给各班组<br>4. PMC文员在次日12：00前放入共享盘<br>5. 每周五18：00前，PC依据车间月计划的更新情况下达各车间《周生产计划表》 | PMC | PMC主管<br>文员 | 每天 | 稽核员<br>PMC经理<br>业务跟单 | 每天 | 1. PMC主管未及时主计划展开的，乐捐10元/次<br>2. PMC主管按要求对主计划进行细化，乐捐5元/次<br>3. PMC经理对《车间生产计划》未及时审核，乐捐10元/次<br>4. PMC文员未及时将《车间生产计划》放入共享盘，乐捐5元/次<br>5. PC未及时安排生产，漏排生产计划，乐捐5元/次 |
| 2 | 过程信息反馈更新 | PMC计划员每天根据车间生产信息（每2小时现场跟进情况）、生产协调会议信息及时和业务跟单进行沟通反馈，同时也要随时掌控业务的客户需求信息和客户反馈，使PMC和业务跟单在信息上达成共识，并每天17：30前将所有信息在《车间生产计划》中进行更新 | PMC | 计划员 | 每天<br>17：30前 | 稽核员<br>PMC经理<br>业务跟单 | 每天 | 计划员未及时将异常信息在《车间生产计划》上更新，乐捐5元/次 |

续表

| 序号 | 控制要点 | 执行动作 | 执行部门 | 执行人 | 执行时间 | 检查人 | 检查频率 | 责任 |
|---|---|---|---|---|---|---|---|---|
| 3 | 结果信息更新 | PMC计划员每天早上10：00前将《入库单》及《生产日报表》的订单完成信息更新到《车间生产计划》，同时也需将每天影响计划的状况记录在《生产异常统计》表上 | PMC | 计划员 | 每天10：00前 | 稽核员<br>PMC经理 | 每天 | 计划员未及时将入库和生产日报信息更新到《车间生产计划》上，乐捐5元/次 |
| 4 | 变更信息更新 | PMC计划员根据业务的《业务订单变更单》对业务的插单、改单进行《车间生产计划》更新及做插单记录，每天在19：00前完成 | PMC | 计划员 | 每天19：00前 | 稽核员<br>PMC经理 | 每天 | 计划员未及时将业务员的插单、改单信息及时更新在《车间生产计划》上的，乐捐5元/次 |
| 5 | 生产计划信息共享更新 | 计划员每天17：30前将更新好的《车间生产计划》发给PMC主管及文员，由文员进行《车间生产计划》汇总，在每天上午12：00前放入共享盘 | PMC | 文员 | 每天12：00前 | 稽核员<br>PMC主管 | 每天 | 1. 计划员每天未及时将更新好的《车间生产计划》发给PMC主管和文员的，乐捐5元/次<br>2. 文员每天未及时将《车间生产计划》汇总放在共享盘上的，乐捐5元/次 |

## 3.4　样品动作管理动作控制卡

《样品动作管理动作控制卡》如表4－6所示：

**表4－6　样品动作管理动作控制卡**

<table>
<tr><td colspan="2" rowspan="3">×××</td><td colspan="4">×××有限公司</td><td>文件编号：</td><td>×××</td></tr>
<tr><td colspan="4" rowspan="2">样品管理动作控制卡</td><td>版本/版次：</td><td>A0</td></tr>
<tr><td>页次/总页数：</td><td>146/2</td></tr>
<tr><td>编写</td><td></td><td>审核</td><td></td><td>批准</td><td></td><td>生效日期</td><td>×××</td></tr>
<tr><td>针对问题</td><td colspan="7">针对样板管理动作控制卡</td></tr>
<tr><td>控制要点</td><td colspan="3">标准（如何做）</td><td>应用表单</td><td colspan="2">制约（谁检查）</td><td>责任（担何责任）</td></tr>
<tr><td>接收样品单</td><td colspan="3">1. 跟单员收到客户样品后，先确定客户打板要求和规格进行对色<br>2. 根据客户样板状况PMC确认本厂现有色母能否满足客户需求<br>3. 如配不到相应色母的由跟单员根据客户提供的相关信息与样品交由采购部，由采购部人员到色母厂调配相应颜色</td><td>《客户样品单》</td><td colspan="2">1. 业务员确认样品的规格颜色相关信息<br>2. 确认跟单员是否把样品相关信息及样品交给采购<br>3. 稽核员不定期进行检查</td><td>1. 跟单没有清晰客户需求的，乐捐2元/次<br>2. PMC没有确认本厂色母状况的，乐捐1元/次<br>3. 跟单员没有把客户信息很清晰的给到采购的，乐捐1元/次</td></tr>
</table>

续表

| | | | | |
|---|---|---|---|---|
| 样品单梳理 | 1. 业务跟单员针对样品情况进行专项跟踪和确认，并把样品信息制成《样品制作申请单》，业务主管签字后抄送至PMC与生产技术部<br>2. PMC根据色母到厂情况在一个工作日内安排相对应机台生产，由技术部对样品进行分析并做安排指导 | 《样品制作申请单》 | 1. 确认业务部是否把样品详细信息录入到《样品制作申请单》中<br>2. 确认《样品制作申请单》内容是否完整，是否按规定下发到PMC与生产技术部<br>3. 确认生产技术部是否完全清楚样品的详细信息<br>4. 稽核员不定期进行检查 | 1. 跟单员没有制作成《样品制作申请单》的乐捐2元/次<br>2. 《样品制作申请单》书写不规范或不能体现客户要求的跟单员1元/次乐捐<br>3. PMC未及时安排机台生产，乐捐2元/次 |
| 新品打样 | 1. 技术部评审样品单后，根据样品单进行安排打样，并于3天内完成样品制作<br>2. 技术部针对样品试产情况对样品相关信息进行登记存档，并召开试产说明会 | 《样品制作申请单》 | 1. 确认样品单是否在排产三日内完成<br>2. 确认样品试产后的信息是否有登记存档<br>3. 稽核员不定期进行检查 | 1. 生产技术部没有按时完成的给于乐捐2元/次<br>2. 针对样品状况没有登记试产信息没有存档的给于技术相关人员乐捐2元/次 |
| 样板入库 | 样品完成后本班次必完成样品入库 | 入仓单 | 1. 确认样品是否在本班次完成入库<br>2. 稽核员不定期进行检查 | 未按规定作业的责任人给于乐捐2元/次 |
| 安排送样 | 样品入仓后，业务员安排送样给客户，样板不能滞留仓库超过三天 | 样板送货单 | 1. 仓库针对每种样品登记造册，确认每款样品在仓库的停留时间<br>2. 稽核员不定期进行检查 | 入库3天没有出货的给于跟单员乐捐2元/次 |

## 3.5 成品进仓动作控制卡

《成品进仓动作控制卡》如表4－7所示：

**表 4－7　成品进仓动作控制卡**

| ××× | ×××有限公司<br>样品管理动作控制卡 | | 文件编号： | ××× |
|---|---|---|---|---|
| | | | 版本 | A0 |
| | | | 生效日期 | ××年××月××日 |
| | | | 页数 | 第 1 页共 1 页 |

| 项目 | 执行标准 | 使用表单 | 制约 | 责任 |
|---|---|---|---|---|
| 自制成品入库 | 1. 入库的产品必面盖有 QA 合格章，未盖 QA 合格章的仓库一律拒收<br>2. 1 万以内产品必须一次性入库，（特急出货产品除外），每批只能有一个尾数<br>3. 当次入库数量必须与当次入库单填写数量一致，同时交仓管员<br>4. 仓管员收到入库单 10 分钟内现场确认：品名、规格、数量（件数及尾数）、标签纸填写有涂改（尾数除外）等问题，发现有问题要求送货员 2 小时内处理好再收货<br>5. 核对系统有无存货，如有，将新入库产品按仓库字母摆放到规定区域，并记录在存卡上注明卡板位置（定置位置），如无，同样按仓库字母摆放到规定区域，认真查看该区域的存卡，确定无存卡片再新建存卡<br>6. 当天收到的入库单必须当天完成录入，第二天早上 9：30 将昨天的入库单交财务会计 | 《入库单》<br>《存卡》<br>《ERP 系统账》 | 1. 仓管员监督完检送货员对所入库产品必须盖有合格章<br>2. 仓管员监督完检有无按规定数量、货单有无同时移交<br>3. 业务部跟单员检查仓管员有无按规定及时入账<br>4. 财务会计监督仓管员有无按规定时间录入系统并交入库单 | 1. 未按规定操作或未在规定时间内完成的乐捐 2 元/项/次<br>2. 监督人有权追究执行人的责任 |
| 外购盖子入库 | 1. 供应商到货时，仓管员要求供应商将货卸到待检区，由仓管员在 10 分钟内通知来料品检，来料品检必须在接到通知后的 15 分钟内到现场验货<br>2. 验收合格的产品在送货单做记号，并由仓库员先核对系统，严格按系统订单明细、数量收货签名，对数量不符的要求供应商现场更改，超送退回处理<br>3. 按自制成品入库标准规定的第 5 条、第 6 条执行 | 《送货单》<br>《存卡》<br>《ERP 系统账》 | 1. 来料品检员和仓管员相互监督是否按规定时间通知和到现场验货<br>2. 稽核员监督仓管员是否按规定动作收货<br>3. 按自制成品入库制约第 3、4 条执行 | |

编制：　　　　审核：

核准：　　　　会签：

## 3.6 成品出仓动作控制卡

《成品出仓动作控制卡》如表4-8所示：

**表4-8 成品出仓动作控制卡**

<table>
<tr><td colspan="3" rowspan="2">管理文件</td><td>文件编号</td><td>×××</td></tr>
<tr><td>文件版本</td><td>A.1</td></tr>
<tr><td colspan="3" rowspan="2">成品出库作业动作控制卡</td><td>生效时间</td><td>××年××月××日</td></tr>
<tr><td>页次</td><td>第149页　共2页</td></tr>
<tr><td colspan="5">针对问题：成品出库时间不及时/动作不规范、不严谨，导致账（系统/账本）物（实物）数据失真，影响前端（业务订单/采购订单/生产指令）不准确<br>控制目的：对成品入库作业进行控制，确保数据准确，遵守“有单有物，单动物动”、先进先出原则，提高工作效率</td></tr>
<tr><td>标准（如何做）</td><td>使用表单</td><td>制约（谁检查）</td><td colspan="2">责任（担何责）</td></tr>
<tr><td>1. 业务跟单员每日（正班时间17：30前）拟定出第三天《出货计划》（三天的连续滚动出货计划，不含周六日）至仓库，出货计划须有明确的数量及出货时间<br>2. 业务跟单每日下午17：00前给到仓库第二天需出货的《送货单》<br>3. 业务跟单所交付的《出货计划》《送货单》需交付成品仓组长作接收</td><td>《出货计划》<br>《送货单》</td><td>1. 业务跟单需每日检查督促《出货计划》《送货单》的及时性<br>2. 给出《出货计划》后不可私自增加及减少项，超过3项，需经业务经理签字，超过5项需仓务经理签字方可实施，并说明原因</td><td colspan="2">1. 《出货计划》《送货单》未按时业务跟单乐捐2元<br>2. 《出货计划》与《送货单》差异（含多含少）一项1元/客户，过5项的5元/客户</td></tr>
</table>

**续表**

| | | | |
|---|---|---|---|
| 1. 仓库组长接收《出货计划》后，及时分发至担当仓管员及理货员，衡量其对应难易程度<br>2. 仓管员/理货员接收《出货计划》后，及时对应备货，遵循“先进先出”的原则<br>3. 备货完结后需将货物放置“待出货区域” | 《出货计划》 | 1. 仓库组长/业务跟单对备货进度作检查 | 1. 实际备货与《出货计划》差异项仓管员/理货员乐捐1元/项<br>2. 仓管员未遵循“先进先出”原则的乐捐1元/项 |
| 1. 仓库组长接收《送货单》后及时分发至各仓管员核对确认<br>2. 长途方向/同一区域方向的所有单据需出车前一天全数对应完结<br>3. 依据出车计划（安排）仓管员与司机/送货员作实物/单据（《送货单》《检验报告》等）交接 | 《送货单》《出货检验报告》 | 司机队长/仓库组长对仓管的实物/单据交接作检查 | 1. 单据/实物差异1项，责任人乐捐1元/次，歧义部分各自乐捐1元/次，造成额外费用的，依据实际产生费用作分摊，引发客诉的按实际损失作另案定义<br>2. 影响出车的责任人乐捐2元/次 |
| 1. 仓管员在备完货后及时更新账册，当天货物当天更新完结<br>2. 仓管员在货物出车后，单据需及时交付仓库文员及财务会计做账目处理（扣减/更新），当天单据当天完结，并作单据保留，财务会计每天15：00前更新完成《销售出库核销表》<br>3. 货物出车后，跟单员需及时销单，当天单据当天完<br>4. 实际出货与计划出货有差异的，修改部分仓库/跟单需第二天处理完结 | 《销售出库核销表》 | 1. 仓库组长制约仓管员/仓库文员账目更新<br>2. 业务跟单制约财务会计系统销单 | 1. 仓管员/仓库文员/跟单员每差异1项，乐捐1元<br>2. 财务会计未及时更新系统账乐捐5元/次 |

编制：　　　　　　　　　　审核：

说明：此控制卡试运行两个星期（试运行过程中有问题直接向撰写人及欧博老师反映进行修改）。

责任人会签：

## 3.7 成品检验动作控制卡

《成品检验动作控制卡》如表4－9所示：

**表4－9　成品检验动作控制卡**

| ××× | ×××有限公司 | | | |
| --- | --- | --- | --- | --- |
| 文件编号：××× | 【成品检验】动作控制卡 | | 发文部门：品管部 | |
| 版本：A/0 共1页 | | | 生效日期：××× | |
| 控制要点 | 标准 | 使用表单 | 制约 | 责任 |
| 检验方法检前准备 | 1. 品管主任接到《生产通知单》（有协议，内部要求）后在5个工作日内完成检验方法的完善、确认工作；同时确认工装是否增加或者是新做<br>2. 品管主任接到《研制通知单》后，如确认无协议，要求市场部将技术协议归档当天书面通知到品管部，在《技术协议》归档后的10个工作日内完成检验方法的完善或编制工作；同时确认工装是否增加或者是新做<br>3. 成品检验员根据《日计划》提前1天准备检验用的工装和软件<br>4. 检验方法完成后的1个工作日内，品管主任确认现有检验设备是否满足测试要求。如果不满足则应在4个工作小时内上报品管部长 | 检验方法工装申请单 | 1. 品管部长监督品管主任是否按时完成检验方法及确认检验设备<br>2. 品管主任监督品管员是否按时准备检验用工装或软件 | 品管主任没有按标准进行，乐捐2元\次<br>品管员没有按标准进行，乐捐1元\次 |
| 使用说明书及测试表格 | 1. 检验方法完成后的3个工作日内品管主任编制使用说明书 | 使用说明书 | 品管部长监督品管主任是否按时完成使用说明书 | 品管主任、专职品管员没有按标准进行，乐捐1元\次 |
| | 2. 检验方法完成后，品管主任通知专职品管员，专职品管员在成品检验前，提前3个工作日内复印当批次产品用测试表格。对于特殊的研发产品专职品管员提前2小时复印当批次产品用测试表格 | 测试表格 | 品管主任监督专职品管员是否按时复印测试表格 | |

续表

| | | | | |
|---|---|---|---|---|
| 检验人员检验中 | 1. 检验员在检验前对检测仪器进行点检，仪器正常才能进行检验，仪器设备如有异常在0.5小时内报品管主任处理；每周进行仪器保养，责任到人<br>2. 检验员在检验过程中，发现产品异常在0.5小时内报品管主任<br>3. 检验员在检验过程中严格按照测试表格要求进行逐个检测，并如实填写检查数据，检查完成后对所检查数据自行复核一次再上交品管主任审核 | | 品管主任监督品管员是否按标准执行 | 品管员没有按标准进行，乐捐1元\次 |
| 成品巡查 | 品管主任每2小时对检验员工作情况进行检查，品管主任每日对检验员上交的报表进行审核 | | 品管部长监督品管主任是否按标准执行 | 品管员没有按标准进行，乐捐1元\次 |
| 数据复印 | 专职品管员在当批次部分或全部产品检验完成后发货前0.5小时完成数据复印 | 测试数据 | 品管主任监督专职品管员是否按时复印数据 | 专职品管员没有按标准进行，乐捐1元\次 |
| 检验报告 | 专职品管员在当批次产品检验完成后发货前0.5小时完成检验报告 | 检验报告 | 品管部长、业务跟单员监督专职品管员是否按时完成检验报告 | 专职品管员没有按标准进行，乐捐1元\次 |
| 装箱单合格证 | 专职品管员在当批次部分或全部产品检验完成后发货前0.5小时完成装箱单和合格证 | 装箱单合格证 | 业务跟单员监督专职品管员是否按时完成装箱单和合格证 | 专职品管员没有按标准进行，乐捐1元\次 |

## 3.8 成品退货动作控制卡

《成品退货动作控制卡》如表4－10所示：

**表4－10 成品退货动作控制卡**

<table>
<tr><td colspan="3" rowspan="3">×××有限公司</td><td>文件编号</td><td>×××</td></tr>
<tr><td>文件版本</td><td>A/0</td></tr>
<tr><td>出文部门</td><td>PMC部</td></tr>
<tr><td colspan="3" rowspan="2">成品退货管理动作控制卡</td><td>生效日期</td><td>×××</td></tr>
<tr><td>页　次</td><td>第1页；共1页</td></tr>
<tr><td>控制点</td><td>控制操作流程</td><td colspan="3">控制要点</td></tr>
<tr><td>成品退货流程混乱，明确公司成品退仓、检验、返修、入库等作业程序</td><td>成品退货单下达<br>↓<br>成品仓安排提货<br>↓<br>司机提货<br>↓<br>成品仓签收<br>↓<br>车间签收<br>↓<br>单据分发<br>↓<br>品质部组织返修评审<br>↓<br>《不良品处理报告》<br>↓<br>返修计划下达<br>↓<br>返工返修执行<br>↓<br>返修成品检验入仓<br>↓<br>ERP数据调仓<br>↓<br>ERP入库数据审核</td><td>标准</td><td colspan="2">1. 营销部根据与客户达成的协议，综合货运部信息，提前一天下达《成品退货单》给成品仓，准备安排退货提货<br>2. 特殊情况下不能及时提货，成品仓组长须在10分钟内向营销部汇报此信息，并说明原因，并在15分钟内上报PMC经理<br>3. 司机在货运部提货时不仅要注意清点相关件数，并且需要检查相应包装情况，如果发现明显异常现象（先拍照取证）须立即同营销部联系，得到同意后方能把货物提回<br>4. 成品仓管收到退货后，须即时清点签收件数并拍照，2小时内交车间品质检验区并由检验员清点签收，同时，2.5小时内发放单据给相关人员，4小时内对ERP数据进行审核（维修仓）<br>5. 《成品退仓单》一式四联：一联货运部留存（如货运部不要一起交财务部）；一联仓库留存；一联交品质部；一联交营销做账（交财务）<br>6. 品质经理（主管）收到《成品退仓单》，安排品管员四小时内组织相关人员进行评审，正常情况接单8小时内须把评审结果（《不良品处理报告》）下发到各相关部门（如需返工返修的优先下发至生产计划员处下单处理）<br>7. 返修成品入仓时须在《成品进仓单》上注明相关返工返修信息，成品仓管根据此信息进行记录与发货<br>8. 物控文员根据进仓信息，直接把此成品从ERP数据库（维修仓）调入成品仓，并注明相关返工返修信息，成品仓管对相应成品进行ERP入库数据审核（具体参考成品进仓流程）<br>9. 经销商客户退货同样由营销部开《客户退货单》入维修仓，其他流程同客退成品流程<br>10. 本厂直营店退货直接由营销部开《成品调拨单》入维修仓，其他流程同客退成品流程</td></tr>
</table>

续表

| | | | |
|---|---|---|---|
| 成品退货流程混乱，明确公司成品退仓、检验、返修、入库等作业程序 | | 制约 | 1. 相邻岗位或部门相互监督是否按标准执行<br>2. 财务部监督退仓流程和数据的准确性<br>3. 稽核员不定期对各部门的执行状况进行监督 |
| | | 责任 | 1. 未按标准作业者进行3元/次乐捐<br>2. 横向监督部门或岗位之间未发现或发现未处理，由稽核部查出，则双方乐捐5元/次，其主管负连带责任乐捐2元/次 |
| 会签： | | 批准： | |

## 4. 计划员横向问责一览表

在生产控制链这一块，PMC部对各部门进行问责的主要岗位是计划员，被问责的主要岗位有：跟单员、班组长、品管员、物控员等，主要问责事项：订单变更、生产计划达成、生产异常处理、计划备料等。

《计划员横向问责一览表》如表4－11所示：

**表4－11　横向问责一览表（计划员）**

| 序号 | 开单部门 | 开单人 | 依据 | 横向制约标准（控制点） | 横向部门 | 责任人 | 备注 |
|---|---|---|---|---|---|---|---|
| 1 | PMC | PC员 | 1. 订单评审动作控制卡61 | 1. 检查订单信息是否完善<br>2. 检查业务部跟单员是否在收到订单半小时内处理；未按规定作业乐捐5元/次 | 业务部 | 跟单员 | |
| 2 | PMC | PC员 | 2. 订单变更作业动作控制卡62 | 1. 检查业务部跟单员是否书面下达变更通知单<br>2. 是否在收到变更通知后两个小时内下达；未按规定作业乐捐5元/次 | 业务部 | 跟单员 | |
| 3 | PMC | PC员 | 3. 滚动出货计划下达动作控制卡63 | 检查业务部跟单员是否每天下午16:00前下达《滚动出货日计划表》；未按规定作业乐捐5元/次 | 业务部 | 跟单员 | |
| 4 | PMC | PC员 | 4. 日计划考核动作控制卡64 | 检查车间组长是否在8:30前提交《生产日报表》；未按规定作业，乐捐5元/次 | 生产部 | 组长 | |

续表

| 序号 | 开单部门 | 开单人 | 依据 | 横向制约标准（控制点） | 横向部门 | 责任人 | 备注 |
|---|---|---|---|---|---|---|---|
| 5 | PMC | PC 员 | 5. 生产进度看板动作控制卡 65 | 1. 检查《车间工序进度看板》是否按规定填写<br>2. 生产进度看板是否两小时更新一次；未按规定作业乐捐 5 元/次 | 生产部 | 组长 | |
| 6 | PMC | PC 员 | 6. 生产异常处理动作控制卡 66－67 | 1. 《异常处理看板》是否按规定填写<br>2. 生产异常是否在规定时间内提报；未按规定作业乐捐 5 元/次 | 生产部 | 组长 | |
| 7 | PMC | PC 员 | 7. 计划达成率考核方案 68 | 检查各生产组长是否按日计划任务达成，并按规定实施考核结果；未按规定作业乐捐 5 元/次 | 生产部 | 组长 | |
| 8 | PMC | PC 员 | 8. 日清尾动作控制卡 69 | 检查生产组长是否在规定的时间内完成清尾任务；未按规定作业乐捐 5 元/项 | 生产部 | 组长 | |
| 9 | PMC | PC 员 | 9. 备料计划排查动作控制卡 70 | 检查物控员是否及时将欠料信息进行反馈；未按规定作业乐捐 5 元/次 | PMC 部 | MC | |
| 10 | PMC | PC 员 | 6. 生产异常处理动作控制卡 66－67 | 检查品管员收到品质异常提报后，是否在规定时间内到现场进行处理；未按规定作业乐捐 5 元/次 | 品管部 | 品管员 | |

说明：后工序工作人员发现前面工序出的问题，总碍于情面，不予追究责任，反而听之任之，习以为常，导致责任得不到落实。要改变懒散、拖沓、粗心、随意的坏习惯，就必须从自身勇于承担责任，敢于追究责任做起。不追究他人责任，自己就要承担责任。所以我们必须见错就纠，否则就要替人背黑锅。这是“横向控制法”的精髓。只有通过横向控制的实施，让我们人人都成为管理者，让管理无处不在。你要成为一个有工作责任心的人，那就一次次的承担责任，一次次反复追究责任。以上稽核点为责任人的工作内容和责任标准；制约人的制约依据。稽核中心重点稽核制约人的横向控制动作。让稽核工作步入“相互稽核”阶段。

## 4.1 订单作业变更动作控制卡

《订单作业变更动作控制卡》如表 4－12 所示：

**表 4-12 订单作业变更动作控制卡**

<table>
<tr><td>文件名称</td><td colspan="9">订单变更作业控制卡</td></tr>
<tr><td>编制部门</td><td>订单管理部</td><td>使用部门</td><td>销售、生产、生管、采购</td><td>文件编码</td><td>×××</td><td>版本/次</td><td>A/0</td><td>页数</td><td>第 156 页/共 1 页</td></tr>
<tr><td>控制要点</td><td colspan="4">标准</td><td>表单</td><td colspan="3">制约</td><td>责任</td></tr>
<tr><td>订单变更随意</td><td colspan="4">1. 经过评审后的订单发生以下任何形式的变动（订单交期、订单数量、工艺要求、包装要求等），销售中心跟单员必须在 2 个工作小时内填写《订单变更申请单》并经过销售管理部确认后转至订单管理部<br>2. 订单管理部在 1 个工作日组织人员对订单情况进行评估，在《订单变更申请单》上直接回复评估结果</td><td>《订单变更申请单》</td><td colspan="3" rowspan="3">1. 《订单变更申请单》由发出部门对接收部门是否确认、回复进行制约<br>2. 接收部门对发出部门订单变更的次数进行统计<br>3. 稽核部对造成订单变更的原因进行追究，如存在主观错误，追究相关人员责任</td><td>1. 销售中心业务跟单没有在 2 个工作小时内填写《订单变更申请单》并经过确认的，乐捐 5 元/次<br>2. 订单管理部没有在 1 个工作日回复评估结果的，乐捐 5 元/次</td></tr>
<tr><td>生产异常</td><td colspan="4">1. 在生产过程中出现重大异常，影响到出货交期的，由各楼层 PC 员在 2 个工作小时内以《生产异常提报单》通知订单管理部<br>2. 由订单管理部在接到通知的 2 个工作小时内填写《订单变更申请单》通知销售管理部<br>3. 销售管理部在 1 个工作日内回复沟通结果</td><td>《生产异常提报单》<br>《订单变更申请单》</td><td>1. 各楼层 PC 员没有在重大生产异常发生 2 个工作小时内以书面形式通知订单管理部的，乐捐 5 元/次<br>2. 订单管理部没有在接到通知的 2 个工作小时内填写《订单变更申请单》通知销售管理部，乐捐 5 元/次<br>3. 销售管理部未在 1 个工作日内回复沟通结果的，乐捐 5 元/次</td></tr>
<tr><td>时间点</td><td colspan="4">所有通知单及请求单在接收后需签署时间点，精确到分钟</td><td></td><td>未签署时间点的，乐捐 5 元/次.</td></tr>
<tr><td>编制</td><td colspan="2"></td><td>审核</td><td></td><td>批准</td><td colspan="3"></td><td>生效日期</td></tr>
</table>

备注：此版本为试行版本，试行一周没有问题正式颁布运行。

会签栏：

## 4.2 滚动出货计划下达动作控制卡

《滚动出货计划下达动作控制卡》如表4－13所示：

**表4－13 滚动出货计划下达动作控制卡**

| 序号 | 控制要点 | 执行动作 | 执行部门 | 执行人 | 执行时间 | 检查人 | 检查频率 | 责任 |
|---|---|---|---|---|---|---|---|---|
| 1 | 出货计划下达 | 1. 业务部跟单员将经过订单评审的客户订单，形成《订单汇总表》，依据《订单汇总表》中的评审交期，每天滚动下达一周《滚动出货计划表》给PC员和成品仓仓管员<br>2. 《周滚动出货计划表》每天在16：00前下达 | 业务部 | 业务部跟单 | 每天 | PC员稽核 | 每天 | 业务部跟单员每天未及时下达《滚动出货计划表》的，乐捐5元/次 |
| 2 | 出货计划跟进 | 1. 业务部跟单依据《周滚动出货计划表》每天进行跟进，检查成品仓的入库情况<br>2. 在每天的生产协调会上要通报前天出货计划的达成情况，同时明确明后两天的出货重点 | 业务部 | 业务部跟单 | 每天 | 成品仓仓管/稽核 | 每天 | 1. 业务部跟单员没有每天进行跟进检查成品仓入库情况的，乐捐5元/次<br>2. 业务部跟单员没有每天在生产协调会上进行通报前天的出货计划达成情况及通报明后两天的出货重点的，乐捐5元/次 |

## 4.3　日计划考核动作控制卡

《日计划考核动作控制卡》如表4－14所示：

**表4－14　日计划考核动作控制卡**

| 序号 | 控制要点 | 执行动作 | 执行部门 | 执行人 | 执行时间 | 检查人 | 检查频率 | 责任 |
|---|---|---|---|---|---|---|---|---|
| 1 | 报表提交 | 1. 计划员和车间组长按照《日计划（报）表》格式的要求在对应栏位填写<br>2. 各工序组长每天上午8：15分前将昨日《日计划》提交给主管审核，制造车间文员8：30复印一份《日计划报表》给计划员<br>3. 各班组提交的《日计划（报）表》按日报表格式内容填写完整无误并经部门主管签名确认（主管请假找代理人）<br>4. PMC文员每日11：00将各班组日计划达成情况统计在《日计划考核表》上经主管审核后以邮件的形式发给生产中心各主管/经理/副总/稽核中心<br>5. 各班组提交的日计划（报）表上面完成订单的要按要求填写，未完成必须说明原因 | 生产部 | 工序组长<br>PC员<br>PMC文员 | 每天 | 生产部长<br>PC员 | 每天 | 1. 各工序生产组长未按要求填写《日计划（报）表》的，乐捐5元/次<br>2. 各工序生产组长未及时将《日计划（报）表》交给主管审核的，乐捐5元/次<br>3. 车间文员未及时上交《日计划（报）表》的，乐捐5元/次<br>4. PMC文员未及时交各班组日计划达成情况统计在《日计划考核表》上的，乐捐5元/次<br>5. 各班组提交的《日计划（报）表》，对于未达成的未注明原因的，乐捐5元/次 |
| 2 | 数据通报 | 1. 计划员要将统计的结果：各工序的日计划达成情况在每天的生产协调会上进行通报<br>2. 对达成的结果按日计划考核的规定在会上兑现 | PMC | PC员 | 每天 | 各部门稽核 | 每天 | 计划员未各班组的日计划达成情况在每天的生产协调会上进行通报和考核兑现的，乐捐5元/次 |

## 4.4　生产进度看板动作控制卡

《生产进度看板动作控制卡》如表4－15所示：

**表4－15　生产进度看板动作控制卡**

| 序号 | 控制要点 | 执行动作 | 执行部门 | 执行人 | 执行时间 | 检查人 | 检查频率 | 责任 |
|---|---|---|---|---|---|---|---|---|
| 1 | 工序日计划填写 | 1. 各工序生产组长按照《工序日生产计表》的内容，在每天早上上班前填写在自己所在工序的《生产进度看板上》<br>2. 各工序生产组长严格按照《生产进度看板格式》填写。内容必须是当日所要生产的内容<br>3. 看板填写要求，字迹工整、清晰，不得乱写乱画 | 生产部 | 工序组长 | 每天 | 生产部长<br>PC员 | 每天 | 各工序生产组长未按看板格式填写的，乐捐5元/次 |
| 2 | 小时进度更新 | 各工序生产组长在每2小时依据实际完成数量更新《生产进度看板》 | 生产部 | 工序组长 | 每两小时 | 生产部长<br>PC员 | 每两小时 | 各工序生产组长未2小时更新一次《生产进度看板》的，乐捐5元/次 |

## 4.5 生产异常处理动作控制卡

《生产异常处理动作控制卡》如表4－16所示：

**表4－16 生产异常处理动作控制卡**

<table>
<tr><td colspan="3" rowspan="2">×××有限公司</td><td>文件编号</td><td>×××</td></tr>
<tr><td>文件版本</td><td>A0</td></tr>
<tr><td colspan="3" rowspan="2">生产异常处理动作控制卡</td><td>生效日期</td><td>×××</td></tr>
<tr><td>页　码</td><td>第160页　共297页</td></tr>
<tr><td>失控点</td><td>控制目的</td><td colspan="3">控制要点</td></tr>
<tr><td>生产过程发生异常处理不及时，责任不明确</td><td>及时处理生产过程中发生的各种异常情况，异常问题解决落实到责任人</td><td>标准</td><td colspan="2">1. 生产异常指：造成生产部门停工或生产进度延迟的情形，包括机器设备、模治具、来料品质、制程品质、生产工艺、图纸等异常问题<br>2. 各车间出现生产异常，班长在10分钟之内无法解决，必须在5分钟之内向主管提报<br>3. 车间主管30分钟之内无法解决的生产异常，在5分钟内先打电话通知对口部门到现场处理，然后在半小时内补办《异常处理单》，同时将异常写在《车间生产异常处理信息看板》上<br>4. 异常提报人在《车间生产异常处理信息看板》中的效果确认为不满意，算一项未完成<br>5. 相关对口部门主管必须在20分钟之内到场，如特殊情况不能到场，提前知会提报人并派下属参加<br>6. 异常问题处理对口部门如下：<br>a. 机器设备异常：模房主管；<br>b. 电气设备异常：机电部主管（含公用设备如：空调、空压机、照明、开关、插座）<br>c. 模治具异常：工程部主管（新）、生产部经理；<br>d. 来料品质异常：品质部主管、工程部主管、PMC主管<br>e. 制程品质异常：品质部主管、工程部主管、PMC主管、生产部经理<br>7. 对口部门主管如无法在半小时内给出处理方案，要给出预计处理完成时间，并将信息填写在《车间生产异常处理信息看板》，两小时如没有处理结果，将信息提报到总经理或营运总监处<br>8. 异常问题如影响到当日《3天冷冻滚动生产日计划》达成，1小时之内提报至PMC<br>9. 异常处理小组长负责异常协调和鉴定，组员无条件服从<br>10. 公司成立专门异常处理小组，全程跟踪异常处理过程并每周二统计上一周异常处理完成率：<br>a. 计算公式：异常处理完成率＝处理完成次数/提报次数×100%<br>b. 异常处理完成率在90%以上，排名第一，责任人奖励100元<br>c. 异常处理完成率在85%以上，排名第二，责任人奖励50元</td></tr>
</table>

续表

| | | | |
|---|---|---|---|
| | | | d. 异常处理完成率排名最后一名，责任人扣2分，但完成率高于85%，可免于扣分<br>e. 异常处理完成率在70%以下，责任人扣2分<br>f. 无异常不统计 |
| | | 制约 | 1. 提报人监督对口部门是否按规定时间到达现场<br>2. PMC监督生产车间是否按规定提报异常<br>3. 运营总监或总经理监督异常处理小组是否按规定执行<br>4. 稽核部检查、监督相关责任人是否按以上规定执行 |
| | | 责任 | 未按以上标准执行的，责任人扣5元/次 |

制定：　　　　　　　　　　批准：　　　　　　　　　　会签：

## 4.6 计划达成率考核方案

（1）目的：通过达成率的考核，衡量生产单位生产计划完成情况，促进公司整体生产运作能力的提高。

（2）考核原则：

①以车间为考核单位；②每日进行考核；③考核对象为车间主管与所负责经理。

（3）考核标准：

①以计划内完成产量达成进行考核

《计划完成产量达成考核表》如表4－17所示：

表4－17　计划完成产量达成考核表

| 序号 | 计划内产量达成 | 奖罚标准 |
|---|---|---|
| 1 | ≥98% | 主管/班组长：奖20元/天 |
| 2 | ≥95%～98% | 主管/班组长：奖10元/天 |
| 3 | ≥92%～95% | 不奖不罚 |
| 4 | ＜92% | 主管/班组长：乐捐5元/天 |
| 5 | ＜90% | 主管/班组长：乐捐10元/天 |

②数据收集方式

a. 每天上午10:00由各楼层PC员收集各车间计划达成数据，用邮件和RTX的形式通报给各车间主管、经理和稽核部；

b. 稽核部对每天的计划达成情况进行稽核检查。

③奖罚执行方式

a. 每天下午17:00在生产协调会上进行通报和现场开单进行奖罚；

b. 如各车间不能按照考核指标达成考核，车间生产经理需负管理连带责任，所管辖各车间均按照计划达成，则执行如下奖罚标准：

计划内产量≥98%，奖励30元/天；计划内产量≥95%~98%，奖励20元/天。

计划内产量≥92%~95%，不奖不罚。

计划内产量 < 92%，乐捐10元/天；计划内产量 < 90%，乐捐20元/天。

c. 生产车间出现重大异常（停线1H以上），导致产量无法达成，如异常非车间直接责任，则按此损失工时结合计划情况进行折算考核，属于车间责任，则按照考核方案进行计划达成考核；

d. 本考核方案长期有效，先试行一星期，无异常后，正式执行。

会签：　　　　　　　　　　　　批准：

## 4.7 日清尾动作控制卡

《日清尾动作控制卡》如表4-18所示：

**表 4－18　日清尾动作控制卡**

| 序号 | 控制要点 | 执行动作 | 执行部门 | 执行人 | 执行时间 | 检查人 | 检查频率 | 责任 |
|---|---|---|---|---|---|---|---|---|
| 1 | 日清尾的来源 | 1. 计划员每天根据车间提供的《车间生产工序滚动日计划（报）表》确定车间各工序的尾数明<br>2. 计划员根据每天的《滚动出货计划排查表》中的欠数确定包装尾数<br>3. 尾数明细的确定时间在早上9：00 前完成 | PMC | 计划员 | 每天<br>9：00 前 | PMC 主管<br>稽核员 | 每天 | 各计划员未及时确定各工序生产尾数的，乐捐5 元/次 |
| 2 | 日清尾计划下达 | 计划员每天早上根据车间提供的《车间生产工序滚动日计划（报）表》在09：00 制定《日清尾计划》下达给各工序小组 | PMC | 计划员 | 每天<br>9：00 前 | PMC 主管<br>稽核员 | 每天 | 各计划员未在9：00 前下达《日清尾计划》的，乐捐5 元/次 |
| 3 | 日清尾计划跟进 | 1. PMC 计划员当天每2 小时对车间生产进度跟进，重点对影响生产清尾的异常进行协调<br>2. 车间各班组优先完成《日清尾计划》内容 | PMC | 计划员<br>班组长 | 每天<br>9：00 前 | PMC 主管<br>稽核员 | 每天 | 1. 各计划员未做到2 小时现场生产进度跟进的，乐捐5 元/次<br>2. 未优先完成《日清尾计划》，乐捐5 元/项 |

## 4.8　备料计划排查动作控制卡

《备料计划排查动作控制卡》如表4－19 所示：

**表 4－19　备料计划排查动作控制卡**

| 序号 | 控制要点 | 执行动作 | 执行部门 | 执行人 | 执行时间 | 检查人 | 检查频率 | 责任 |
|---|---|---|---|---|---|---|---|---|
| 1 | 备料计划下达 | 1. 物控员根据《车间生产计划表》中生产所需的物料明细，在生产计划前3 天所需的物料下达《备料计划排查表》给仓管员，进行实物备料排查<br>2. 物控员每天17：30 前下达，每次滚动下达3 天的《备料计划排查表》 | PMC<br>仓库 | 物控员<br>仓管员 | 每天 | PMC 主管<br>稽核 | 每天 | 物控员未及时准确下达《备料计划排查表》给仓管员的，乐捐5 元/次 |

续表

| 序号 | 控制要点 | 执行动作 | 执行部门 | 执行人 | 执行时间 | 检查人 | 检查频率 | 责任 |
|---|---|---|---|---|---|---|---|---|
| 2 | 实物备料排查 | 1. 仓管员在接到物控员下达的《备料计划表》后，在1个工作日内完成实物备料，将备好的物料放在备料区<br>2. 仓管员可根据备料区的仓位面积来放置物料，并将欠料情况填写在《备料计划排查表》，反馈给物控员 | PMC<br>仓库 | 物控员<br>仓管员 | 每天 | PMC 主管稽核 | 每天 | 1. 仓管员未在1个工作日内完成实物排查的，乐捐5元/次<br>2. 仓管员未将欠料情况填写在《备料计划排查表》上及时反馈给物控员的，乐捐5元/次 |
| 3 | 备料报欠和跟进 | 1. 物控员在接到仓管员反馈的《备料计划排查表》后，在1个工作小时内进行确认和回复<br>2. 物控员根据《备料计划排查表》中的欠料信处息，形成《采购日计划》进行跟进，并要求采购进行交期确认<br>3. 物控员将异常信息反馈给计划员，便于作《日生产计划》的调整 | PMC<br>采购 | PCMC<br>采购 | 每天 | PMC 主管稽核 | 每天 | 1. 物控员未在规定时间内对《备料计划排查表》中的欠料进行确认和回复的，乐捐5元/次<br>2. 物控员未及时将异常信息反馈给计划员的，乐捐5元/次 |

## 5. 物控员横向问责一览表

在物料控制链这一块，PMC 部对各部门进行问责主要岗位是物控员，被问责的主要岗位有：采购员、仓管员、技术员、班组长等，主要问责事项：物料交期回复、物料计划达成、物料异常处理、备料任务达成、BOM 资料准确、退补料控制、呆滞料管理等。

《物控员横向问责一览表》如表4－20所示：

**表4-20　横向问责一览表（物控员）**

| 序号 | 开单部门 | 开单人 | 依据 | 横向制约标准（控制点） | 横向部门 | 责任人 | 备注 |
|---|---|---|---|---|---|---|---|
| 1 | PMC | 物控员 | 1. 采购管制动作控制卡73 | 1. 检查采购员《采购订单》在收到《物料需求计划表》后是否在1个工作小时内下达<br>2. 检查采购员是否每天对更新后的《采购管制表》在15：00前进行交期确认；未按规定作业乐捐5元/次 | 采购部 | 采购员 | |
| 2 | PMC | 物控员 | 2. 滚动物料排查动作控制卡74 | 1. 检查采购员对《滚动物料排查表》中的欠料是否在1个工作小时内进行交期回复<br>2. 检查采购员未能达成的欠数有否及时向MC反馈；未按规定作业乐捐5元/次 | 采购部 | 采购员 | |
| 3 | PMC | 物控员 | 3. 采购准交率考核方案75 | 检查采购员是否按每天的采购日计划达成情况，并按规定实施考核结果；未按规定作业乐捐10元/天 | 采购部 | 采购员 | |
| 4 | PMC | 物控员 | 4. 收料作业动作控制卡76 | 1. 检查仓管员是否按《采购日计划表》进行收货，是否对照《采购订单》的数量进行收料<br>2. 检查仓管员是否每天在规定时间内提交《收货单》；未按规定作业乐捐5元/次 | 仓务部 | 仓管员 | |
| 5 | PMC | 物控员 | 2. 滚动物料排查动作控制卡74 | 每天排查仓库是的账物是否准确；未按规定作业乐捐5元/次 | 仓务部 | 仓管员 | |
| 6 | PMC | 物控员 | 5. 备料计划排查动作控制卡77 | 1. 检查仓管员是否按《备料计划排查表》在规定时间内完成备料工作<br>2. 检查仓管员是否每天在17：00前提交《备料计划排查表》及时反馈欠料信息；未按规定作业乐捐5元/次 | 仓务部 | 仓管员 | |
| 7 | PMC | 物控员 | 6. 领料计划排查动作控制卡78 | 检查仓管员是否根据实际的发料情况将欠料信息填写在《领料计划排查表》上，是否在0.5个工作小时内将欠料信息进行反馈；未按规定作业乐捐5元/次 | 仓务部 | 仓管员 | |
| 8 | PMC | 物控员 | 6. 领料计划排查动作控制卡78 | 检查车间领料员在接到《领料计划排查表》后否在1个工作日内完成实物排查；未按规定作业乐捐5元/次； | 生产部 | 领料员 | |
| 9 | PMC | 物控员 | 7. BOM表管理动作控制卡79 | 检查技术员是否在规定时间内完成BOM表输入工作；未按规定作业乐捐5元/次 | 研发部 | 技术员 | |

说明：后工序工作人员发现前面工序出的问题，总碍于情面，不予追究责任，反而听之任之，习以为常，导致责任得不到落实。要改变懒散、拖沓、粗心、随意的坏习惯，就必须从自身勇于承担责任，敢于追究责任做起。不追究他人责任，自己就要承担责任。所以

我们必须见错就纠，否则就要替人背黑锅。这是“横向控制法”的精髓。只有通过横向控制的实施，让我们人人都成为管理者，让管理无处不在。你要成为一个有工作责任心的人，那就一次次的承担责任，一次次反复追究责任。以上稽核点为责任人的工作内容和责任标准；制约人的制约依据。稽核中心重点稽核制约人的横向控制动作。让稽核工作步入“相互稽核”阶段。

## 5.1 采购管制表动作控制卡

《采购管制表动作控制卡》如表4－21所示：

**表4－21 采购管制表动作控制卡**

| 序号 | 控制要点 | 执行动作 | 执行部门 | 执行人 | 执行时间 | 检查人 | 检查频率 | 责任 |
| --- | --- | --- | --- | --- | --- | --- | --- | --- |
| 1 | 采购订单汇总 | 1. 采购员在接到物控员的《物料需求计划表》后，要在1个工作小时内完成《采购订单》的下达，并交给物控员进行数量和交期的审核，物控员审审核完成后再交给采购经理进行审核，审核工作要在0.5个工作小时内完成<br>2. 《采购订单》下达后，采购员要将给一份到物控员手上，物控员在0.5个工作小时内交采购订单信息录入到《采购管制表》中<br>3. 物控员将更新好的《采购管制表》发给采购员确认 | PMC<br>采购部 | 物控员<br>采购员 | 每天 | 采购负责人/稽核 | 每天 | 1. 采购员未及时下《采购订单》的，乐捐5元/次<br>2. 物控员未及时审核《采购订单》的，乐捐5元/次<br>3. 采购经理未及时审核《采购订单》的，乐捐5元/次<br>4. 物控员未及时录入《采购订单》及未及时将《采购管制表》发给采购员确认的，乐捐5元/次 |
| 2 | 采购确认 | 1. 采购员每天在15：00前对《采购管制表》中的物料信息：物料数量和时间，进行确认<br>2. 有异议的要向有物控员反馈，并进行适当的计划调整 | 采购部 | 采购员 | 每天 | 物控员<br>稽核 | 每天 | 采购员未及时对《采购管制表》中的物料信息进行确认及异常反馈的，乐捐5元/次 |

续表

| 序号 | 控制要点 | 执行动作 | 执行部门 | 执行人 | 执行时间 | 检查人 | 检查频率 | 责任 |
|---|---|---|---|---|---|---|---|---|
| 3 | 更新与共享 | 1. 物控员每天要根据来料信息，对《采购管制表》进行数量上的更新<br>2. 物控员每天要将新的《采购订单》信息及录时入到《采购管制表》中<br>3. 每天17：00前将更新完毕的《采购管制表》放在共享盘中 | PMC | 物控员 | 每天 | 采购员稽核 | 每天 | 物控员每天未及时更新《采购管制表》及未及时将《采购管制表》放在共享盘中的，乐捐5元/次 |

## 5.2 滚动物料排查动作控制卡

《滚动物料排查动作控制卡》如表4－22所示：

**表4－22 滚动物料排查动作控制卡**

| 序号 | 控制要点 | 执行动作 | 执行部门 | 执行人 | 执行时间 | 检查人 | 检查频率 | 责任 |
|---|---|---|---|---|---|---|---|---|
| 1 | 物料排查表制定和对单 | 1. 物控员根据《车间生产计划表》中生产所需的物料明细，编制《滚动物料排查表》，提前一周进行物料排查<br>2. 每天16：00，物控员依据《滚动物料排查表》同仓管员进行物料对单，排查仓库是否有欠料，同时对欠料进行核查，检查仓库的账物是否有误<br>3. 物控员每天滚动排查一周的物料情况 | PMC<br>仓库 | 物控员<br>仓管员 | 每天 | PMC主管稽核 | 每天 | 1. 物控员未及时编制《滚动物料排查表》的，乐捐5元/次<br>2. 物控员每天未在规定时间同仓管员进行物料对单的，乐捐5元/次<br>3. 仓库账物出现错误的，乐捐5元/项<br>4. 物控员没有每天做一周滚动物料排查的，乐捐5元/次 |

续表

| 序号 | 控制要点 | 执行动作 | 执行部门 | 执行人 | 执行时间 | 检查人 | 检查频率 | 责任 |
|---|---|---|---|---|---|---|---|---|
| 2 | 排查欠数回复 | 1. 对于排查出来的欠料，物控员要在0.5个工作小时内交给采购进行回复<br>2. 采购员在接到《滚动物料排查表》后，对欠料要在1个工作小时内进行交期回复<br>3. 物控员将回复的结果进行确认，并形成《采购日计划》进行跟进 | PMC<br>仓库 | 物控员<br>仓管员 | 每天 | PMC主管稽核 | 每天 | 1. 物控员未及时将排查出来的欠料信息反馈给采购的，乐捐5元/次<br>2. 采购员未及时对欠料信息进和回复的，乐捐5元/次<br>3. 物控员未将欠料信息形成《采购日计划》的，乐捐5元/次 |
| 3 | 欠数跟进和反馈 | 1. 物控员在次日的物料对单会上，要对前日的物料达成情况进行通报<br>2. 对于未能按期达成的物料，采购员要进行检讨和改进，同时物控要将异常反馈给计划员，便于《日生产计划》的调整 | PMC | PC员<br>MC<br>采购 | 每天 | PMC主管稽核 | 每天 | 物控员未在对单会上进行物料达成情况通报的，乐捐5元/次 |

## 5.3 采购准交率考核方案

（1）目的：通过准交率的考核，衡量采购部门物料准时交付完成情况，促进物料齐套率的提高及控制合理库存。

（2）考核原则：

①以物料类别为考核单位；②每日进行考核；③考核对象为采购员。

（3）考核标准：

①对物料准时交付率进行考核，考核标准如表 4－23 所示：

**表 4－23 物料准时交付率考核标准**

| 序号 | 采购准交率 | 奖罚标准 |
|---|---|---|
| 1 | >95% | 责任人：奖 20 元/天 |
| 2 | 92% ~95% | 责任人：奖 10 元/天 |
| 2 | 90% ~92% | 不奖不罚 |
| 3 | < 90% | 责任人：乐捐 10 元/天 |

②数据收集方式

a. 采购准交率的计算公式：计划内当时实交批次/计划内当日应交批次 ×100%。

b. 以 MC 物料日计划及系统当日入库数据作为统计数据来源，按计划内批次准时交付进行准交率统计。

c. 每天上午 10:00 由各 MC 收集前一天物料准交率达成数据，交物控主管进行汇总成《采购物料准交率统计表》，11:00 前用邮件或 RTX 的形式通报给采购部物料责任人、稽核部、项目组老师。

d. 稽核部对每天的物料采购准交情况进行稽核检查。

③奖罚执行方式

a. 每天下午 15:00 在物料对单会上进行通报和现场开单进行奖罚；

b.《相关责任采购员》如表 4－24 所示：

**表 4－24 相关物料责任采购员**

| 物料类别 | 责任采购员 |
|---|---|
| 玻璃/IC | ××× |
| 背光膜材/背光组件 | ××× |
| 背光结构件 | ××× |
| FPC | ××× |

**续表**

| 物料类别 | 责任采购员 |
|---|---|
| 偏光片 POL | ××× |

c. 采购部整体达成率低于 90%，采购部经理级别以上人员承担连带责任，乐捐 10 元/天；

d. 如果因为物料不准交造成订单延期产生损失，则追究相关责任人责任；

e. 本考核方案长期有效，11 月 24 日开始试行一星期，无异常后正式生效。

会签：　　　　　　　　　　批准：

## 5.4 收料作业动作控制卡

《收料作业动作控制卡》如表 4－25 所示：

**表 4－25　收料作业动作控制卡**

<table>
<tr><td>文件名称</td><td colspan="9">仓库收料动作控制卡</td></tr>
<tr><td>编制部门</td><td>仓务部</td><td>使用部门</td><td>仓务部、采购部、品质部</td><td>文件编码</td><td>×××</td><td>版本/次</td><td>A/0</td><td>页数</td><td>第 170 页/共 1 页</td></tr>
<tr><td colspan="10">针对问题：供应商未按采购计划数量交货，仓管员未按采购计划数量收料<br>控制目的：严格按照采购计划收货</td></tr>
<tr><td>控制要点</td><td colspan="3">标准（如何做）</td><td>使用表单</td><td colspan="2">制约（谁检查）</td><td colspan="3">责任（担何责）</td></tr>
<tr><td>核单</td><td colspan="3">1. 仓管员根据《送货单》同《采购日计划》进行核对，对超出计划外的物料拒收<br>2. 仓管员根据供应商《送货单》上注明的采购单号，查找对应的《采购单》并核对累计送货数量与采购数量，严格按照《采购单》收料，在未超出采购数量或在允收比率之内的情况下通知供应商卸货</td><td>《采购日计划》<br>《采购单》<br>《送货单》</td><td colspan="2">1. 仓库主管/物控员检查仓管员是否按采购计划数量进行收料<br>2. 稽核中心不定时抽查</td><td colspan="3">仓管员未按采购计划数量收货，乐捐 5 元/次</td></tr>
<tr><td>点收、报检</td><td colspan="3">仓管员按《送货单》上数量进行点收，并在半小时内填写《来料检验报告》交 IQC 进行检验</td><td>《来料检验报告》</td><td colspan="2">1. IQC 检查仓管员是否在规定时间报检<br>2. 稽核中心不定时抽查</td><td colspan="3">仓管员未在规定时间内报检，乐捐 2 元/次</td></tr>
<tr><td>验收入库</td><td colspan="3">经 IQC 检验合格的物料，仓管员在 4 小时内填写《材料入库单》，并上卡入账</td><td>《材料入库单》</td><td colspan="2">1. 仓库主管检查仓管员是否在规定时间内上卡入账<br>2. 稽核中心不定时抽查</td><td colspan="3">仓管员未在规定时间内入账，乐捐 2 元/次</td></tr>
<tr><td>批准</td><td></td><td>审核</td><td></td><td>编制</td><td colspan="2"></td><td colspan="2">生效日期</td><td></td></tr>
</table>

## 5.5　备料计划排查动作控制卡

《备料计划排查动作控制卡》如表4－26所示：

**表4－26　备料计划排查动作控制卡**

| 序号 | 控制要点 | 执行动作 | 执行部门 | 执行人 | 执行时间 | 检查人 | 检查频率 | 责任 |
|---|---|---|---|---|---|---|---|---|
| 1 | 备料计划下达 | 1. 物控员根据《车间生产计划表》中生产所需的物料明细，在生产计划前3天将所需的物料下达《备料计划排查表》给仓管员，进行实物备料排查<br>2. 物控员每天17：30前下达，每次滚动下达3天的《备料计划排查表》 | PMC<br>仓库 | 物控员<br>仓管员 | 每天 | PMC主管/稽核 | 每天 | 物控员未及时准确下达《备料计划排查表》给仓管员的，乐捐5元/次 |
| 2 | 实物备料排查 | 1. 仓管员在接到物控员下达的《备料计划排查表》后，在1个工作日内完成实物备料，将备好的物料放在备料区<br>2. 仓管员可根据备料区的仓位面积来放置物料，并将欠料情况填写在《备料计划排查表》，反馈给物控员 | PMC<br>仓库 | 物控员<br>仓管员 | 每天 | PMC主管/稽核 | 每天 | 1. 仓管员未在1个工作日内完成实物排查的，乐捐5元/次<br>2. 仓管员未将欠料情况填写在《备料计划排查表》上及时反馈给物控员的，乐捐5元/次 |
| 3 | 备料报欠和跟进 | 1. 物控员在接到仓管员反馈的《备料计划排查表》后，在1个工作小时内进行确认和回复<br>2. 物控员根据《备料计划排查表》中的欠料信处息，形成《采购日计划》进行跟进，并要求采购进行交期确认<br>3. 物控员将异常信息反馈给计划员，便于作《日生产计划》的调整 | PMC<br>采购 | PZMC<br>采购 | 每天 | PMC主管/稽核 | 每天 | 1. 物控员未在规定时间内对《备料计划排查表》中的欠料进行确认和回复的，乐捐5元/次<br>2. 物控员未及时将异常信息反馈给计划员的，乐捐5元/次 |

## 5.6 领料计划排查动作控制卡

《领料计划排查动作控制卡》如表 4－28 所示：

**表 4－28 领料计划排查动作控制卡**

| 序号 | 控制要点 | 执行动作 | 执行部门 | 执行人 | 执行时间 | 检查人 | 检查频率 | 责任 |
| --- | --- | --- | --- | --- | --- | --- | --- | --- |
| 1 | 领料计划下达 | 1. 物控员根据《车间生产计划表》中生产所需的物料明细，在生产计划前 2 天所需的物料下达《领料计划排查表》给车间领料员、仓管员，进行上线前领料排查<br>2. 物控员每天 17：30 前下达，每次滚动下达 3 天的《领料计划排查表》 | PMC/车间领料员 | 物控员<br>仓管员 | 每天 | PMC 主管/稽核 | 每天 | 1. 物控员每天未及时、准确下达《领料计划排查表》的，乐捐 5 元/次 |
| 2 | 实物领料排查 | 1. 车间领料员在接到物控员下达的《领料计划排查表》后，在 1 个工作日内完成实物排查<br>2. 仓管员根据实际的发料情况，将欠料信息填写在《领料计划排查表》，在 0.5 个工作小时内反馈给物控员 | PMC/车间领料员/车间领料员 | 物控员<br>仓管员 | 每天 | PMC 主管/稽核 | 每天 | 1. 车间领料员未在 1 个工作日内完成领料实物排查的，乐捐 5 元/次<br>2. 仓管员未及时将领料排查欠料信息反馈给物控员的，乐捐 5 元/次 |
| 3 | 领料报欠和跟进 | 1. 物控员在接到仓管员反馈的《领料计划排查表》后，在 1 个工作时内进行确认和回复<br>2. 物控员根据《领料计划排查表》中的欠料信处息，形成《采购日计划》进行跟进，并要求采购进行交期确认<br>3. 物控员将异常信息反馈给计划员，便于作《日生产计划》的调整 | PMC<br>采购 | PCMC<br>采购 | 每天 | PMC 主管/稽核 | 每天 | 1. 物控员未及时领料欠数信息进行确认回复的，乐捐 5 元/次 2. 物控员未将领料欠数信息形成《采购日计划》进行跟进的，乐捐 5 元/次<br>3. 物控员未将异常信息及时反馈的，乐捐 5 元/次 |

## 5.7 BOM 表管理动作控制卡

《BOM 表管理动作控制卡》如表 4 - 29 所示：

**表 4 - 29 BOM 表管理动作控制卡**

| ××× | ×××有限公司 | | | | | | |
|---|---|---|---|---|---|---|---|
| | 文件名称 | 文件编码 | 版次 | 编制部门 | 使用部门 | 页次 | |
| | BOM 表管理动作控制卡 | ××× | A0 | 研发部 | 研发部、PMC | 173/1 | |
| 控制要点 | 标准 | | 表单 | | 制约 | | 责任 |
| BOM 表作业要求 | 1. 《研发工程变更通知单》签核完成后，研发文档管理员才可变更系统 BOM 表物料，加急物料变更由研发总监与物控主管签字确认后可先变更系统 BOM。可消耗的旧物料在变更系统 BOM 表时必须备注在 BOM 表上，不可消耗的旧物料必须删除料号<br>2. 在 BOM 表中的替代料，研发技术员必须依据优先使用顺序将替代物料备注在 BOM 表上<br>3. 研发文档管理员在变更 013 非保税 BOM 表或 016 保税 BOM 表物料时，另外一个 BOM 表必须同时变更<br>4. 打样完成后，研发部技术员必须在 1 个小时内完成 BOM 表的输入工作 | | 《研发工程变更通知单》<br>BOM 表 | | 1. MC 监督研发文档管理员在变更时旧物料是否有备注或者删除<br>2. MC 监督研发技术员替代料是否依据优先顺序备注在 BOM 表中<br>3. MC 监督研发文档管理员在变更系统 BOM 时，是否有将 013 BOM、016 BOM 同时变更<br>4. MC 监督研发技术员是否完成 BOM 输入工作 | | 1. 以上各项，责任人没有按照规定执行的，处以乐捐 5 元/次；责任人直接上司负连带责任乐捐 10 元/次<br>2. 以上违规，成长单统一由监督人开出，并收取乐捐款项 |
| 批准 | | 审核 | | 编制 | | 生效日期 | 2015.08.08 |

会签栏：

## 6. 采购员横向问责一览表

《采购员横向问责一览表》如表4－30所示：

采购部对各部门的问责主要岗位是采购员，被问责的主要岗位有：物控员、仓管员、技术员、品管员等，主要问责事项：打样物料确认、物料计划下达、收料/验收管理、退料管理等。

**表4－30　横向问责一览表（采购员）**

| 序号 | 开单部门 | 开单人 | 依据 | 横向制约标准（控制点） | 横向部门 | 责任人 | 备注 |
|---|---|---|---|---|---|---|---|
| 1 | 采购部 | 采购员 | 1. 物料需求动作控制卡82 | 检查物控员是否在订单评审后4个小时内完成《物料需求计划表》；未按规定作业乐捐5元/次 | PMC | MC | |
| 2 | 采购部 | 采购员 | 2. 采购管制动作控制卡83 | 检查物控员是否在每天17:00前将最新的《采购管制表》进行更新和下达；未按规定作业乐捐5元/次 | PMC | MC | |
| 3 | 采购部 | 采购员 | 3. 采购日计划动作控制卡84 | 检查物控员是否在每天17：30前将未来三天《采购日计划表》下达；未按规定作业乐捐5元/次 | PMC | MC | |
| 4 | 采购部 | 采购员 | 4. 滚动物料排查动作控制卡85 | 检查物控员是否在每天16:00前进行滚动一周的物料排查，及时上交《物料排查表》；未按规定作业乐捐5元/次 | PMC | MC | |
| 5 | 采购部 | 采购员 | 5. 收料作业动作控制卡86 | 1. 检查仓管员是否在规定时间内收货<br>2. 检查仓管员是否在规定时间内提交《收货单》；未按规定作业乐捐2元/次 | 仓务部 | 仓管员 | |
| 6 | 采购部 | 采购员 | 6. 来料检验动作控制卡87 | 1. 检查品管员是否在规定时内进行来料品质检验<br>2. 检查品管员是否及时反馈来料不良信息；未按规定作业乐捐5元/次 | 品管部 | 品管员 | |
| 7 | 采购部 | 采购员 | 7. 采购作业动作控制卡88 | 检查技术部是否在规定时间内将我部提供的新样品检测结果进行确认；责任人乐捐5元/次 | 技术部 | 技术员 | |

说明：后工序工作人员发现前面工序出的问题，总碍于情面，不予追究责任，反而听之任之，习以为常，导致责任得不到落实。要改变懒散、拖沓、粗心、随意的坏习惯，就必须从自身勇于承担责任，敢于追究责任做起。不追究他人责任，自己就要承担责任。所以我们必须见错就纠，否则就要替人背黑锅。这是“横向控制法”的精髓。只有通过横向

控制的实施，让我们人人都成为管理者，让管理无处不在。你要成为一个有工作责任心的人，那就一次次的承担责任，一次次反复追究责任。以上稽核点为责任人的工作内容和责任标准；制约人的制约依据。稽核中心重点稽核制约人的横向控制动作。让稽核工作步入“相互稽核”阶段。

## 6.1 物料需求动作控制卡

《物料需求动作控制卡》如表4－31所示：

**表4－31 物料需求动作控制卡**

| 序号 | 控制要点 | 执行动作 | 执行部门 | 执行人 | 执行时间 | 检查人 | 检查频率 | 责任 |
| --- | --- | --- | --- | --- | --- | --- | --- | --- |
| 1 | 制定物料需求 | 1. PMC物控员根据《订单评审表》《主生产计划表》中的物料交期信息，以及BOM表，进行物料需求运算，同时结合仓库的实际库存、现有订单占用量及采购在途，定出具体的物料需求<br>2. 物料需求在订单评审完成后4个工作小时内完成物料需求运算<br>3. 物控员将制定好的《物料需求计划表》交PMC负责人审核，审核工作要在0.5个工作小时内完成<br>4. 物控员将审核好的《物料需求计划表》交给采购进行有采购下单的工作，开始进行物料的采购作业 | PMC | 物控员 | 每天 | PMC负责人/采购员/稽核 | 每天 | 1. 物控员未及时完成《物料需求计划表》的，乐捐5元/次<br>2. 《物料需求计划表》中需求数量申购有误或是漏申购的，乐捐10元/项<br>3. PMC负责人未及时完成《物料需求计划表》审核的，乐捐5元/次 |
| 2 | 物料进度跟进 | 1. 物控员每天将所下达的《物料需求计划表》进行汇总和更新，便于进度跟进和制定《采购管制表》<br>2. 物控员要对所下达的《物料需求计划表》，每天进行跟进，将实际的到料日期、数量记录在物料需求计划表上 | PMC | 物控员 | 每天 | PMC负责人/稽核 | 每天 | 1. 物控员未将《物料需求计划表》及时汇总的，乐捐5元/次<br>2. 物控员未将到料情况记录在《物料需求计划表》上的，乐捐5元/次 |

## 6.2 采购日计划动作控制卡

《采购日计划动作控制卡》如表4－32所示：

表4－32 采购日计划动作控制卡

| 序号 | 控制要点 | 执行动作 | 执行部门 | 执行人 | 执行时间 | 检查人 | 检查频率 | 责任 |
|---|---|---|---|---|---|---|---|---|
| 1 | 采购日计划下达 | 1. 物控员依据《采购管制表》中的计划交期及每天在仓库、车间排查出来的欠数形成未来3天的《采购日计划》<br>2. 物控员必须在每天17：30前将未来3天的《采购日计划》下达给各采购员、仓管员 | PMC | 物控员 | 每天 | 采购员稽核 | 每天 | 1. 物控员未能准确下达《采购日计划》的，乐捐5元/次<br>2. 物控员未在17：30前下达《采购日计划》的，乐捐5元/次 |
| 2 | 采购日计划跟进与协调 | 1. 物控员每天对《采购日计划》进度进行跟进和确认，并在每天的的生产协调会上将采购计划的达成情况进行通报<br>2. 对于进度异常，及时反馈给上级主管进行协调 | PMC | 物控员 | 每天 | 采购员稽核 | 每天 | 1. 物控员未能及时跟进《采购日计划》进度和在生产协调会上进行通报的，乐捐5元/次<br>2. 对于进度异常，物控员未及时向上级反馈的，乐捐5元/次 |
| 3 | 采购日计划达成统计 | 1. 物控员每天根据实际的到料信息，进行采购计划达成率的统计，每天进行公布<br>2. 对于未达成的采购计划，要责令采购进行分析和检讨 | PMC | 物控员 | 每天 | 采购员稽核 | 每天 | 物控员每天未对《采购日计划》达成情况进行统计及对采购未达成项进行整改的，乐捐5元/次 |

## 6.3 来料检验动作控制卡

《来料检验动作控制卡》如表4－33所示：

**表 4 - 33 来料检验动作控制卡**

<table>
<tr><td rowspan="3">×××</td><td colspan="7">××× 有限公司</td></tr>
<tr><td>文件名称</td><td>文件编码</td><td>版次</td><td>编制部门</td><td>使用部门</td><td>页次</td><td rowspan="2">受控章</td></tr>
<tr><td>来料检验控制卡</td><td>×××</td><td>A0</td><td>品管部</td><td>公司所有部门</td><td>178/1</td></tr>
<tr><td colspan="8">控制要点</td></tr>
<tr><td>标准</td><td colspan="7">1. PMC 部物控员必须在当天 17:00 前发出第二天《采购日计划》给 IQC，以便 IQC 根据计划合理安排检验<br>2. 仓管员在收料后 10 分钟内必须填写《来料检验单》报 IQC 进行检验，针对急料仓库在送检单上必须备注为急料（当日急料批数≤35 批）<br>3. 检验时间及检验动作依据：检验标准及动作依据《IQC 进料检验规范》<br>急料：IQC 必须在 2 小时内检完，并出具检验报告（OK/NG）<br>非急料：昨天 15:00 后至今天 15:00 前到的料，在今天下班前必须检完，并出具检验报告（OK/NG）<br>4. 研发收到 IQC 反馈无图纸或样品承认书，10 分钟内要发给 IQC，若没有，10 分钟内必须签字确认是否 OK，以便 IQC 判定<br>备注：①送检时间必须以仓库送检单上时间为准，IQC 以出检验报告（OK/NG）为完成。（NG 后再根据 MRB 流程另外处理）<br>②短期以此标准进行，后续根据到料批次的增多再做调整。（以 IQC 目前人力，每日最大检验批数 220 批）<br>5. 对于不良物料，采购员依据 IQC 检验报告进行处理，需要退回供应商的物料要在一周内安排退回</td></tr>
<tr><td>制约</td><td colspan="7">1. IQC 主管监督 PMC 是否将第二天的到料计划给到 IQC<br>2. IQC 检查仓库送检单是否注明送检时间，并监督检查急料是否超出 35 批<br>3. IQC 主管、经理检查 IQC 是否按要求执行检验<br>4. 仓库、采购员依据 IQC 发出的检验报告考核 IQC 检验及时率<br>5. IQC 监督研发是否按要求提供图纸和样品承认书</td></tr>
<tr><td>责任</td><td colspan="7">1. PMC 部物控员每日 17:00 前未发出第二天《采购日计划》，乐捐 5 元/次<br>2. 仓管员未在送检单上备注急料，乐捐 5 元/次<br>3. IQC 未按标准发出检验报告，将追究 IQC/SQE 各材料负责人，一笔超时物料，责任人乐捐 5 元/次<br>4. 研发 10 分钟内未发给 IQC 图纸或样品承认书，且临时不签字确认，乐捐 5 元/次。接到异常反馈 10 分钟内未签核完成（特殊 LCD 除外）乐捐 5 元/次</td></tr>
<tr><td>批准</td><td colspan="2"></td><td>审核</td><td colspan="2"></td><td>编制</td><td></td></tr>
</table>

会签栏：

## 6.4 采购作业动作控制卡

《采购作业动作控制卡》如表 4 - 34 所示：

**表 4－34　采购作业动作控制卡**

<table>
<tr><td colspan="3" rowspan="2">×××公司</td><td>文件编号</td><td>×××</td></tr>
<tr><td>文件版本</td><td>A0</td></tr>
<tr><td colspan="3" rowspan="2">采购作业动作控制卡</td><td>生效日期</td><td>×××</td></tr>
<tr><td>页码</td><td>第 179 页　共 297 页</td></tr>
<tr><td>失控点</td><td>控制目的</td><td colspan="3">控制要点</td></tr>
<tr><td rowspan="3">采购作业流程不规范，跟进无记录，下单/审核不及时，新物料送货前没有进行样品确认；对采购员无考核</td><td rowspan="3">规范采购作业流程，及时跟进采购订单；采购订单审核/下达及时，新物料送货前进行样品确认；对采购员进行考核</td><td>标准</td><td colspan="2">1. 每月 5 日之前更新《采购周期表》并发给技术/营销/企划部<br>2. 需要采购的物料都须纳入《采购管制表》中，并于每天上午 9:00 和下午 16:00 之前定期每日二次更新数据并共享<br>3.《物料申购单》和《采购订单》下达及交期回复：<br>①物控员根据《主生产计划》《限额领料单》和库存量下达《物料申购单》，明确物料交期和数量，经部门部长审核后 2 小时内转交采购部；<br>②采购部收到《物料申购单》后，4 小时内填写完整《采购订单》，经分管副总审核后 2 小时内以扫描/传真/当面递交方式传给供应商；<br>③供应商须在 1 个工作日内回签并回复交期给采购员；<br>④采购员收到供应商交期回复后在 4 个小时之内主动回复交期给物控；并在 1 个时内将《采购订单》下发给仓管员；<br>⑤采购员严格按照《物料申购单》数量下采购订单，如需更改数量，须企划部长签核同意后可方更改<br>4. 新物料样品确认：<br>①采购物料如属于未采购过新物料，采购员先通知供应商送样品承认合格后方可批量送货；<br>②采购员收到样品后 2 小时内送技术部判定是否合格；<br>③技术部收到样品后正常物料 1 个小时，非正常物料 1 个工作日内确认完样品，并签核《样品确认卡》；<br>④采购员收到样品确认结果后 1 小时内通知供应商；<br>⑤样品和《样品确认卡》由质检部保管，作为进料检验依据</td></tr>
<tr><td>制约</td><td colspan="2">1. 采购员检查物控员的《物料申购单》中的物料交期和数量是否明确<br>2. 物控员检查采购员的物料交期是否按规定时间回复，仓管员检查采购员是否及时下发采购订单<br>3. 稽核中心检查、监督相关责任人是否按以上标准执行</td></tr>
<tr><td>责任</td><td colspan="2">未按以上标准执行的，责任人乐捐 5 元/次</td></tr>
</table>

制定：　　　　　　　　　　批准：　　　　　　　　　　会签：

## 7. 仓管员横向问责一览表

仓务部对各部门的问责主要岗位是仓管员，被问责的主要岗位有：采购员、物控员、品管员等，班组长等，主要问责事项：物料计划下达、采购订单下达、收料作业、验收管理、领/退/补料管理等。

《仓管员横向问责一览表》如表4-35所示：

**表4-35　仓管员横向问责一览表**

| 序号 | 开单部门 | 开单人 | 依据 | 横向制约标准（控制点） | 横向部门 | 责任人 | 备注 |
|---|---|---|---|---|---|---|---|
| 1 | 仓务部 | 仓管员 | 1. 采购作业动作控制卡91 | 检查采购员是否在规定时间内下发《采购订单》；未按规定作业乐捐5元/次 | 采购部 | 采购员 | |
| 2 | 仓务部 | 仓管员 | 2. 来料检验动作控制卡92 | 对于来料不良判退物料，检查采购员是否在规定时间内安排退回给供应商 | 采购部 | 采购员 | |
| 3 | 仓务部 | 仓管员 | 3. 采购日计划动作控制卡93 | 检查物控员是否在17：30前下达未来三天的《采购日计划》；未按规定作业乐捐5元/次 | PMC | MC | |
| 4 | 仓务部 | 仓管员 | 4. 滚动物料排查动作控制卡94 | 检查物控员是否在规定时间下发《滚动物料排查表》；未按规定作业乐捐5元/次 | PMC | MC | |
| 5 | 仓务部 | 仓管员 | 5. 备料计划排查动作控制卡95 | 检查物控员是否在规定时间下发《备料计划排查表》；未按规定作业乐捐5元/次 | PMC | MC | |
| 6 | 仓务部 | 仓管员 | 6. 领料计划排查动作控制卡96 | 检查物控员是否在规定时间下发《领料计划排查表》；未按规定作业乐捐5元/次 | PMC | MC | |
| 7 | 仓务部 | 仓管员 | 6. 领料计划排查动作控制卡96 | 检查车间领料员是否在规定时间内进行领料作业；未按规定作业乐捐5元/次 | 生产部 | 领料员 | |
| 8 | 仓务部 | 仓管员 | 7. 退换补料作业控制卡97 | 1. 检查车间领料员是否及时开退（补）料单<br>2. 检查车间物料退仓实物与退仓单是否相符；未按规定作业乐捐5元/次 | 生产部 | 领料员 | |
| 9 | 仓务部 | 仓管员 | 2. 来料检验动作控制卡92 | 1. 检查来料品管员是否在规定时间内完成物料的检验工作<br>2. 检查来料不良物料是否有按要求进行标识；未按规定作业乐捐5元/次 | 品管部 | 品管员 | |

说明：后工序工作人员发现前面工序出的问题，总碍于情面，不予追究责任，反而听之任之，习以为常，导致责任得不到落实。要改变懒散、拖沓、粗心、随意的坏习惯，就必须从自身勇于承担责任，敢于追究责任做起。不追究他人责任，自己就要承担责任。所以我们必须见错就纠，否则就要替人背黑锅。这是"横向控制法"的精髓。只有通过横向控制的实施，让我们人人都成为管理者，让管理无处不在。你要成为一个有工作责任心的人，那就一次次的承担责任，一次次反复追究责任。以上稽核点为责任人的工作内容和责任标准；制约人的制约依据。稽核中心重点稽核制约人的横向控制动作。让稽核工作步入"相互稽核"阶段。

《退换补料作业控制卡》如表4－36所示：

**表4－36　退换补料作业控制卡**

<table>
<tr><td colspan="2">版本：A/0</td><td colspan="3" rowspan="2">×××有限公司</td><td colspan="2" rowspan="2">文件编号：×××</td><td rowspan="2">×××</td></tr>
<tr><td colspan="2">页码：</td></tr>
<tr><td colspan="2">编制部门：</td><td>仓库</td><td>编制：</td><td>审核：</td><td colspan="3">核准：</td></tr>
<tr><td colspan="2">文件名称：</td><td colspan="3">退、补、换料作业控制卡</td><td>生效日期：</td><td colspan="2">20××－7－7</td></tr>
<tr><td>项目</td><td>针对失控现象</td><td colspan="6">控制点设计</td></tr>
<tr><td rowspan="3">退、补、换、料作业控制</td><td rowspan="3">1. 生产部换料、补料缺乏必要审核<br>2. 生产部物料退料不及时<br>3. 生产部退、补、换料无指定人员</td><td colspan="6">标准：<br>1. 生产部在生产出现少料时，由领料员完整填写《补料单》，注明补料原因，经部门主管及PMC经理核准后去仓库进行领料<br>2. 生产部在生产过程中需要更换物料时，必须填写《换料单》并注明换料原因，经品检员检验确认后，由领料员到仓库进行领料<br>3. 生产部领料员每周六上午下班前清理车间余料或呆滞物料，填写《退料单》，经品检员判定并填写《检验报告》，判定通过的：退回仓库，判定为不良品的填写《报废单》并注明报废原因，经相关部门审核后，单据交仓库做账，实物由车间退回报废仓做报废处理<br>4. 仓管员核对《补料单》《换料单》《退料单》填写是否正确完整，并检查《退料单》的相关《检验报告》，对退仓的物料核对物料品名、规格、数量，发现混料或数量不对退回车间处理；仓库在收到生产部手续齐全的退换料单后，常规物料需10分钟内完成发料，需要加工的物料20分钟内完成发料<br>5. 仓管员接受退仓物料，应核对品名、规格、数量，并及时更新账卡</td></tr>
<tr><td colspan="6">制约：<br>1. 仓管员监督生产部领料员是否按规定填写表单，表单是否填写完整<br>2. 仓管员监督生产部领料员是否按规定对退仓物料进行分类退仓，数量是否准确、标识是否清晰<br>3. 生产部领料员监督仓库发料员是否在规定时间完成物料动作<br>4. 稽核专员定期与不定期进行抽查，监督整个过程</td></tr>
<tr><td colspan="6">责任：<br>1. 不在规定时间内进行退仓，生产部主管、拉长、领料员乐捐2元/次<br>2. 换料、补料、退料不填写单据或单据填写不完整的，责任人乐捐2元/次<br>3. 仓库发料员没有在规定时间内完成发放物料，乐捐2元/次；影响到计划生产、订单出货的，乐捐5元/次<br>4. 仓管员不严格把关，乐捐2元/次<br>5. 因不按规定执行造成直接损失，按《质量赔偿管理制度》执行</td></tr>
</table>

会签：

## 8. 班组长横向问责一览表

生产部对各部门的问责主要岗位是班组长，被问责的主要岗位有：计划员、物控员、品管员、仓管员、技术员等，主要问责事项：生产计划下达、物料计划下达、领料作业、生产异常处理、不良品管理等。

《班组长横向问责一览表》如表 4－37 所示：

**表 4－37 班组长横向问责一览表**

| 序号 | 开单部门 | 开单人 | 依据 | 横向制约标准（控制点） | 横向部门 | 责任人 | 备注 |
|---|---|---|---|---|---|---|---|
| 1 | 生产部 | 班组长 | 1. 车间生产计划动作控制卡 100 | 检查计划员是否每月 25 日前下达下月生产计划，是否每周五下达《周生产计划》；乐捐 5 元/次 | PMC 部 | 计划员 | |
| 2 | 生产部 | 班组长 | 2. 生产异常处理动作控制卡 101－102 | 检查计划员是否在收到《异常提报处理单》是否在 20 分钟到现场进行协调处理；乐捐 2 元/次 | PMC 部 | 计划员 | |
| 3 | 生产部 | 班组长 | 2. 生产异常处理动作控制卡 101－102 | 检查计划员是否对计划进度异常做出书面调整；乐捐 2 元/次 | PMC 部 | 计划员 | |
| 4 | 生产部 | 班组长 | 3. 日生产计划动作控制卡 103 | 检查计划员是否按时下达生产计划；乐捐 2 元/次 | PMC 部 | 计划员 | |
| 5 | 生产部 | 班组长 | 3. 日生产计划动作控制卡 103 | 检查冷冻日计划是否有欠料；乐捐 2 元/项 | PMC 部 | 计划员 | |
| 6 | 生产部 | 班组长 | 4. 备料计划排查动作控制卡 104 | 检查仓管员是否按时备料；乐捐 2 元/次 | 仓务部 | 仓管员 | |
| 7 | 生产部 | 班组长 | 5. 领发料作业控制卡 105 | 检查仓管员是否按套料单进行发料，数量是否有误，发现错误 2 元/项 | 仓务部 | 仓管员 | |
| 8 | 生产部 | 班组长 | 6. SOP 管理动作控制卡 106 | 检查技术员 SOP 是否按时下达，未按规定作业乐捐 5 元/次 | 技术部 | 技术员 | |
| 9 | 生产部 | 班组长 | 2. 生产异常处理动作控制卡 101－102 | 生产过程中出现品质异常时，班组长确认品管主管按时到现场处理，未按规定作业乐捐 5 元/次 | 品管部 | 品管主管 | |
| 10 | 生产部 | 班组长 | 7. 首件检验动作控制卡 107 | 检查品管员是否在规定时间内完成首件确认，未按规定作业乐捐 2 元/次 | 品管部 | 品管员 | |

续表

| 序号 | 开单部门 | 开单人 | 依据 | 横向制约标准（控制点） | 横向部门 | 责任人 | 备注 |
|---|---|---|---|---|---|---|---|
| 11 | 生产部 | 班组长 | 7. 首件检验动作控制卡 107 | 若品管员与班组长出现判定分歧时，品管员在 10 分钟内通品质经理到现场并给出处理意见；未按规定作业乐捐 2 元/次 | 品管部 | 品管员 | |
| 12 | 生产部 | 班组长 | 8. 车间不良品处理作业控制卡 108 | 车间所有报废物料需经检验员确认，收到提报后是否在一个工作日内完成不良品的确认工作。未按规定作业乐捐 5 元/次 | 品管部 | 品管员 | |
| 13 | 生产部 | 班组长 | 9. 成品进仓动作控制卡 109 | 成品包装好必须由品管盖上合格章后方可入库，未按规定作业乐捐 5 元/次 | 品管部 | 品管员 | |

说明：后工序工作人员发现前面工序出的问题，总碍于情面，不予追究责任，反而听之任之，习以为常，导致责任得不到落实。要改变懒散、拖沓、粗心、随意的坏习惯，就必须从自身勇于承担责任，敢于追究责任做起。不追究他人责任，自己就要承担责任。所以我们必须见错就纠，否则就要替人背黑锅。这是“横向控制法”的精髓。只有通过横向控制的实施，让我们人人都成为管理者，让管理无处不在。你要成为一个有工作责任心的人，那就一次次的承担责任，一次次反复追究责任。以上稽核点为责任人的工作内容和责任标准；制约人的制约依据。稽核中心重点稽核制约人的横向控制动作。让稽核工作步入“相互稽核”阶段。

## 8.1 日生产计划动作控制卡

《日生产计划动作控制卡》如表 4 - 38 所示：

**表 4－38　日生产计划动作控制卡**

| 序号 | 控制要点 | 执行动作 | 执行部门 | 执行人 | 执行时间 | 检查人 | 检查频率 | 责任 |
|---|---|---|---|---|---|---|---|---|
| 1 | 日计划下达 | 1. 模切部、丝印部计划员周一至周五每天15：00前下达辅料、分切、涂布组、冲压组、油压组、直切组、激光组、丝印、精雕各工序次日的机台《日生产计划》及手工组与包装组的人头《日生产计划》给车间负责人进行签名确认<br>2. 橡胶部计划员在每日15：30前将炼胶组和除边组次日《日生产计划》下达给车间负责人进行签名确认<br>3. 生产日计划依据对单和排查的结果进行下达，确保冷冻日计划有料生产 | PMC | PC员 | 每天15：00前 | PMC主管/车间负责人 | 每天 | 1. 模切部、丝印部计划员未在周一至周五间15：00前下达各班组的《日生产计划》的，乐捐5元/次<br>2. 橡胶部计划员每天未在15：30前下达炼胶组、除边组下达《日生产计划》的，乐捐5元/次<br>3. 各PC员下达的冷冻日计划有欠料的，乐捐2元/项 |
| 2 | 日计划跟进与更新 | 1. 计划员每天08：20～08：30（20：20～20：30）在车间主管、白夜班组长对单，9：30（21：00）前更新车间滚动《日生产计划》（含前日清尾计划及次日冷冻日计划）<br>2. 周六/日有加班的，计划员也要按照时间节点进行对单及更新《日生产计划》。计划员按照班次将纸质《日生产计划》下发给车间负责人进行签名确认 | PMC | PC员 | 每天15：00前 | PMC主管/车间负责人 | 每天 | 1. 各计划员每天未及时向车间主管进行对单和更新《日生产计划》的，乐捐5元/次<br>2. 周六、日止班，计划员未及时同车间主管对单和更新《日生产计划》的，乐捐5元/次 |
| 3 | 日计划变更 | 1. 班组没事做的或周日休息的将不排日计划，依据订单情况需周日加班时，计划员需在周五下午17：30前下发周日和下周一的《日生产计划》）<br>2. 遇到紧急插单或取消订单生产的，需变更《车间生产工序滚动日计划（报）表》并将更新后的纸质档下发给车间负责人进行签名确认<br>3. 车间负责人根据计划员下达的《车间生产工序滚动日计划（报）表》按先后顺序安排生产 | PMC | PC员 | 每天15：00前 | PMC主管/车间负责人 | 每天 | 1. 周日需加班的，各计划员未在周五下午17：30前下发周日、下周一《日生产计划表》的，乐捐5元/次<br>2. 对变更信息，各计划员未及时将《日生产计划表》更新和下发的，乐捐5元/次<br>3. 车间负责人未按《日生产计划表》生产的，乐捐5元/次 |
| 4 | 进度跟进与协调 | PMC计划员当天每2小时对车间生产进度跟进，对《车间工序进度看板》《异常处理看板》进行检查，对影响生产进度的异常进行协调和跟进 | PMC | PC员 | 每天15：00前 | PMC主管/稽核员 | 每天 | 各计划员未做到2小时现场生产进度跟进的，乐捐5元/次 |

## 8.2 领发料作业控制卡

《领发料作业控制卡》如表4－39所示：

**表4－39 领发料作业控制卡**

<table>
<tr><td>版本：A/0</td><td colspan="2" rowspan="2">×××有限公司</td><td rowspan="2">文件编号：OB－014</td><td rowspan="2"></td></tr>
<tr><td>页码：</td></tr>
<tr><td>编制部门：</td><td>PMC部</td><td>编制：</td><td>审核：</td><td>核准：</td></tr>
<tr><td>文件名称：</td><td colspan="2">领发料作业控制卡</td><td>生效日期：</td><td>×××</td></tr>
<tr><td>控制要点</td><td>标准</td><td>制约</td><td colspan="2">责任</td></tr>
<tr><td>车间、外发领料</td><td>1. 车间组长或领料员根据PMC下达的生产日计划（套料表），开具领料单，标明物料名称、数量、型号、供应商，并经生产主管、MC签名确认，于上线前一天20点半前完成领料作业，双方交接完毕，确认无误后，在《领料单》上签字<br>2. 外发胶壳少数供应商必须在第二天通知采购，仓库当天给予回复</td><td>1. 仓管员检查领料单是否填写完整，是否在规定时间内领完物料<br>2. 车间组长监督仓管员发料是否准确<br>3. 采购监督仓库是否及时回复</td><td colspan="2">1. 单据填写错误，责任人乐捐2元/次<br>2. 没有在规定时间内完成领料的乐捐2元/次<br>3. 发料错误2元/项<br>4. 仓库主管没有及时回复，乐捐2元/次</td></tr>
<tr><td>车间报欠</td><td>车间组长或领料员在领料过程中发现欠料，10分钟内提报给生产主管，生产主管在10分钟内以书面形式通知PMC</td><td>PMC经理监督车间是否及时报欠</td><td colspan="2">没有在规定时间内报欠的责任人乐捐2元/次</td></tr>
<tr><td>错误提报</td><td>仓管员、组长、领料员在领料过程中发现BOM表错误的，以书面形式提报给PMC经理和稽核员，PMC经理在一个工作日内书面提报给研发部，研发主管在一个工作日内修改物料清单</td><td>仓管员、组长、领料员检查生产计划是否有错误。</td><td colspan="2">1. 仓管员、组长、领料员发现错误并书面提报的奖励2元/项<br>2. PMC经理没有在一个工作日内书面提报给研发部乐捐2元/天<br>3. 研发部主管未在一个工作日内修改物料清单乐捐2元/天</td></tr>
<tr><td>车间补料</td><td>车间组长或领料员补料时需开具补料单，标明物料名称、数量、型号、供应商，并经生产主管、MC签名确认，PMC经理审核</td><td>仓管员检查领料单是否填写完整。</td><td colspan="2">单据填写错误责任人乐捐2元/次</td></tr>
</table>

续表

| | | | |
|---|---|---|---|
| 研发、工程领料 | 1. 研发、工程领料需开具领料单，标明物料名称、数量、型号、供应商，经研发主管签名确认，研发总监审核，并在规定时间内进行领料（上午 10:00—11:00，下午 14:00—15:00）<br>2. 特殊情况（生产异常）需在规定时间外进行领料的，需研发总监、工程经理提前通知仓库主管 | 仓管员监督研发、工程是否在规定时间内领料 | 除特殊情况，不在规定时间内领料，责任人乐捐 2 元/次 |
| 仓库管理 | 1. 仓管员必须在单据填写齐全的情况下才可发料<br>2. 未经仓管员同意不得私自进入仓库<br>3. 无特殊原因，仓管员在接到领料单后需在 1 个小时内完成发料 | 1. 仓库主管监督仓管员是否按规定发料<br>2. 仓管员监督领料人员是否按规定领料<br>3. 领料人员监督仓管员是否及时发料，所发物料是否有错 | 1. 单据填写不齐全，仓管员就发料的乐捐 2 元/次<br>2. 未经仓管允许进入仓库，乐捐 2 元/次<br>3. 仓管员无故拖延发料时间或发料错误，乐捐 2 元/次 |

会签：

## 8.3 SOP 管理动作控制卡

《SOP 管理动作控制卡》如表 4－40 所示：

**表 4－40　SOP 管理动作控制卡**

<table>
<tr><td>文件名称</td><td colspan="11">SOP 使用动作控制卡</td></tr>
<tr><td>编制部门</td><td>工程部</td><td>使用部门</td><td>生产中心/工程部/品质中心</td><td>文件编码</td><td colspan="2">WI－TX－008－GC007</td><td>版本/次</td><td>A1</td><td>页数</td><td colspan="2">第 187 页/共 1 页</td></tr>
<tr><td>控制要点</td><td colspan="4">标准</td><td>表单</td><td colspan="4">制约</td><td colspan="2">责任</td></tr>
<tr><td>SOP 的使用</td><td colspan="4">1. 拉线组长负责将对应的 SOP 悬挂到本岗位拉线上，要求文件正面朝操作者，一个岗位不可同时悬挂多个型号的 SOP<br>2. 拉线组长确认悬挂的 SOP 必须与实际作业的产品相符，生产数量在 1K 以上且是 2A 类及以上客户的需使用对应型号专用 SOP，生产数量在 1K 一下或者 2A 类以下客户使用对应工位通用 SOP</td><td></td><td colspan="4">1. IPQC 负责监督拉线组长是否按照规定悬挂 SOP<br>2. IPQC 负责监督车间现场的 SOP 是否按与正在生产产品型号一致</td><td colspan="2"></td></tr>
</table>

续表

| | | | | |
|---|---|---|---|---|
| SOP的使用 | 3. 各工序作业员操作动作必须按SOP要求作业，拉线组长对员工是否按照SOP作业进行监督<br>4. 工程部技术员定期更新SOP，对于新产品在试产合格后一个工作日内下发给各车间组长 | 《客户等级与SOP文件对应一览表》 | 3. IPQC监督拉线组长是否监督员工按照SOP作业<br>4. 各线组长监督工程部技术员是否及时下发SOP | 1. 不按规定作业，乐捐2元/次<br>2. 以上动作不按规定执行的，除责任人乐捐外，直接上司负管理连带责任，乐捐5元/次 |
| SOP的检查 | 1. 工程师或工艺员每天不定时在生产车间巡查，对产线员工是否按照SOP作业进行监督检查，当发现不按SOP作业的及时纠正，并将问题记录在《SOP使用巡查记录表》上<br>2. 现场IPQC每天在生产现场进行巡查，对产线员工是否按照SOP作业进行监督检查，并记录在《产线巡检表》上<br>3. 现场拉线组长需对员工是否按照SOP作业进行巡线检查，及时纠正不按SOP作业的员工，并记录在每天的《巡拉记录表》上<br>4. 车间主管/经理每天对现场巡查不少于2次，检查监督拉线组长是否监督SOP的作业状况，并记录在《巡拉记录表》上 | 《产线巡检表》《巡拉记录表》 | 1. 工程经理、主管对下属工艺员、工程师是否监督作业员按照SOP作业进行监督<br>2. 品管经理、主管监督IPQC是否对不按SOP作业的员工进行纠正和记录<br>3. 车间主管、经理监督拉线组长是否监督员工按照SOP作业进行监督和记录<br>4. 稽核员对工程经理、主管、品管主管、经理、车间经理、主管的监督和记录进行不定时稽核检查 | |

| 编制 | | 审核 | | 批准 | | 生效日期 | |
|---|---|---|---|---|---|---|---|

会签栏：

## 8.4 首件检验动作控制卡

《首件检验动作控制卡》如表4－41所示：

**表4－41 首件检验动作控制卡**

| 首件检验控制卡 | 文件编号 | ××× | 生效日期 | ××× |
|---|---|---|---|---|
| | 编制部门 | 品管部 | 版/次 | A/0 |
| 针对问题：生产过程不对首件品质进行确认，导致产品批量品质问题<br>控制目的：将物料、品质、工程问题提前发现、解决，保证生产顺利 | | | | |

续表

| 控制要点 | 标准 | 制约 | 责任 |
| --- | --- | --- | --- |
| 首件制作、检验 | 1. 操作员每批量产前根据《半成品流程单》工艺要求与《生产样件》制作出 3 套首件，并在 5 分钟内通知班长进行确认。如发现上工序的质量问题，则通知本工序 QC 及班长确认，退回上工序<br>2. 班组长需在 5 分钟到现场对操作工的首件进行确认填写好《首件检验标签》并同时通知制程品管员到场确认首件<br>3. 品管员在接到通知 5 分钟内到现场根据《产品工艺指导书》和样件在 5 分钟内对首件作判定和记录；判定出现品质分歧，品管员需在 10 分钟内通知品质经理到现场进行处理并给了处理意见<br>4. 品管员判定合格后车间方可生产，如判定不合格，则班组立即改善，直至合格方可量产；如未经确认合格而生产的，造成损失由操作员承担所有责任<br>5. 如班组无法改善则在 5 分钟内通知工程组协助改善，工程组必须在 10 分钟到现场<br>6. 品管员每天下班前将《首件检验报告》交品质经理审核 | 1. 操作员监督上工序是否按要求完成作业要求<br>2. 班组长监督操作员是否参照样件与工艺要求如数制作首件并通知检验<br>3. 操作员监督班组长是否及时到现场确认<br>4. 班组长与操作员监督品管员是否及时到现场确认首件<br>5. 品管员监督班组长、操作员是否按标准制作首件<br>6. 品质经理监督品管员是否如数提交当天的《首件检验报告》<br>7. 稽核员不定期监督 | 1. 监督人对没有按标准执行的责任人处以 5 元/次乐捐<br>2. 稽核员发现违规的，对部门主管处以 5 元/次乐捐 |
| 本控制卡自 20 × × 年 × 月 × 日开始试运行一个月，一个月后由全体参与人员正式研讨、会签后生效。<br>各班组长及 QC 会签： | | | |

编制：　　　　审核：　　　　批准：

## 8.5 车间不良品处理作业控制卡

《车间不良品处理作业控制卡》如表 4－42 所示：

**表 4－42　车间不良品处理作业控制卡**

| 版本：A/0 | × × × 有限公司 | | | 文件编号：OB－029 | × × × |
| --- | --- | --- | --- | --- | --- |
| 页码： | | | | | |
| 编制部门： | 生产部 | 编制： | 审核： | 核准： | |
| 文件名称： | 《车间不良品处理作业控制卡》 | | | 生效日期： | |

续表

| 项目 | 失控点描述 | | 控制动作 |
|---|---|---|---|
| 车间不良品处理作业控制卡 | 1. 车间各线组不合格品提报不及时<br>2. 不合格品判定不及时<br>3. 经判定的不良品处理不及时 | 标准 | 1. 生产线线长在每个批次完成后的2个工作日内将所产生的不良品填写在《废品处理单》上，注明型号、数量、产生原因、填写日期（具体到几点几分）等，并在10分钟内通知车间IPQC前来判定<br>2. 车间IPQC接到通知后，在一个工作日内对线长提报的不良品进行判定，在《废品处理单》上签名确认并注明判定时间（具体到几点几分）<br>3. 车间领班每天下午5点到各个生产线上将经过IPQC判定的不良品转移到不良品处理区，并将各个生产线的《废品处理单》进行汇总，经IPQC再次确认后在第二天上午下班前交给相关部门审核<br>4. 相关部门接到汇总后在一个工作日内完成审核<br>5. 车间领班在相关部门完成审核的当天进行退仓<br>6. 仓管员提供需退供应商、外协厂商返工型号、数量、返工厂家给采购部负责人，由采购部负责人在规定时间内安排退回供应商（7天内）、外协厂商（3天内）处理 |
| | | 制约 | 1. 车间IPQC监督线长是否对不良品进行及时提报<br>2. 生产线线长监督IPQC是否及时对不良品进行判定<br>3. 车间主管监督车间领班是否对《废品处理单》进行及时汇总并提交给相关部门<br>4. 车间领班监督相关部门是否在规定时间内完成审核<br>5. 稽核中心监督车间不良品处理的整个过程 |
| | | 责任 | 1. 生产线线长没有在规定时间内对不良品进行提报的乐捐5元/次<br>2. 车间IPQC没有在规定时间内对不良品进行判定的乐捐5元/次<br>3. 车间领班没有在规定时间内对《废品处理单》进行汇总并提交给相关部门的乐捐5元/次<br>4. 相关部门没有在规定时间内完成审核工作的乐捐5元/次<br>5. 车间领班没有在规定时间内完成退仓动作的乐捐5元/次 |

## 9. 品管员横向问责一览表

品管部对各部门的问责主要岗位是品管员，被问责的主要岗位有：跟单员、采购员、仓管员、物控员、班组长等，主要问责事项：供应商管理、物料计划下达、收料作业、首检/巡检/终检管理、生产异常处理、制程不良品管理、客诉管理等。

《品管员横向问责一览表》如表4－43所示：

**表 4－43　横向问责一览表（品管员）**

| 序号 | 开单部门 | 开单人 | 依据 | 横向制约标准（控制点） | 横向部门 | 责任人 | 备注 |
|---|---|---|---|---|---|---|---|
| 1 | 品管部 | 品管员 | 1. 供应商管理动作控制卡 112 | 对新开发的供应商，检查采购员有否进行资格认证；违者乐捐 5 元/次 | 采购部 | 采购员 | |
| 2 | 品管部 | 品管员 | 1. 供应商管理动作控制卡 112 | 采购员收到我司对供应商的整改报告后需在半个工作日内发至供应商，并跟踪供应商在三个工作日内回复整改报告，违者乐捐 5 元/次 | 采购部 | 采购员 | |
| 3 | 品管部 | 品管员 | 2. 来料检验动作控制卡 113 | 检查仓管员是否在规定时间内报检，报检单上是否有注明急料；未按规定作业乐捐 5 元/次 | 仓务部 | 仓管员 | |
| 4 | 品管部 | 品管员 | 3. 成品进仓动作控制卡 114 | 未盖合格章的产品不可私自入库、入账，违者乐捐 5 元/次 | 仓务部 | 仓管员 | |
| 5 | 品管部 | 品管员 | 2. 来料检验动作控制卡 113 | 检查物控员每天是否在规定时间内下达《采购日计划》；未按规定作业乐捐 5 元/次 | PMC 部 | 物控员 | |
| 6 | 品管部 | 品管员 | 4. 客诉处理动作控制卡 115－116 | 检查业务部跟单员是否在规定时间内书面反馈客诉信息；未按规定作业乐捐 5 元/次 | 业务部 | 跟单员 | |
| 7 | 品管部 | 品管员 | 4. 客诉处理动作控制卡 115－116 | 如客诉问题是生产内部造成的，责任生产组长要在 2 个工作日完成纠正预防措施； | 生产部 | 生产组长 | |
| 8 | 品管部 | 品管员 | 5. 首件检验动作控制卡 117 | 检查班组长是否在规定时间内报检；未按规定作业乐捐 5 元/次 | 生产部 | 生产组长 | |
| 9 | 品管部 | 品管员 | 5. 首件检验动作控制卡 117 | 首件检验合格后方可批量生产；未按规定作业乐捐 5 元/次 | 生产部 | 生产组长 | |
| 10 | 品管部 | 品管员 | 6. 制程巡检动作控制卡 118 | 巡检过程中发现异常，生产班长及时整改合格后方可批量生产，违者乐捐 3 元/次 | 生产部 | 生产组长 | |
| 11 | 品管部 | 品管员 | 6. 制程巡检动作控制卡 118 | 巡检过程中发现的个别不良品作业员要立即返工，违者乐捐 3 元/次 | 生产部 | 生产组长 | |
| 12 | 品管部 | 品管员 | 6. 制程巡检动作控制卡 118 | 出现品质争议，要通知品质经理、生产经理现场裁决，在未裁决之前不可安排生产；违者乐捐 3 元/次 | 生产部 | 生产组长 | |
| 13 | 品管部 | 品管员 | 7. 车间不良品处理作业控制卡 119 | 车间组长每天下午 5 点到各个生产线上将经过 IPQC 判定的不良品转移到不良品处理区；违者乐捐 5 元/次 | 生产部 | 生产组长 | |
| 14 | 品管部 | 品管员 | 7. 车间不良品处理作业控制卡 119 | 车间报废品要有报废申请表，车间不能擅自报废，违者乐捐 5 元/次 | 生产部 | 生产组长 | |

说明：后工序工作人员发现前面工序出的问题，总碍于情面，不予追究责任，反而听之任之，习以为常，导致责任得不到落实。要改变懒散、拖沓、粗心、随意的坏习惯，就必须从自身勇于承担责任，敢于追究责任做起。不追究他人责任，自己就要承担责任。所以我们必须见错就纠，否则就要替人背黑锅。这是“横向控制法”的精髓。只有通过横向控制的实施，让我们人人都成为管理者，让管理无处不在。你要成为一个有工作责任心的人，那就一次次的承担责任，一次次反复追究责任。以上稽核点为责任人的工作内容和责任标准；制约人的制约依据。稽核中心重点稽核制约人的横向控制动作。让稽核工作步入“相互稽核”阶段。

## 9.1 供应商管理动作控制卡

《供应商管理动作控制卡》如表4－44所示：

**表4－44 供应商管理动作控制卡**

| ××× | ×××有限公司 | | | |
|---|---|---|---|---|
| 文件编号：××× | 【供应商管理】动作控制卡 | | 发文部门：采购部 | |
| 版本：A/0 共1页 | | | 生效日期：××× | |
| 控制要点 | 标准 | 使用表单 | 制约 | 责任 |
| 供应商的资格确认 | 1. 对供应商进行资质认定<br>2. 对供应商进行现场考评<br>3. 对供应商进行等级区分（A合格供应商、B候选合格供应商、C意向供应商） | 《供方质量保证能力调查表》<br>《供应商现场考查表》<br>《合格供应商名录》 | 品管部对采购部进行检查 | 没按时按质完成，每项乐捐5元/次 |
| 采购作业 | 按《申购作业》《采购作业》动作控制卡进行采购作业 | 《物料需求计划表》《请购单》《采购管制表》 | PMC部、采购部进行相互监督 | |
| 来料异常反馈及处理 | 1. 采购部接到品管部开出的《外购/外协元器件质量信息反馈表》后，在30分钟内将此表传真给供应商<br>2. 供应商收到物料后3天内完成《外购/外协元器件质量信息反馈表》异常情况的原因分析及措施的处理，并回传我司采购部，采购部接到《外购/外协元器件质量信息反馈表》后30分钟内转交给品管部；<br>3. 品管部验证纠正措施的效果 | 按《来料检验动作控制卡》执行<br>《外购/外协元器件质量信息反馈表》 | 品管部和采购部相互监督是否在规定时间完成操作 | |

续表

| | | | | |
|---|---|---|---|---|
| 供应商质量、准交率的统计及分析 | 1. 采购员每周一下午 2 点前统计完成上周供应商的物料准交率统计表<br>2. 品管部应每周一 12 点前，提供供应商物料批合格率统计表给采购部<br>3. 采购员应在次月的 5 日 17：30 对供应商进行评估，筛选出物料准交率及物料批合格率最差的 5 家供应商，并提交给稽核中心，采购部部长每月 8 号前组织品管部、研发中心完成最差的 5 家供应商现场整改（省外供应商除外） | 《物料准交率统计表》《物料批合格率统计表》 | 采购部对品管部是否按时提交相关表单<br>稽核中心对采购部进行检查 | |
| 供应商资格复评 | 1. 每年外审前 1 个月，对供应商进行定期复评<br>2. 对供应商评估结束起 1 个月内对供应商责任追究及处理<br>3. 对供应商等级判定申请 | 《供方质量保证能力复评表》《供应商责任追究及处理通知书》《供应商等级判定申请表》 | 品管部对采购部进行检查 | |

会签：　　　　　　　　　　　　批准：

## 9.2 客诉处理动作控制卡

《客诉处理动作控制卡》如表 4 – 45 所示：

**表 4 – 45　客诉处理动作控制卡**

| 文件名称 | 客诉处理动作控制卡 | | | | | | | | |
|---|---|---|---|---|---|---|---|---|---|
| 编制部门 | 品管部 | 使用部门 | 各部门 | 文件编码 | LUXI/总经办 – 006 | 版本/次 | A/0 | 页数 | 第 193 页/共 2 页 |

| 控制要点 | 标准 | 制约 | 责任 | 表单、文件 |
|---|---|---|---|---|
| 客诉受理 | 业务部收到客户投诉（电话、传真、E-mail）后，将客户投诉的订单/合同号、产品型号、数量、发货时间、投诉内容以邮件方式发相关部门，同时将客诉内容以《客户投诉处理单》书面形式发送至品管部签收 | 1. 品管部监督业务部是否发送书面档《客户投诉处理单》<br>2. 业务部监督品管部是否在 24 小时内回复临时处理措施 | 1. 未按动作要求执行的，责任人乐捐 5 元每次<br>2. 客诉损失按《质量赔偿管理制度》执行 | 《客户投诉处理单》《质量赔偿管理制度》《纠正/预防措施处理单》《客户投诉统计表》 |
| 临时/紧急处理措施 | 1. 品管部收到《客户投诉处理单》后，组织相关单位就客户投诉内容展开调查<br>2. 如客户投诉内容为非品质因素或客户未按规定使用造成时，将《客户投诉处理单》发送至业务部与客户沟通，原案退回客户再处理<br>3. 针对产品本身存在的质量问题，品管部组织相关部门分析原因并制定临时/紧急处理措施在 24 小时内回复客人业务部，并界定责任归属部 | | | |

**续表**

| | | | | |
|---|---|---|---|---|
| 纠正/预防措施 | 1. 由责任部门确认不良产生的根本原因，制定《纠正/预防措施》，以防止不良再次发生，2个工作日内完成<br>2. 责任单位制定措施确认有效，品管部4小时内将纠正/预防措施记录于《客户投诉处理单》，经品管部经理签署，副总经理批准后发送至业务部<br>3. 业务部接收到品管部回复投诉原因及采取的纠正/预防措施，回复客户，如客户对回复满意，客户投诉结案；如客户对回复不满意，应将客户意见转发品管部继续跟进，直至问题完全解决 | 3. 品管部监督责任部门是否在2个工作日内完成纠正预防措施，业务部监督品管部是否在4小时内回复<br>4. 稽核部不定期进行抽查 | | |
| 客诉统计归档 | 品管部将客诉处理案件每周进行统计汇总归档 | | | |
| 损失核算及赔偿 | 每起客诉案件结案后，财务部跟据业务部提供的相关信息确认损失金额，发送给品管部，品管部根据《质量赔偿管理制度》判定责任人赔偿金额，并通报各单位 | | | |
| 编制 | 审核 | 批准 | 生效日期 | |

备注：此版本为试行版本，试行一个周没有问题正是颁布运行。

会签栏：

## 9.3 首件检验控制卡

《首件检验控制卡》如表4-46所示：

**表4-46 首件检验控制卡**

| 首件检验控制卡 | | 文件编号 | ××× | 生效日期 | ××× |
|---|---|---|---|---|---|
| | | 编制部门 | 品管部 | 版/次 | A/0 |
| 针对问题：生产过程不对首件品质进行确认，导致产品批量品质问题<br>控制目的：将物料、品质、工程问题提前发现、解决，保证生产顺利 | | | | | |
| 控制要点 | 标准 | 制约 | | | 责任 |
| 首件制作、检验 | 1. 操作员每批量产前根据《半成品流程单》工艺要求与《生产样件》制作出3套首件，并在5分钟内通知班长进行确认；如发现上工序的质量问题，则通知本工序QC及班长确认，退回上工序 | 1. 操作员监督上工序是否按要求完成作业要求 | | | |

续表

| 首件制作、检验 | 2. 班组长需在5分钟到现场对操作工的首件进行确认填写好《首件检验标签》并同时通知制程品管员到场确认首件<br>3. 品管员在接到通知5分钟内到现场根据《产品工艺指导书》和样件在5分钟内对首件作判定和记录；判定出现品质分歧，品管员需在10分钟内通知品质经理到现场进行处理并给了处理意见<br>4. 品管员判定合格后车间方可生产，如判定不合格，则班组立即改善，直至合格方可量产；如未经确认合格而生产的，造成损失由操作员承担所有责任<br>5. 如班组无法改善则在5分钟内通知工程组协助改善，工程组必须在10分钟到现场<br>6. 品管员每天下班前将《首件检验报告》交品质经理审核 | 2. 班组长监督操作员是否参照样件与工艺要求如数制作首件并通知检验<br>3. 操作员监督班组长是否及时到现场确认<br>4. 班组长与操作员监督品管员是否及时到现场确认首件<br>5. 品管员监督班组长、操作员是否按标准制作首件<br>6. 品质经理监督品管员是否如数提交当天的《首件检验报告》，稽核员不定期监督 | 1. 监督人对没有按标准执行的责任人处以5元/次乐捐<br>2. 稽核员发现违规的，对部门主管处以5元/次乐捐 |
|---|---|---|---|
| 本控制卡自20××年X月X日开始试运行一个月，一个月后由全体参与人员正式研讨、会签后生效<br>各班组长及QC会签： | | | |

编制：　　　　　　　　　　　　审核：　　　　　　　　　　　　批准：

## 9.4 制程巡检动作控制卡

《制程巡检动作控制卡》如表4－47所示：

**表4－47　制程巡检动作控制卡**

| 文件名称 | 制程巡检动作控制卡 | | | | | | | | | |
|---|---|---|---|---|---|---|---|---|---|---|
| 编制部门 | 品管部 | 使用部门 | 品管部 | 文件编码 | LUXI/品管——001 | 版本/次 | A/0 | 页数 | 第196页/共1页 | |
| 控制要点 | 标准 | | | | 制约 | | 责任 | | 表单、文件 | |
| 巡检频次 | 1. 压铸、金工、冲压品管员巡检频率：每两小时一次<br>2. 安装品管员巡检频率：每两小时一次；测试品管员巡检频率：按订单数量分批次抽样检验包装；品管员巡检频率：每一小时一次<br>3. 品管组长每天抽查复核频率：每4小时一次<br>4. 品管经理每天抽查复核频率：每天一次 | | | | 1. 品管巡检员对员工的操作动作的符合性进行制约<br>2. 品管组长对巡检员动作进行制约 | | 以上动作未按标准要求执行的，责任人乐捐3元每次 | | 《巡检记录表》<br>《安装检验报告》<br>《试气检验报告》<br>《包装检验报告》 | |

续表

<table>
<tr><td>巡检范围</td><td colspan="4">1. 压铸、金工、冲压巡检范围：每个工序每一台机<br>2. 安装、测试、包装巡检范围：每个工序，每条拉线</td><td colspan="2" rowspan="4">3. 品质部经理对品管组长、巡检员的巡检动作进行制约<br>4. 稽核部对以上动作进行制约</td><td rowspan="4"></td><td rowspan="4"></td></tr>
<tr><td>巡检记录填写</td><td colspan="4">检查结果（实测数值、品质状况等）必须在《巡检记录表》或相应的检验报告上真实填写，并判断是否合格，品管员要签名确认；品管组长、经理复核后要签名确认</td></tr>
<tr><td>巡检结果确认</td><td colspan="4">被检查检验工序的员工，需要对检验员检验结果进行签字确认，不良品需要立即返工处理</td></tr>
<tr><td>巡检异常处理</td><td colspan="4">1. 巡检过程发现异常或不良时，检验员 5 分钟内通知车间班组长或车间主任，车间班组长或车间主任根据实际情况按照《生产异常处理动作控制卡》对现场发生的异常进行处理，处理好后方可开始生产<br>2. 出现品质争议，要通知品质经理、生产经理现场裁决，在未裁决之前不可安排生产</td></tr>
<tr><td>编制</td><td></td><td>审核</td><td colspan="2"></td><td>批准</td><td></td><td>生效日期</td><td></td></tr>
</table>

备注：此版本为试行版本，试行一个周没有问题正是颁布运行。

## 10. 技术员横向问责一览表

技术部对各部门的问责主要岗位是技术员，被问责的主要岗位有：计划员、采购员、跟单员、研发工程师、班组长等，主要问责事项：打样管理、样品物料计划达成、生产异常处理、制程不良品管理、技术资料管理等。

《技术员横向问责一览表》如表 4－48 所示：

**表 4－48　横向问责一览表（技术员）**

| 序号 | 开单部门 | 开单人 | 依据 | 横向制约标准（控制点） | 横向部门 | 责任人 | 备注 |
|---|---|---|---|---|---|---|---|
| 1 | 技术部 | 技术员 | 1. 样品管理动作控制卡 122－123 | 检查跟跟单员有否将样品信息制成《样品制作申请单》；不按标准执行者责任人乐捐 2 元/次 | 业务部 | 跟单员 | |

续表

| 序号 | 开单部门 | 开单人 | 依据 | 横向制约标准（控制点） | 横向部门 | 责任人 | 备注 |
|---|---|---|---|---|---|---|---|
| 2 | 技术部 | 技术员 | 1. 样品管理动作控制卡122－123 | 样品入仓后，业务员安排送样给客户，样板不能滞留仓库超过3天；不按标准执行者责任人乐捐2元/次 | 业务部 | 跟单员 | |
| 3 | 技术部 | 技术员 | 1. 样品管理动作控制卡122－123 | PMC根据色母到厂情况在一个工作日内安排相对应机台生产；不按标准执行者责任人乐捐2元/次 | PMC部 | 计划员 | |
| 4 | 技术部 | 技术员 | 2. SOP管理动作控制卡124 | 检查车间各线生产是否按SOP生产；不按标准执行者责任人乐捐5元/次 | 生产部 | 生产组长 | |
| 5 | 技术部 | 技术员 | 3. 工程资料变更控制卡125 | 检查各部门在实际生产中如需要对工程资料进行变更，需要用书面的《工程变更申请单》进行提报；不按标准执行者责任人乐捐5元/次 | 责任部门 | 负责人 | |
| 6 | 技术部 | 技术员 | 3. 工程资料变更控制卡125 | 监督各部门是否私自变更生产工艺；不按标准执行者责任人乐捐10元/次 | 责任部门 | 负责人 | |

说明：后工序工作人员发现前面工序出的问题，总碍于情面，不予追究责任，反而听之任之，习以为常，导致责任得不到落实。要改变懒散、拖沓、粗心、随意的坏习惯，就必须从自身勇于承担责任，敢于追究责任做起。不追究他人责任，自己就要承担责任。所以我们必须见错就纠，否则就要替人背黑锅。这是“横向控制法”的精髓。只有通过横向控制的实施，让我们人人都成为管理者，让管理无处不在。你要成为一个有工作责任心的人，那就一次次的承担责任，一次次反复追究责任。以上稽核点为责任人的工作内容和责任标准；制约人的制约依据。稽核中心重点稽核制约人的横向控制动作。让稽核工作步入“相互稽核”阶段。

《工程资料变更动作控制卡》如表4－49所示：

**表4－49　工程资料变更动作控制卡**

| 工程资料变更作业控制卡 | | | 文件编号 | ××× | 生效日期 | ××× |
|---|---|---|---|---|---|---|
| | | | 文件版本 | A/0 | 页　　码 | 第198页　共297页 |
| 针对问题：工程资料随意变更，造成物料浪费，生产欠料<br>控制要点：规定变更要点，考虑库存，减少随意变更 | | | | | | |
| 序号 | 动作 | 标准 | 责任人 | 使用表单 | 制约 | 责任 |
| 1 | 技术部工程资料变更提报 | 技术部因需求对已下发的BOM资料进行变更，需在2个工作小时内提出书面申请，经技术部经理审核后交PMC | 技术员<br>生产经理 | 《变更申请单》《工程变更通知单》 | 1. PMC部监督技术部资料变更是否有书面申请 | 1. 未进行申请和审核，直接进行工程资料变更的，生产部有权决绝，同时对技术部相关责任人进行5元/次乐捐 |

续表

| | | | | | | |
|---|---|---|---|---|---|---|
| | | 部进行物料排查和生产计划调整 | | | 2. 生产部监督工程资料变更是否有书面工程变更通知单<br>3. 稽核中心不定期进行检查 | 2. 未接到工程变更通知单，生产部进行工艺变更对生产部责任人进行5元/次乐捐 |
| 2 | 其他部门工程资料变更提报 | 1. 其他部门在实际生产中如需要对工程资料进行变更，需已书面的《工程变更申请单》进行提报<br>2. 技术部接到《工程变更申请单》后1个工作日内进行书面回复 | 部门负责人 | 《变更申请单》《工程变更通知单》 | 1. 技术部对工艺执行情况进行监督<br>2. 稽核中心不定期进行检查 | 1. 其他部门未经过工程变更申请而私自变更生产工艺，对相关责任人进行10元/次乐捐<br>2. 技术部未在一个工作日内对其他部门提出的工程变更申请时，对技术部责任人进行5元/次乐捐 |
| 备注：以上各项如有违反，责任人前三次只进行通报批评，第四次按上述责任条款执行。 | | | | | | |
| 批准： | | | 审核： | | | 制订： |
| 会签责任人：××× | | | | | | |

会签区：

# 第 5 章

# 员工激励

考核是对事情做好做坏的评价，是对管理活动检讨和总结的有效依据，是促进改善的动力，可以很好地调动员工的积极性。

事实上，我们看到的是：很多企业数据基础太差，没有办法开展考核工作；很多数据经不起验证，假数据成风；考核目标要求太高，考核任务经常达不成，员工不愿意考核；没有一个有效的数据核实系统，一考就乱，一动真格就跑人；不是调动积极性，而是打击积极性。

那么，如何去突破呢？

第一，不要从一开始就去追求大而全的考核目标，而要从点上的考核开始。一开始考核的目标不要求多，从关键数据开始。比如，当前如果是交期问题多，那么就从订单准交率的考核开始，逐步展开。

第二，先从每天的核心数据统计切入，要重视原始表单的推行。可以说，这是考核的基础，没有这些原始表单的运行，考核将无从抓起。

第三，一定要结合当前的管理重点。如果当前的管理重点是以品质为主，那么产品的合格率就是当前考核推进的重点，这既可以建立品质数据，也有助于品质问题的解决。

第四，先竞赛，后考核；先评比，后目标。通过在员工层面每天统计业绩数据，进行排名竞赛，开展各种劳动比赛，开发员工潜力，让员工知道自己可以做得更好，再在这个基础上来进行考核，员工往往乐意接受。

第五，是帮扶而不是压迫，考核的目的不是去处罚，也不是压迫员工，而是为了让员工达到目标。所以，在这个过程中，管理层更重要的是去帮助员工解决过程中的问题、困难，是通过考核来提升员工的技能，从而达到真正的激励目的。

第六，每天关注员工的进步与考核互动，不要总是盯着最终的结果，要每天关注员工的进步点，要懂得行为和目标互动，考核目标是在这个互动的过程中形成的。

所以，考核要起到真正的员工激励的作用，首先要抓的是表单的运作，它是考核的数据基础，要狠抓表单的建设和运用。其次，过程中一定要注重以天为单位的业绩统计和以周为单位的数据总结。第三，考核一定要有攻关方案的配合，以帮助达成为主，重在员工激励和管理动作的改善。第四，考核要从点入手，一定要结合当前管理重点，把点做透，就能形成真正的员工激励系统。

——摘自欧博企管赵贵忠老师在2017年5月实操大课上的演讲

## 1. 员工激励运作——动作流

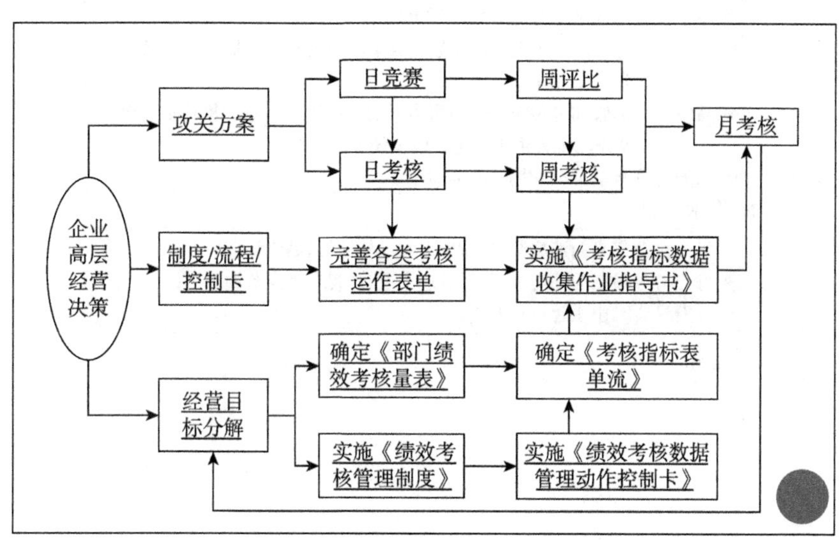


图5-1 员工激励运作——动作流

## 2. 日竞赛

主要针对基层班组、员工，围绕着产量、品质数据来展开进行竞赛、评比的活动，目的是为了调动基层员工的积极性，强调每天的统计、公布、评比，每天兑现，每天宣传，重在每天、及时、公开，以此来调动员工的工作热情。日竞赛要点，以当前的管理重心或是正在进行攻关方案来设定目标，简捷、高频率、快速兑现竞赛结果，用来配合主方案的实施，同时完善数据的基础统计工作。

### 2.1 面漆工序竞赛方案（模板）

■ 竞赛时间：

201X年3月7日～201X年3月31日

■ 评选方法：

◆ 每个油房每天给予基准分数：100分；

◆ 生产分：每个油房每天生产计划达成率，最高到最低依次加6、5、4、3、2、1分；

◆ 品质分：品管和包装对每个油房当天的产品进行检查，每件不良板扣1分，每天由主管进行成绩统计；

◆ 每天得分＝基准分+生产分+品质分。

■ 奖惩办法：

● 每天得分最高的油房奖励：20元/人、悬挂第1名红旗；

● 每天得分最低的油房处罚：5元/人，悬挂黄旗“我要加油”；

● 每天早会时由主管进行发奖。

编制：　　　　审核：　　　　批准：

早会颁奖

**图5-2　早会颁奖**

## 2.2　涂装车间产能提升攻关方案（模板）

**一、背景**

涂装车间半成品积压严重，甚至连201×年11月份的产品还未能生产出来，半成品积压的总产值达到250多万。

**二、目的：**提升涂装车间产能

**三、目标**

第一级日产能目标达到22万；

第二级日产能目标达到25万；

第三级日产能目标达到30万。

**四、攻关时间：**201×年3月7日-3月31日

**五、攻关小组成员**

顾问：欧博老师　　　　总指挥：李××总经理

组长：李××　　　　　副组长：×××、×××

组员：涂装车间全体员工、×××……

**六、职责**

组长：主导整个方案实施动作的落实，总结；

副组长：负责整个实施动作的执行及相关数据的收集；

组员：积极配合组长落实的各项工作。

**七、实施动作**

《涂装车间产能提升攻关方案实施动作》如表5-1所示：

表5－1 涂装车间产能提升攻关方案实施动作

| 序号 | 实施动作 | 责任人 | 完成时间 | 责任 |
|---|---|---|---|---|
| 1 | 订单清理，制订《主生产计划表》，将车间现有积压未生产的产品数量，出货日期重新梳理并制订车间各工序周、日生产计划，日生产计划在每天16：00前下发到涂装车间 | ××× | 3月7日 | 未按时完成实施动作，乐捐2元/天 |
| 2 | 每天下午16：00召开车间领班会议，对底磨组A线与B线及面漆组下达生产任务 | ××× | 每天 | |
| 3 | 划分车间区域，将各种待生产的产品按规定区域存放，并放置标识牌 | ××× | 3月8日 | |
| 4 | 实施车间《工序交接单》《产品标识票》 | 车间各领班 | 每天 | |
| 5 | 实施车间总生产进度看板、工序生产进度看板、面漆组各油房生产进度看板 | 车间领班<br>车间主任 | 3月7日 | |
| 6 | 设立专职油房配送员，根据各油房每日生产任务，将面漆组生产所需要的油漆、架子、半成品准备好并配送到各个油房 | 配送员 | 每天 | |
| 7 | 每天统计车间各工序产能并填写《涂装车间工序生产报表》 | 车间领班 | 每天 | |
| 8 | 研发部根据车间日生产计划提供所有产品的三视图及产品部件分解图（当天提供次日） | ××× | 每天 | |
| 9 | 制作底磨操作动作及喷油的视频教材（新手、老手），并每天组织员工培训30分钟（卢海波负责视频拍摄，张明君负责组织培训） | ××× | 每天 | |
| 10 | 实施竞赛方案：①实施底磨组A、B组产能竞赛；②实施面漆组各油房竞赛 | ××× | 每天 | |
| 11 | 每周一对上周的目标达成情况进行总结（早会） | ××× | 每周一 | |

## 八、制约

本方案在实施过程中由稽核部进行全程检查、监督。

## 九、责任标准

（1）攻关目标产能奖罚办法

《攻关目标产能奖罚办法》如表5－2所示：

表5－2 攻关目标产能奖罚办法

| 基准数 | 日均产值 | 奖励 | | | 日均产值 | 乐捐 | | |
|---|---|---|---|---|---|---|---|---|
| | | 组长 | 副组长 | 组员 | | 组长 | 副组长 | 组员 |
| 人均产值1460元 | ≥22万 | 30元/周 | 30元/周 | 10元/周 | <20万 | 100元/周 | 80元/周 | 10元/周 |
| | ≥25万 | 50元/周 | 50元/周 | 20元/周 | | | | |
| | ≥30万 | 80元/周 | 80元/周 | 30元/周 | | | | |

（2）班组竞赛办法

①底磨组以 A 线与 B 线进行计划达成率竞赛；

②油漆组以各油房为单位进行计划达成率竞赛；

③车间主任每天如实统计底磨组 A 线与 B 线及面漆组各油房的计划达成率数据；

④每天对底磨组及面漆组各油房计划达成率最高的班组进行奖励（10 元/人）及颁发红旗（班组），如达成率都达 100%，则以产值计算，对计划达成率最低的班组颁发黄旗；

⑤奖励金额在每天早会上发放（当天发放前一天），攻关期间底磨组与面漆组的早会统一由车间主任召开；

⑥人力资源部每天必须提前一天准备好奖励金额及锦旗。

**十、本方案解释权归志光家具有限公司所有，从 201×年 3 月 7 日起实施至 3 月 31 日结束，4 月份根据攻关成绩对本方案再行调整。**

**编制：** **审核：** **审批：**

**会签：**

## 2.3 冲压、打磨、产能竞赛方案（模板）

**一、竞赛目的**

（1）激发冲压、打磨各人员的工作热情，形成你追我赶的工作氛围，从而提高生产产量；

（2）对积极向上、勤劳付出的员工给予奖励；

**二、实施时间：** 8 月 23 日——9 月 23 日。

**三、竞赛指标：** 1. 日工资；2. 日冲次；3. 计划达成率。

**四、竞赛方式：** 冲压、打磨竞赛以日竞赛方式进行，以冲压每个员工每天的冲次作为评比基础，最高者为每日的优秀员工，打磨以每个员工的日工资为评比基础，最高者为优秀员工。（以上方案不考虑设备故障、停电、欠料等原因造成停产）。

**五、竞赛动作**

（1）PMC 每天下达次日的冲压、打磨日计划；

（2）各工段长根据日计划，提前写好次日的员工派工单，并于第二日早会上下发给所属员工；

(3) 各工段长根据备料动作控制卡，安排人员备料，并填写欠料表于次日 8：30 分上交给车间主管、PMC，车间主管、PMC 对欠料信息进行跟踪处理；

(4) 冲压工段长根据日计划，于下午 17：30 前写好派模计划，安排装模工提前装好第二日生产所需的模具，做好首件确认，并监督装模工第二日上班前一小时是否装模，如有，则定性为昨晚没有将模具提前装好，可以横向制约；

(5) 员工优先做完昨日剩余产品，然后做派工单上产品，如还有剩余时间，可要求工段长加派任务，不允许私自做货；

(6) 冲压日冲次由车间统计员统计，打磨日工资由 PIE 统计，并于第三日早会上公布；PMC 每天统计冲压、打磨工段计划达成率，并于第二日对单会上公布。

**六、日竞赛奖罚**

(1) 每天冲压日冲次竞赛，打磨日工资竞赛由车间主管（或工段长）在早会上对第一名奖励 10 元，最后一名检讨并做 10 个俯卧撑（女子做上下蹲 10 个）；

(2) 每天冲压、打磨计划达成率由 PMC 统计，在次日的生产对单会上公布，达成率≥90%，奖励工段长与组长各 10 元/天，达成率 <90%，工段长与组长各乐捐 5 元/天。

**七、本方案经总经理审批后于 8 月 23 日正式实施。**

**编制：** **审核：**

## 2.4 钢制车间焊接日计划达成攻关方案（模板）

**一、背景**

五金车间为实木、板式、屏风、椅沙车间的前工序车间，因为五金欠料而导致其他车间上线物料不齐套，从而影响出货和订单准交率；而五金欠料又集中体现在焊接工段生产无序，计划和异常无人统筹处理，导致效率低下。

**二、目的：** 提高车间的生产效率，确保后工序车间物料供应，提升生产产能和计划达成率。

**三、时间：** 7 月 20 日 –8 月 20 日

**四、适应范围：** 钢制车间焊接相关人员

**五、目标：** 1. 焊接的对单计划达成率 90% 以上；2. 焊接人均日工资 130 元以上（星期天人均 100 元）。

## 六、攻关小组成员及其职责

总指挥：×总，负责攻关小组和攻关活动的一切资源支持、决策的确定及监督执行、主持攻关过程中的各种会议；负责整个攻关方案的实施及实施过程中技术和方法上的支持；负责方案中具体动作的实施与推进、数据统计分析；负责攻关过程中各类异常的处理；负责本方案实施中相关事务的处理，员工观念的灌输和沟通，以及其他要求完成的事项。

组长：××，协助总指挥落实攻关过程中的一切行动。

顾问组：欧博老师，负责攻关活动过程一切动作运行、方案的指导

组员：五金经理、×××、……（焊接工人：×××、……），负责落实方案的每一个动作，在方案运作过程中严格按照要求操作，对执行过程中出现的异常及其他事项及时寻求帮助解决；

监督：稽核部，负责整个方案的监督及控制卡中需要监督的事项的及时落实跟进。

## 七、具体工作内容

《钢制车间焊接日计划达成攻关方案具体工作内容》如表 5－3 所示：

**表 5－3　钢制车间焊接日计划达成攻关方案具体工作内容**

| 序号 | 部门 | 主要动作 | 责任人 | 监督人 | 完成时间 | 责任 |
|---|---|---|---|---|---|---|
| 1 | PMC | 中心同步总计划：以实木车间完工时间为参考时间点，制定实木、屏风、板式、椅沙等后工序的同步完成《生产主计划》 | ××× | ××× | 每天 | 未完成者 5 元/次 |
| 2 | PMC | 五金主计划：根据后工序的《生产主计划》制定《钢制车间生产需求主计划》，明确打磨和喷涂的交货时间节点 | ××× | ××× | 每天 | 未完成者 5 元/次 |
| 3 | PMC | 工段日计划：制定《钢制生产三天冷冻滚动日计划》，明确钢制车间开料、钻孔、折弯、焊接、打磨、喷涂的完工时间 | ×××/××× | ××× | 每天 | 未完成者 5 元/次 |
| 4 | PMC | 对单承诺：每天 14：10 进行生产内部对单，并对前一天承诺的生产任务进行考核 | ×××/××× | ××× | 每天 | 未完成者 5 元/次 |
| 5 | 钢制车间 | 明确交接：制定并推行《工序交接动作控制卡》，明确各工序的交接数量和时间 | 各物料员、工段长 | ××× | 每天 | 未完成者 5 元/次 |
| 6 | 钢制车间 | 保配套生产：计划内的产品，如有品质和尾数问题，优先解决后才可生产后续订单 | 焊接工段长 | ××× | 每天 | 未完成者 5 元/次 |
| 7 | PMC | 冷冻计划：每天后工序车间紧急物料，不能当天处理，只能在第二天（或）以后处理，控制插单 | ×××/××× | ××× | 发生时 | 未完成者 5 元/次 |

续表

| 序号 | 部门 | 主要动作 | 责任人 | 监督人 | 完成时间 | 责任 |
|---|---|---|---|---|---|---|
| 8 | 生产部 | 异常及时反馈处理：生产过程中出现异常情况影响到当天进度的，按《生产异常反馈管理规定》，快速处理生产异常 | 各主管/工段长/组长 | ××× | 发生时 | 按《生产异常反馈管理规定》 |
| 9 | 钢制车间 | 订单排查：推行备料和排查动作，对上线物料进行数量、品质和模具排查，并提前在一小时将要生产的物料备到工序 | 各物料员、工段长 | ××× | 每天 | 未完成者5元/次 |
| 10 | 钢制车间 | 强制计划执行：对焊接工序施行个人生产派工，明确各操作员的计划任务，对计划外生产的作业员实行处理 | 焊接工段长 | ××× | 每天 | 未完成者5元/次 |
| 11 | 钢制车间 | 熟手人员保障：通过熟手介绍或者人力资源中心协助招工，补充焊接缺编人员 | X总/X总 | ××× | 攻关开始10日内 | 未完成者5元/天 |
| 12 | 钢制车间 | 普工支援：为各焊工配备助手，协助焊工完成每天的生产任务 | X总/车间主管 | ××× | 攻关开始10日内 | 未完成者5元/天 |
| 13 | 钢制车间 | 整合焊工资源：一、二楼焊工统一管理，互相协助完成每天的生产任务 | 车间主管 | ××× | 每天 | 未完成者5元/次 |
| 14 | 品质部 | 品质保障：焊接的每款产品都要进行首件确认，合格后才能进行批量生产。生产过程中品管要时时跟进检查，发现问题，立即纠正，避免大批量返工 | 品管员 | ××× | 每天 | 未完成者5元/次 |
| 15 | 钢制车间 | 6S整理：段长和车间主管每小时检查工作区域和台面的摆放和标示，方便作业顺畅进行 | 车间主管/工段长 | ××× | 每天 | 未进行检查5元/次 |
| 16 | 钢制车间/PMC/计件组 | 产时工资统计：各工段长每天按时真实地提报生产报表，计件统计文员每天统计各焊接作业员的日工资，PMC每天统计计划达成率和欠料次数 | 各工段长/生产文员/PMC | ××× | 每天 | 未完成者5元/次 |
| 17 | PIE | 完善机台计划：制订焊接机械手计件单价，激发员工的工作积极性 | ××× | ××× | 攻关开始后2天 | 未完成者5元/天 |
| 18 | 钢制车间 | 机器手焊接优先原则：凡是产品有机器手操作夹具的优先给机器手焊接，夹具的增加制作由生产主管提出申请并跟进 | 焊接组长/工段长 | ××× | 攻关开始后2天 | 未完成者5元/次 |
| 19 | 稽核办 | 督办执行：对攻关方案的实施进行专项稽核 | ××× | ××× | 每天 | 未完成者5元/次 |

**八、奖励方案：**制订超产奖，激发作业员的工作积极性

《钢制车间焊接日计划达成攻关奖励方案》如表5-4所示：

**表5-4 钢制车间焊接日计划达成攻关奖励方案**

| 考核项目 | 考核周期 | 指标 | 正激励（达标） | 负激励（未达标） |
| --- | --- | --- | --- | --- |
| 焊接计划达成率90%以上 | 一期：7月20日至30日<br>二期：8月1日至10日<br>三期：8月11日至20日 | 85% | 90%~95%，奖励组长100元/人（10天1次）<br>95%~99%，奖励组长150元/人（10天1次）<br>99%以上，奖励组长200元/人（10天1次） | 组长乐捐20元，组员各乐捐10元 |
| 焊接作业员日平均工资130元以上（9人） | 7月20日至8月20日 | 元/日/人 | 增长15%/每人奖20元次日发放<br>增长10%每人奖15元次日发放<br>增长5%每人奖10元次日发放 | 组长乐捐20元，组员各乐捐10元 |

拟制：　　　　批准：　　　　相关责任人：

# 3. 日考核

主要针对职员级，围绕着现阶段的管理重点进行考核，比如以交期为主的订单准交率的考核，以物料为主的采购准交率的考核，以产量为主的日产值达标率的考核等，其目的是为了更好地达成现阶段的管理目标，同时也是完善关键指标数据的基础统计工作。日考核要点，以当前最急需解决的管理问题来设定考核目标，每天统计，每天考核，每天兑现，强调简捷、高频率、快速兑现考核结果。

## 3.1 订单准交率考核方案（模板）

**考核目的：**通过订单准交率的考核，衡量生管中心对订单进度的管控状况和对生产计划的落实情况，促进公司整体生产管控协调能力的提高。

**考核原则：**

1. 以部门为考核单位；2. 每日进行考核；3. 考核对象为生管中心全体（PC、MC及主管、总监）。

**考核标准：**

**一、依订单评审之交期来判定**

《订单交期评审表》如表5-5所示：

**表5-5 订单交期评审表**

| 序号 | 订单准交达成 | 奖罚标准 |
|---|---|---|
| 1 | ≥95% | 奖励150元 |
| 2 | 90%~94% | 奖励100元 |
| 3 | 85%~89% | 乐捐2元/人 |
| 4 | 80%~84% | 乐捐5元/人 |
| 5 | <80% | 乐捐10元/人 |

**二、数据收集方式**

（1）每天上午12：00前由销售管理中心跟单员收集订单准交数据，用邮件和RTX的形式通报给各车间主管、经理、生管中心全员和稽核部；

（2）稽核部对每天的订单准交情况进行稽核检查。

**三、奖罚执行方式**

（1）每天下午17：00在生产协调会上进行通报和现场开单进行奖罚；

（2）如各PC员不能按照考核指标达成考核，则在当天下午13：30部门内部对单会上对不准交的订单进行检讨分析，属于PMC内部疏忽造成不能准交的，按照5元/项进行乐捐处罚；

（3）本考核方案每月定期更新，先试行一星期，无异常后，正式执行。

**会签：** **批准：**

## 3.2 工单结案率提升攻关方案（模板）

**×××有限公司**

**工单结案率提升攻关方案**

**一、目的**

（1）为有效改善车间目前生产存在的问题，如生产计划未按时、按量完成、品质异常频繁，减少工单在制天数，降低库存物料积压，提升工单结案率；

（2）导入计划及排查模式，建立完善的数据化管理，以支持PMC、生产车间、销售部的信息准确及时流通，提高各相关部门工作效率。

**二、适用范围：**生产中心各车间

**三、实施时间：**本方案实施日期从10月29日-12月1日

**四、攻关小组组织**

总指挥：×××　　总督查：×××　　组　长：×××

指导老师：欧博项目组　　组　员：×××、……

**五、攻关背景**

（1）目前存在的问题

①生管中心

A. 每个工单数量大（一周的生产任务），要求结案时间随意；

②仓库

A. 当天完成的产品没有当天入库，导致销售中心无法出货；

B. 按工单而没有按日计划进行备料；

③车间

A. 车间对工单清尾物料状况不清楚，补料次数频繁；

B. 工单要求数量完成，剩余FOG，不能快速处理入库，影响结案；

④品质中心

A. 来料不良影响生产，导致工单结案率低；

B. 制成管控失控，前工序不良品流入后工序，经常要返工。

（2）多种因素，导致目前工单结案率低

《工单结案率统计》如表5-6所示：

**表5-6　工单结案率统计**

| 日期 | 10.14 | 10.15 | 10.16 | 10.17 | 10.18 | 10.19 | 10.20 | 10.21 | 10.22 | 10.23 | 10.24 | 平均 |
|---|---|---|---|---|---|---|---|---|---|---|---|---|
| 结案率 | 11.7% | 4.3% | 0.9% | 12.7% | 12.7% | 周日 | 6.7% | 13.3% | 0% | 3.9% | 29.7% | 9.59% |

《目前工单结案统计》如表5-7所示：

**表5-7　目前工单结案统计**

| 类别 | 楼层 | 6月 | 7月 | 8月 | 9月 |
|---|---|---|---|---|---|
| 工单结案率 | C3 | 23.7% | 26.2% | 60.8% | 59.2% |
| | C4/D1 | 102.9% | 102.9% | 145.8% | 81.4% |
| | C5 | 69.0% | 111.0% | 111.1% | 58.2% |
| | D2 | 96.2% | 108.7% | 127.3% | 90.4% |
| | B4B5 | 39.1% | 77.6% | 128.8% | 81.8% |
| | D3 | 51.3% | 67.8% | 102.6% | 41.7% |

统计方式，以9月份为例：

《9月工单结案统计方式》如表5－8所示：

**表5－8　9月工单结案统计方式**

<table>
<tr><th>楼层</th><th>产品</th><th>线体</th><th>标准</th><th>实际</th><th>合格率</th></tr>
<tr><td>C5</td><td>FOG</td><td>8</td><td>40</td><td>68</td><td>58.82%</td></tr>
<tr><td>C4</td><td>FOG</td><td>5</td><td rowspan="2">35</td><td rowspan="2">43</td><td rowspan="2">81.40%</td></tr>
<tr><td>D1</td><td>FOG</td><td>2</td></tr>
<tr><td rowspan="2">C3</td><td>背光</td><td>5</td><td rowspan="2">45</td><td rowspan="2">76</td><td rowspan="2">59.21%</td></tr>
<tr><td>模组</td><td>4</td></tr>
<tr><td rowspan="2">D3</td><td>背光</td><td>4</td><td rowspan="2">40</td><td rowspan="2">96</td><td rowspan="2">41.67%</td></tr>
<tr><td>模组</td><td>4</td></tr>
<tr><td rowspan="2">B5</td><td>背光</td><td>3</td><td rowspan="4">45</td><td rowspan="4">55</td><td rowspan="4">81.82%</td></tr>
<tr><td>模组</td><td>2</td></tr>
<tr><td rowspan="2">B4</td><td>BL＋LCM</td><td>1</td></tr>
<tr><td>TP</td><td>3</td></tr>
<tr><td rowspan="2">D2</td><td>FOG</td><td>3</td><td rowspan="2">47</td><td rowspan="2">52</td><td rowspan="2">90.38%</td></tr>
<tr><td>BL＋LCM</td><td>6</td></tr>
<tr><td colspan="2">合计</td><td>50</td><td>252</td><td>390</td><td>64.62%</td></tr>
</table>

原来的工单结案率公式：拉线数量×5/实际未结案工单数×100%

**六、攻关目标**

攻关第一阶段（10月30日－11月8日）工单结案率≥70%；

攻关第二阶段（11月9日－11月19日）工单结案率≥80%；

攻关第三阶段（11月20日－12月1日）工单结案率≥90%。

**七、攻关期间结案率公式**

规定时间实际完成工单数/规定时间应该完成工单数×100%（须同时满足工单规定的数量及物料退仓入库）

**八、攻关动作**

《工单结案率提升攻关方案动作》如表5－9所示：

**表5-9 工单结案率提升攻关方案动作**

| 序号 | 项目 | 攻关动作 | 完成时间 | 负责人 | 监督人 | 完成体现 | 责任 |
|---|---|---|---|---|---|---|---|
| 1 | 数据传递 | 每天上午10：30分前点前由计划员将前一天工单未达成的明细和原因及当天要结案工单的明细，以腾讯通的方式发送到各车间及欧博项目组 | 每天 | 各计划员 | ××× | 电子档资料发送到车间及项目组 | 未完成乐捐10元/天 |
| 2 | | 《工单生成动作控制卡》正式实施 | 11月22日 | ××× | ××× | 工单生成动作控制卡 | 未完成乐捐10元/天 |
| 3 | 计划模式的导入 | 《订单交货主计划跟新动作控制卡》正式实施 | 11月24日起 | ××× | ××× | 《订单交货主计划跟新动作控制卡》 | 未完成乐捐10元/天 |
| 4 | | 《楼层主计划更新动作控制卡》正式实施 | 11月24日起 | ××× | ××× | 《楼层主计划更新动作控制卡》 | 未完成乐捐10元/天 |
| 5 | 排查备料模式导入 | 生管中心每天组织PC、MC、采购员对后10天生产计划的物料进行滚动排查 | 每天 | ××× | ××× | 物料排查会 | 未按要求执行乐捐10元/次 |
| 6 | | 线边仓接到生管中心的日计划后，严格按日计划规定的数量进行备料发料（严控五大件：玻璃、IC、偏光片、背光材料、FPC） | 每天 | 线边仓仓管员 | ××× | 按日计划备料 | 未按要求备料发料，乐捐2元/项 |
| 7 | | 线边仓根据生管中心的三日滚动计划，进行账面排查，将后两天的欠料信息以《欠料表》的形式每天下午17：00前反馈到生管中心 | 每天 | 线边仓仓管员MC | 各PC | 《欠料表》 | 未按要求执行，乐捐10元/次 |
| 8 | 日计划下达 | 《生产日计划下达动作控制卡》正式实施 | 11月22日 | ××× | ××× | 《生产日计划下达动作控制卡》 | 未按要求执行，乐捐10元/次 |
| 9 | | 生管中心计划员每天上午10：00点、下午16：00到车间拉线跟进当天的生产计划 | 每天 | 楼层PC | ××× | 楼层PC在日计划表填写拉线实际产量 | 未按要求执行，乐捐10元/次 |
| 10 | | 生管中心每天下午16：30分将签名版的清尾日计划下发到车间 | 每天 | ××× | ××× | 清尾日计划 | 未按要求执行，乐捐10元/次 |

续表

| 序号 | 项目 | 攻关动作 | 完成时间 | 负责人 | 监督人 | 完成体现 | 责任 |
|---|---|---|---|---|---|---|---|
| 11 | 生产异常处理机制 | 每天下午17：00生产协调会上，由生管中心通报前一天各车间的工单结案率，低于70%，由车间经理进行检讨并拿出改善动作 | 每天 | ××× | ××× | 每天召开生产协调会 | 未按要求执行，乐捐10元/次 |
| 12 | | 《生产异常处理作业动作控制卡》正式实施 | 11月20日起 | 相关责任人 | ××× | 《生产异常处理作业动作控制卡》 | 未按要求执行，乐捐10元/次 |
| 13 | 现场管理 | 前段和后段之间的在制品交接必须点数签名确认 | 每天 | 各拉线组长 | 各车间主管楼层计划员 | 《工序交接表》签名 | 未按要求执行，乐捐10元/次 |
| 14 | | 现场管理看板，组长两小时进行更新一次 | 每天 | 各拉线组长 | 楼层PC | 生产看板 | 未按要求执行，乐捐10元/次 |
| 15 | 退补料 | 每天早上9点前，物料组必须将前一天车间退补料的清单明细给到生管中心 | 每天 | 仓管员 | 楼层MC | 退补料清单 | 未按要求执行，乐捐10元/次 |
| 16 | | 售后返修补料及正单补料，必须经生管中心MC签名确认 | 每天 | | 楼层MC | 补料单 | 未按要求执行，乐捐10元/次 |
| 17 | 据管理 | 拉线组长每2小时清理一次现场需返修的产品，并退到相关责任单位，相关责任单位要在承诺时间完成并返还 | 每天 | 组长 | 车间主管 | | 未按要求执行，乐捐10元/次 |
| 18 | | 当天完成并入库的工单，必须在当天输入系统 | 每天 | 仓库文员 | ××× | 当天入完账 | 未按要求执行，乐捐10元/次 |
| 19 | 总结 | 每两周由生管中心召集攻关小组成员召开阶段总结会（会议具体时间由生管中心提前通知） | 每两周 | ××× | ××× | 阶段总结会 | 未按要求执行，乐捐10元/次 |

## 七、奖惩标准

《工单结案率提升攻关方案奖惩标准》如表5－10所示：

表5-10　工单结案率提升攻关方案奖惩标准

| 目标值 | 生产中心各车间 | | 物料组 | | 攻关小组成员 | |
|---|---|---|---|---|---|---|
| | 达成奖励 | 未达成乐捐 | 达成奖励 | 未达成乐捐 | 达成奖励 | 未达成乐捐 |
| ≥70% | 200元 | 20元 | 200元 | 20元 | 200元 | 10元/人 |
| ≥80% | 300元 | 30元 | 300元 | 30元 | 300元 | 15元/人 |
| ≥90% | 400元 | 40元 | 400元 | 40元 | 400元 | 20元/人 |

（1）生产中心各车间包括：C3、C5、D2、D3、B5、D1/C4、贴片车间；

（2）每两周制定出下阶段目标，若目标未达成，攻关小组成员检讨原因，并进行改善；

（3）未按生管中心要求时间完成工单结案：

①生产车间造成未结案：每张工单拉线组长乐捐3元/单、车间主管乐捐2元/单、车间经理乐捐1元/单；

②生管中心（包括PMC及线边仓）造成未结案：每张工单线边仓组长/PC/MC乐捐3元/单、主管乐捐2元/单、总监乐捐1元/单。

（4）稽核对上述动作进行跟进，未按要求进行作业的，对责任人处罚；多次稽核仍不按要求执行的，交总经理进行处理。

制定：　　　　　　　　审核：　　　　　　　　审批：

会签栏：

## 4. 周评比

主要以基层班组为单位，围绕着产量、品质数据来展开进行竞赛、评比的活动，目的是为了调动基层干部及员工的积极性，强调每天统计、每天公布、每周评比，每周兑现，每周宣传，重在每周进行，以此来调动基层干部及员工的工作热情。周评比要点，以当前的管理重心或是正在进行攻关方案来设定目标，简捷、高频率、快速兑现评比结果，用来配合主方案的实施，同时完善数据的基础统计工作。

## 4.1 劳动竞赛方案 – 电池组装线（模板）

**劳动竞赛活动方案（模板）**

（电池组装线）

（从20××年2月12日开始试行）

**一、活动目的**

增强员工劳动积极性，增加工作的趣味性，提高生产效率及产品质量，提升企业凝聚力。

**二、活动时间**：从20××年2月12日开始实施。

**三、活动组织**

（1）劳动竞赛领导小组

组长：××× 成员：×××、……

领导小组职责：

①负责制定、修订劳动竞赛规则；

②组织劳动竞赛的有序进行；

③保证劳动竞赛的顺利开展；

④坚持公平、公正的比赛原则。

（2）劳动竞赛监查小组

组长：刘维达 成员：胡开亮

监查小组的职责：

①监督整个活动的公平、公正的运行；

②处理员工投诉事项，追究相关责任；

③ 核查竞赛成绩，发放专项奖。

（3）其他组织

A. 人力资源部准备锦旗

①“劳动竞赛周冠军”锦旗一面，“劳动竞赛月冠军”锦旗一面；

②“我们需努力”黄旗一面；

B. 生产部准备劳动竞赛PK看板

**四、竞赛方案**

（1）参赛单位

①周评比：组装1线、组装2线、组装3线

②月评比：组装1线、组装2线、组装3线

（2）比赛项目

①人均小时产值目标达成率：实际人均小时产量/目标人均小时产量×100%

②周得分=人均小时产量目标达成率周平均值×100

③月得分=周得分平均值

（3）奖项设立

数据：每天统计、每天公布；

锦旗、奖金：每周三发放一次。

《劳动竞赛活动奖项设立》如表5-11所示：

**表5-11　劳动竞赛活动奖项设立**

| 评选单位 | 锦旗、奖杯 | 预算 | 奖金 |
|---|---|---|---|
| 周第一名 | 颁发“劳动竞赛周冠军”锦旗 | 1400元/月 | 发放绩效奖金1000元/组 |
| 周第二名 | / | | 发放绩效奖金800元/组 |
| 周第三名 | 颁发“我们需努力”黄旗 | | 发放绩效奖金500元/组 |
| 破记录奖 | 每个新记录创造者 | | 每次奖励10元/人，拉长50元 |
| 月冠军一名 | 颁发“劳动竞赛月冠军”锦旗，悬挂一个月 | | / |
| 注：<br>1. 此绩效奖金取代以前每日员工绩效奖金，每周现金发放<br>2. 每周线组最后一名，如能达到目标产能的90%，可免于悬挂黄旗 | | | |

编制：　　　　　　　　审核：　　　　　　　　批准：

## 4.2　组装线产能目标及看板

《“组装之星”劳动竞赛看板》如表5-12所示：

## 4.3　组装线生产日报表

《组装线生产日报表》如表5-13所示：

**表 5－12　“组装之星”劳动竞赛看板**

| 段别 | 组别 | 拉长 | 月星级 | 周星级 | 上月 | 本月<br>第 1 周 | 本月<br>第 2 周 | 本月<br>第 3 周 | 周一<br>月　日 | 周二<br>月　日 | 周三<br>月　日 | 周四<br>月　日 | 周五<br>月　日 | 周六<br>月　日 | 周日<br>月　日 | 备注 |
|---|---|---|---|---|---|---|---|---|---|---|---|---|---|---|---|---|
| | | | | | 达成率 | 达成率 | 达成率 | 达成率 | 达成率 | 达成率 | 达成率 | 达成率 | 达成率 | 达成率 | 达成率 | |
| 组装 | 1 线 | 照片 | | | | | | | | | | | | | | |
| 组装 | 2 线 | 照片 | | | | | | | | | | | | | | |
| 组装 | 3 线 | 照片 | | | | | | | | | | | | | | |
| | 合计 | | | | | | | | | | | | | | | |

1. 各线组每日上午 9：00 前提报《生产日报表》给车间文员，由车间文员核实后进行计算，不及时提报拉长乐捐 5 元/次，提报数据不准确，乐捐 10 元/次

2. 本看板每日上午 10：00 前由车间文员进行更新，延迟乐捐 2 元/次

**表 5－13　组装线生产日报表**

线组：　　　　　　　　　　　　　　　日期：　　年　　月　　日　　　　　　　　　　　　　　№：

<table>
<tr><th rowspan="2">序号</th><th rowspan="2">生产单号</th><th rowspan="2">产品型号</th><th rowspan="2">总计划数</th><th colspan="3">本日完成数量</th><th rowspan="2">作业人数</th><th colspan="3">本日作业时间</th><th rowspan="2">累计已完成数量</th><th rowspan="2">备注</th></tr>
<tr><th>良品</th><th>不良品</th><th>合计</th><th>开始</th><th>完成</th><th>合计</th></tr>
<tr><td>1</td><td></td><td></td><td></td><td></td><td></td><td></td><td></td><td></td><td></td><td></td><td></td><td></td></tr>
<tr><td>2</td><td></td><td></td><td></td><td></td><td></td><td></td><td></td><td></td><td></td><td></td><td></td><td></td></tr>
<tr><td>3</td><td></td><td></td><td></td><td></td><td></td><td></td><td></td><td></td><td></td><td></td><td></td><td></td></tr>
<tr><td>4</td><td></td><td></td><td></td><td></td><td></td><td></td><td></td><td></td><td></td><td></td><td></td><td></td></tr>
<tr><td>5</td><td></td><td></td><td></td><td></td><td></td><td></td><td></td><td></td><td></td><td></td><td></td><td></td></tr>
<tr><td>6</td><td></td><td></td><td></td><td></td><td></td><td></td><td></td><td></td><td></td><td></td><td></td><td></td></tr>
<tr><td>7</td><td></td><td></td><td></td><td></td><td></td><td></td><td></td><td></td><td></td><td></td><td></td><td></td></tr>
<tr><td>8</td><td></td><td></td><td></td><td></td><td></td><td></td><td></td><td></td><td></td><td></td><td></td><td></td></tr>
<tr><td>9</td><td></td><td></td><td></td><td></td><td></td><td></td><td></td><td></td><td></td><td></td><td></td><td></td></tr>
<tr><td>10</td><td></td><td></td><td></td><td></td><td></td><td></td><td></td><td></td><td></td><td></td><td></td><td></td></tr>
<tr><td>11</td><td></td><td></td><td></td><td></td><td></td><td></td><td></td><td></td><td></td><td></td><td></td><td></td></tr>
<tr><td>……</td><td></td><td></td><td></td><td></td><td></td><td></td><td></td><td></td><td></td><td></td><td></td><td></td></tr>
<tr><td>25</td><td></td><td></td><td></td><td></td><td></td><td></td><td></td><td></td><td></td><td></td><td></td><td></td></tr>
<tr><td colspan="2">日产量：</td><td colspan="3"></td><td colspan="2">日总工时：</td><td colspan="2"></td><td colspan="2">日小时产量：</td><td colspan="2"></td></tr>
<tr><td rowspan="4">非作业时间</td><td>生产单号</td><td>停顿原因</td><td>停顿时间</td><td colspan="4">处理对策</td><td rowspan="4">考勤情况</td><td>总人数</td><td colspan="3"></td></tr>
<tr><td></td><td></td><td></td><td colspan="4"></td><td colspan="4">异动情况</td></tr>
<tr><td></td><td></td><td></td><td colspan="4"></td><td colspan="2">请假/旷工</td><td>调出</td><td>调入</td></tr>
<tr><td></td><td></td><td></td><td colspan="4"></td><td colspan="2"></td><td></td><td></td></tr>
<tr><td>备注</td><td colspan="12">1. 停顿原因：A. 缺料；B. 机故；C. 订单不足；D. 人员不足；E. 其他（请说明）</td></tr>
</table>

审核：　　　　　　　　编制：

## 4.4 订单准交率提升攻关方案（模板）

### 一、目的

为解决目前订单出货交期延误问题，特制定本订单准交方案，并通过此方案逐步建立 PMC 运作模式，先在电池组实施攻关，完成后延伸到电源组。

### 二、攻关小组成员分配

总调度：×总　　组长：×××　　指导：欧博老师

攻关小组成员分配与职责如表 5－14 所示：

**表 5－14　攻关小组成员分配与职责**

| 组别 | 人员分配 | 相关职责 |
| --- | --- | --- |
| 计划组 | 组长：××× | 召开订单准交率提升攻关会议，制定主生产计划 |
| | 组员：×××，… | 编制《三日滚动生产计划》排程，并跟进《生产日计划》及《出货计划》 |
| 物料组 | 组员：××× | 负责具体物料的跟进、备料、异常问题的具体事务协调处理 |
| 生产组 | 组员：×××，… | 负责主导实施完成生产计划，生产过程异常协调 |
| 稽核组 | ××× | 负责全程稽核检查 |

### 三、攻关时间

201×年 3 月 4 日 － 201×年 3 月 31 日

### 四、作战方案

《订单准交率提升作战方案》如表 5－15 所示：

**表 5－15　订单准交率提升作战方案**

| 项次 | 攻关事项 | 责任人 | 监督人 | 完成体现 | 形成固化动作 | 责任 |
| --- | --- | --- | --- | --- | --- | --- |
| 1 | 生产部各工序（SMT、测试加工、组装、包装）提报所有已下达生产计划未完成的明细表，细分到每个订单每款产品 | ×××<br>各拉长 | ×××<br>欧博老师 | 未完成计划前段明细 | 每天 9 点半前《生产日报表》电子档的提报 | 每项按时完成，责任人奖 10 元，未按时完成罚 5 元 |
| 2 | PC 根据生产部提报的未完成计划单结合目前所有订单情况制定出订单交期分解表和生产主计划 | ××× | ×××<br>欧博老师 | 《订单交期分解表》《生产主计划表》 | 当有新订单进入时及时更新 | |

续表

| 项次 | 攻关事项 | 责任人 | 监督人 | 完成体现 | 形成固化动作 | 责任 |
|---|---|---|---|---|---|---|
| 3 | MC与PC同步根据主计划进行产前排查 | ××× | ×××<br>欧博老师 | 《生产主计划表》<br>排查情况 | 当有新订单进入时及时更新 | 每项按时完成奖责任人10元，未按时完成罚5元 |
| 4 | 建立三日滚动计划<br>每天15点前制定明天（冷冻计划）和18点前（后两日半冷冻计划）前分发给相关部门（纸档和电子档） | ××× | ×××<br>欧博老师 | 三日滚动日计划 | 三日滚动日计划的实施（生产计划下达控制卡） | |
| 5 | 实物备料、报欠<br>原料仓根据两日滚动计划备料，每天下班前完成每二天冷冻日计划的备料及第三天的报欠 | ×××、仓管员 | ××× | 备料欠料明细表（欠料每天10点前发出） | 备料动作控制卡的实施 | |
| 6 | 生产进度的跟进，生产看板的填写 | ××× | ×××<br>欧博老师 | 生产看板 | 生产看板管理控制卡的实施 | |
| 7 | 出货对单会<br>每天下午11点、17点由业务跟单、PMC和生产部根据未来两日滚动出货计划排查生产进度状况 | ×××、<br>××× | ×××<br>欧博老师 | 两日滚动出货计划排查表 | 出货对单会动作控制卡的实施 | |
| 8 | 工序交接、清尾计划<br>每道工序生产完成后及时交接，当天未完成的形成第二日的清尾计划（由生产主管与跟单一起制定） | ×××、各线长 | ×××<br>欧博老师 | 工序交接明细、清尾日计划 | 清尾动作控制卡的实施 | |
| 9 | 第一次生产协调会议的召开<br>（暂时不开，召开另行通知） | ××× | 欧博老师 | 会议记录 | 生产协调会动作控制卡的实施 | |
| 10 | 召开第一次分段总结会 | ××× | 欧博老师 | 会议记录 | / | |
| 11 | 订单准交率提升方案的总结 | ××× | 欧博老师 | 会议记录 | / | |

以上奖罚动作从3月4日起实施持续一周，需固化的动作需形成动作控制卡，由各项的责任人在3月17日第一次总结会前完成研讨，未完成责任人乐捐20元/项。

## 五、激励制度

《激励制度》如表5-16所示：

表 5 –16　激励制度

| 项次 / 周别 | 订单准交率 | 备料及时率 |
| --- | --- | --- |
| 第 1 周 | 60% | 95% |
| 第 2 周 | 70% | 95% |
| 第 3 周 | 80% | 98% |
| 第 4 周 | 85% | 98% |

①订单准交率目标达成，每周组长奖 100 元，组员奖 50 元/人，未达成组长乐捐 50 元，组员乐捐 25 元/人。

②备料及时率目标达成，每周仓库主管奖 100 元，仓管奖 50 元/人，未达成主管乐捐 50 元，拉长乐捐 25 元/人。

**备注：**

①稽核部根据《稽核检查表》进行稽核总结，每周汇总形成稽核战报及案例分析并召开案例分析会。

②对各部门工作达成情况进行公布。

**审批：**　　　　**编制：**　　　　**会签：**

## 5. 周考核

主要针对整个部门，围绕着现阶段的管理重点进行考核，比如产能提升攻关方案中的计划达成率的周考核、品质提升攻关方案中的产品合格率的周考核等，以此来为攻关方案中的核心指标或是当前重点管理目标的达成服务，同时也是为了有效调动员工的积极性。周考核要点，以当前最紧急需解决的管理问题或是攻关方案中的核心指标来设定考核目标，每天统计，每周考核，每周兑现，强调简捷、高频率、快速兑现考核结果，同时完善数据的基础统计工作。

### 5.1　周考核：OQC 良率评比考核方案（模板）

**一、目的**

为了提高 OQC 良率降低返工损耗提升品质，节约成本。

**二、适用范围**

生产所有LCM后工段+LCM TP贴合电测和外观岗位。

**三、试行时间**

本方案20××年5月8日起实行，每月更新。

**四、考核指标计算公式**

（每周）OQC（DPPM）=（OQC抽检不良数量÷生产送检抽检数量）×1000000

**五、数据统计总结**

（1）OQC检验员每天把抽检相关数据汇总在《OQC抽检日报表》上；

（2）每天各楼层车间品质组长在第二天10点之前根据《OQC抽检日报表》结果并发送给到当车间的生产主管、稽核部、生产、品质相关领导；

（3）每天品质统计员根据品质组长提供的数据对生产各拉线DPPM进行汇总至《OQC良率DPPM统计明细表》，并于每天17点前对其进行汇总排名发送至攻关群组、项目组，稽核部由稽核部每天在各个公告栏进行公示通报；

（4）每周二晚上在班组培训例会上对上周的DPPM排名进行公布，对优秀班组进行颁发优秀班组奖，由生产总监向优秀班组长进行颁奖并由优秀班组长进行发言；

（5）每月第一个星期二的上午12点以前品质文员根据《OQC良率DPPM统计明细表》数据进行排名提取本月OQC良率DPPM最好的班组给到稽核部，在晚上培训例会上由品质总监向成绩最好的班组长颁发奖励优秀班组团队奖并由优秀班组代表进行发言；

（6）如发现数据作假给予责任人实施200元乐捐/次并进行全厂通报；

（7）以上动作执行不到位乐捐10元/次。

**六、奖罚激励标准**

《奖罚激励标准》如表5－17所示：

**表5－17　奖罚激励标准**

| 指标名称 | 考核指标 | 考核奖励（班组长） | 数据统计单位 | 数据来源 |
|---|---|---|---|---|
| OQC（周DPPM） | DPPM＜5000（奖励） | 50元 | 品管中心 | 《OQC抽检日报表》《OQC DPPM统计表》 |
| | 5500≤DPPM＜8000 | 不奖不罚 | 品管中心 | |
| | DPPM≥8000（乐捐） | 20元 | 品管中心 | |
| 月平均DPPM | DPPM＜5000（奖励） | 优秀团队班组奖500元 | | |

编制：×××　　　　审核：　　　　批准：

## 5.2 OQC 良率 DPPM 统计表

《OQC 良率 DPPM 统计表》如表 5－18 所示：

**表 5－18 OQC 良率 DPPM 统计表**

| 线别 | 1 | 2 | 3 | … | 23 | 24 | 25 | 26 | 27 | 28 | 29 | 30 | 31 | W1 | W2 | W3 | W4 | W5 | 合计 | 平均值 |
|---|---|---|---|---|---|---|---|---|---|---|---|---|---|---|---|---|---|---|---|---|
| | | | | | | | | | | | | | | 0 | 0 | 0 | 0 | 0 | 0 | |
| | | | | | | | | | | | | | | 0 | 0 | 0 | 0 | 0 | 0 | |
| | | | | | | | | | | | | | | 0 | 0 | 0 | 0 | 0 | 0 | |
| | | | | | | | | | | | | | | 0 | 0 | 0 | 0 | 0 | 0 | |
| | | | | | | | | | | | | | | 0 | 0 | 0 | 0 | 0 | 0 | |
| | | | | | | | | | | | | | | 0 | 0 | 0 | 0 | 0 | 0 | |
| | | | | | | | | | | | | | | 0 | 0 | 0 | 0 | 0 | 0 | |
| | | | | | | | | | | | | | | 0 | 0 | 0 | 0 | 0 | 0 | |
| | | | | | | | | | | | | | | 0 | 0 | 0 | 0 | 0 | 0 | |
| | | | | | | | | | | | | | | 0 | 0 | 0 | 0 | 0 | 0 | |
| | | | | | | | | | | | | | | 0 | 0 | 0 | 0 | 0 | 0 | |
| | | | | | | | | | | | | | | 0 | 0 | 0 | 0 | 0 | 0 | |

## 5.3 OQC 抽检批合格率日报表

《OQC 抽检批合格率日报表》如表 5－19 所示：

**表 5 - 19　OQC 抽检批合格率日报表**

| 车间 | 拉线 | 11 月 1 日 | | | 11 月 23 日 | | | 11 月 24 日 | | | 11 月 30 日 | | |
|---|---|---|---|---|---|---|---|---|---|---|---|---|---|
| | | 抽检批数 | 抽检合格批数 | OQC 抽检批合格率 | 抽检批数 | 抽检合格批数 | OQC 抽检批合格率 | 抽检批数 | 抽检合格批数 | OQC 抽检批合格率 | 抽检批数 | 抽检合格批数 | OQC 抽检批合格率 |
| D2 | A | 70 | 66 | 94.29% | 0 | 0 | | 12 | 9 | 75.00% | | | |
| | B | 17 | 17 | 100.00% | 0 | 0 | | 116 | 92 | 79.31% | | | |
| | C | 138 | 118 | 85.51% | 0 | 0 | | 106 | 87 | 82.08% | | | |
| D3 | A | 0 | 0 | | 0 | 0 | | 74 | 70 | 94.59% | | | |
| | B | 42 | 38 | 90.48% | 0 | 0 | | 10 | 7 | 70.00% | | | |
| | D | 39 | 33 | 84.62% | 0 | 0 | | 27 | 18 | 66.67% | | | |
| | E | 0 | 0 | | 0 | 0 | | 48 | 36 | 75.00% | | | |
| C3 | A | 0 | 0 | | 0 | 0 | | 64 | 60 | 93.75% | | | |
| | B | 0 | 0 | | 0 | 0 | | 126 | 120 | 95.24% | | | |
| | C | 105 | 98 | 93.33% | 0 | 0 | | 117 | 111 | 94.87% | | | |
| | D | 0 | 0 | | 0 | 0 | | 16 | 16 | 100.00% | | | |
| B5 | A | 0 | 0 | | 0 | 0 | | 49 | 43 | 87.76% | | | |
| | C | 0 | 0 | | 0 | 0 | | 45 | 41 | 91.11% | | | |

## 5.4 白点攻关方案

### 白点、异物不良降低攻关方案

**一、攻关背景**

制程不良率高、OQC 批退率高，其中异物、白点、白印为前三大不良占不良比率达 75% 以上。

**二、目的**

以 C3 车间为试点通过白点异物不良降低攻关，提升制程直通率和 OQC 抽检批合格率。

**三、攻关小组成员**

攻关小组成员与职责如表 5－20 所示：

**表 5－20　攻关小组成员与职责**

| 组别 | 人员分配 | 相关职责 |
| --- | --- | --- |
| 策划组 | 组长：××× | 负责确定及监督攻关具体实施动作，主持过程中的各种会议 |
| | 副组长：××× | 负责配合组长完成改善动作的策划、监督攻关动作的实施，检讨和验证攻关动作的效果并对无效动作及时做出相应的调整 |
| 实施组 | 组员：车间各拉长、IPQC、OQC、工艺技术员、测试技术员 | 负责攻关方案中所有决议、动作的执行 |
| 顾问组 | X 总、欧博项目组 | 负责攻关小组运行过程中一切动作运行、方案的指导 |

**四、攻关时间：**201×年 10 月 29 日至 201×年 12 月 13 日

**五、目标**

第一阶段：10 月 29 日－11 月 12 日，FQC 直通率提升到 95%、OQC 批退率提升到 92%；

第二阶段：11 月 13 日－11 月 28 日，FQC 直通率提升到 97%、OQC 批退率提升到 94%；

第三阶段：11 月 29 日－12 月 13 日，FQC 直通率提升到 99%、OQC 批退率提升到 96%

**六、攻关进程表**

《攻关进程表》如表 5－21 所示：

**表 5－21　攻关进程表**

| 项次 | 实放动作 | 完成时间 | 责任人 | 监督人 |
| --- | --- | --- | --- | --- |
| （一） | 员工操作动作 | | | |
| 1 | 针对使用有防滑垫吸塑盘装的 FOG 组装产品，必须使用无尘布或者粘尘滚轮清洁下片 4 周边 | 10 月 30 日起 | 组装员工 | 各组长 |
| 2 | 组装棚内拉线上隔层，不可超出 3 盘，针对辅料放置用量不可超过半天，上面不可放置其他型号物料 | 10 月 30 日起 | 组装员工 | 各组长 |
| 3 | 转线时组装后的产品先不放到空盘直接放置在拉线流入贴胶工段，贴胶后在放入空盘 | 10 月 30 日起 | 组装员工 | 各组长 |
| （二） | 组长管理动作 | | | |
| 1 | 各组长检查清洁流水拉、物料架上时不可有明显目视及可触摸灰尘、异物，一经查到责任组长乐捐 5 元/次 | 10 月 30 日起 | 各组长 | ××× |
| 2 | 检查所有进入车间人员头发不可外漏，需完全遮盖在无尘服内，袖子不可卷起，衣服不可外漏 | 10 月 30 日起 | 各组长 | ××× |
| 3 | 检查所有产线人员指甲需全部剪至平齐指间肉，不可涂抹指甲油，不可佩戴首饰 | 10 月 30 日起 | 各组长 | ××× |
| 4 | 作业员不可私自离岗，离岗必须有多能工或者助拉、组长顶位 | 10 月 30 日起 | 各组长 | ××× |
| 5 | 在休息或者中途下班及离岗的时候必须把手上的产品做完才能离开 | 10 月 30 日起 | 各组长 | ××× |
| 6 | 模组桌面生产的产品不可重叠，桌面不可超过 3PCS | 10 月 30 日起 | 各组长 | ××× |
| 7 | OQC 批退的产品 2H 内必须返回 OQC 进行检验 | 10 月 30 日起 | 各组长 | ××× |
| （三） | 工艺、设备改善 | | | |
| 1 | 组装及贴膜岗位良率最高前两名及良率最低后两名，由工艺拍摄作业 DV，做动作分析，优化作业动作，及动作规范化，有效控制不良 | 10 月 30 日起 | ××× | 稽核 |
| 2 | 增加膜片放置盒，膜片统一放置于盒内，便于产线清洁作业台面，提供样品给到生产，生产开出申购单请购 | 10 月 30 日起 | ××× | ××× |
| 3 | 背光和模组工艺工程每周完成一个有关白点、白印、异物的改善提案 | 每周 | ××× | 稽核 |
| 4 | 焊锡岗位与组装洁净棚进行隔离 | 10 月 30 日起 | ××× | ××× |
| （四） | 环境控制 | | | |
| 1 | 检查进入无尘车间的胶箱不可以有脏污、异物 | 10 月 30 日起 | 各组长 | ××× |
| 2 | 去除物料架上防静电皮及胶垫 | 11 月 2 日 | 各组长 | ××× |

续表

| 项次 | 实放动作 | 完成时间 | 责任人 | 监督人 |
|---|---|---|---|---|
| 3 | 胶框来料 100% 完全除尘 | 10 月 30 日起 | ××× | ××× |
| 4 | 货架最上层不可放置任何物品 | 10 月 30 日起 | 各组长 | ××× |
| 5 | 由×××组织每天下午 14：00 对车间环境进行检查，并填写《环境联合检查记录》，每天 17：00 前由×× 将《环境联合检查记录》及 IPQC 检查到的不符合项一起，发给攻关组成员，每周一下午 | 10 月 30 日起 | ××× | ××× |
| 6 | 物料架上面的物料膜材不可超过 5 层/包；LGP 不可超过 5 层/包 | 10 月 30 日起 | 各组长 | ××× |
| 7 | 每周对不符合项最少组别的组长进行奖励 20 元，不符合项最多组别进行简报公布批评 | 每周 | ××× | ××× |
| （五） | 产品防护与责任 | | | |
| 1 | 在搬运 BL、LCM、FOG 成品时，不可超过 25 盘 | 10 月 30 日起 | 各组长 | ××× |
| 2 | 产品必须轻拿轻放未按要求执行的员工，组长要对员工进行追责 | 10 月 30 日起 | 各组长 | ××× |
| 3 | 胶盆、吸塑盒，需放置在周转车上运输，不能在地上推行 | 10 月 30 日起 | 各组长 | ××× |
| 4 | 组长要对 LCD 破损责任人进行追责 | 10 月 30 日起 | 各组长 | ××× |
| （六） | 物料管理 | | | |
| 1 | 产线超过 3 天的物料及半成品进行报警标示，并统计给生产主管 | 10 月 30 日起 | 各组长 | ××× |
| 2 | 产线物料标示卡需按照标示卡内容进行填写，违规乐捐每一个标示 1 元 | 10 月 30 日起 | 各组长 | ××× |
| （七） | 其他 | | | |
| 1 | 制定第一阶段攻关固化动作控制卡并实施 | 11 月 13 日 | ××× | ××× |
| 2 | 班组质量 PK 方案实施 | 10 月 30 日起 | ××× | ××× |

## 七、关阶段性总结

（1）数据统计

①每天 10 点前，OQC 组长统计各拉线的 OQC 合格率，车间文员每天统计 FQC 直通率，并发送至攻关组成员及欧博项目组；

②每周一下午下班前由车间文员汇总各组的直通率和 OQC 批合格率并发送至攻关组成员及欧博项目组；

③稽核部定期对每天数据进行核实确认，每周二对汇总数据进行确认；

④发现数据不及时统计公布，乐捐责任人 5 元/次，如发现数据故意作假则取

消责任人奖励资格并乐捐200元/人。

（2）攻关期间每周二下午18：00进行总结，对攻关动作进行检讨并修正，以上实施动作执行不到位，相关责任人及监督人每次乐捐5元/人，延期执行乐捐5元/天，以此类推。

（3）奖捐规定

①考核对象：生产、工艺、品质（主管、工程师），合计4人；

指标：OQC批合格率满足93%，95%≤FQC直通率<96%不做奖励和乐捐；

奖励：满足OQC批合格率94%，FQC直通率96%奖励每人200元，直通率在96%基础上每增加一个百分点奖励200元/人；

乐捐：94%≤直通率<95%；91%≤OQC批合格率<93%，乐捐50元/人；低于第一阶段目标每人乐捐100元。

②对象：生产、工艺、品质（技术员、组长、IPQC）合计：21人

指标：OQC批合格率满足93%，95%≤模组线FQC直通率<96%不做奖励和乐捐；

奖励：满足OQC批合格率达94%，FQC直通率达到96%奖励每人50元，OQC合格率每增加一个点奖励50元/人；

乐捐：94%≤直通率<95%；91%≤OQC批合格率<93%，乐捐20元/人；低于第一阶段目标每人乐捐30元。

③考核对象：OQC合计7人

指标：a. 每天上午3H按时完成前一天的产品；

b. 抽到不良品，5分钟之内必须反馈生产组长，并在流程单上面备注异常发生时间；

c. 以上目标达成第二阶段奖励50元/人；

d. 检查完的产品没有及时处理对当事人进行乐捐5元/人；

（4）攻关结束由攻关组长组织攻关小组成员阶段总结并召开总结会；针对上阶段的成绩和问题展开讨论、分析原因并提出改善措施。

**编制：** **审核：** **批准：**

**会签：**

## 6. 生产计划运作关键考核指标

生产计划运作系统考核是由日数据统计、周汇总数据形成一个月的考核指标，是由一系列的表单构成，它包括了原始数据、汇总数据、管理数据、考核数据这几个层面，它是一个表单流，既固化了管理动作，同时又可以激励大家。

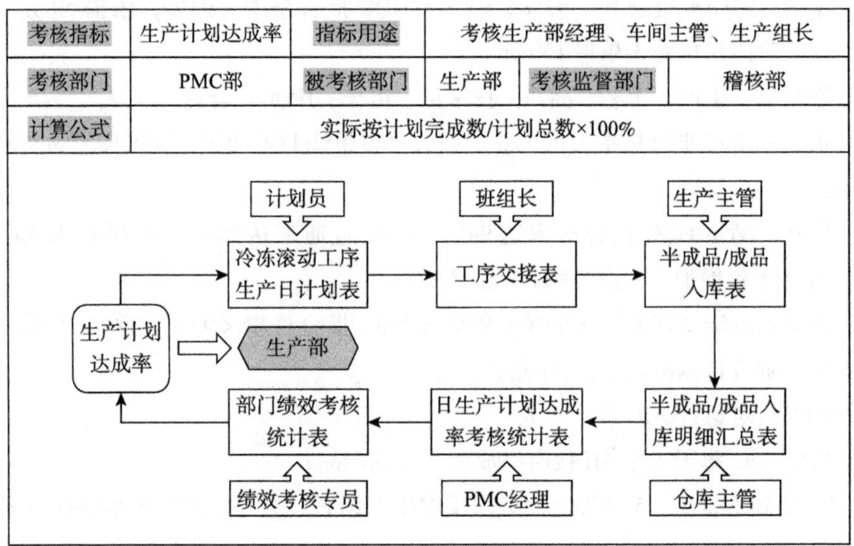

| 考核指标 | 生产计划达成率 | 指标用途 | 考核生产部经理、车间主管、生产组长 | | |
|---|---|---|---|---|---|
| 考核部门 | PMC部 | 被考核部门 | 生产部 | 考核监督部门 | 稽核部 |
| 计算公式 | 实际按计划完成数/计划总数×100% | | | | |



**图5-3　生产计划达成率表单流**

### 6.1　生产计划达成率考核表单流

6.1.1　生产计划达成率-数据收集作业指导书

《生产计划达成率-数据收集作业指导书》如表5-22所示：

6.1.2　冷冻滚动日生产计划表

《冷冻滚动日生产计划表》如表5-23所示：

**表 5－22　生产计划达成率－数据收集作业指导书**

| 考核指标：生产计划达成率 | | 指标用途：考核生产经理、生产主管、生产班组长 | | |
|---|---|---|---|---|
| 考核部门：PMC 部 | | 被考核部门：生产部 | | |
| 计算公式：实际按计划完成数/计划总数×100% | | 考核监督部门：稽核部 | | |
| **序号** | **作业内容** | **责任人** | **相关记录表单** | **相关流程/控制卡** |
| 1 | PMC 部计划员依据《车间生产计划表》《滚动物料排查表》每天 16：00 前下达《冷冻滚动工序日生产计划表》给生产部，安排生产 | 计划员 | 《冷冻滚动工序日生产计划表》 | 《冷冻滚动工序日生产计划动作控制卡》 |
| 2 | 车间完成工序生产，经制程检验员判定合格后开出《工序交接表》，与下工序进行交接 | 生产班组长 | 《工序交接表》 | 《工序交接管理分理动作控制卡》 |
| 3 | 半成品/成品生产完成后生产班组长开单交生产主管审核后作入库（半成品开出《半成品入库单》，成品开出《成品入库单》） | 生产主管 | 《半成品/成品入库表》 | 《半成品/成品入库作业动作控制卡》 |
| 4 | 仓管员依据《半成品入库单》及《成品入库单》完成《半成品入库明细表》及《成品入库明细表》，并交仓库主管审核 | 仓库主管 | 《半成品/成品入库明细表》 | 《半成品/成品入库作业动作控制卡》 |
| 5 | 每月 3 日计划员依据《半成品入库明细表》《成品入库明细表》及《冷冻滚动工序日生产计划表》，统计出生产计划达成率，并记录于《日生产计划达成率统计表》上，经 PMC 经理审核后，递交人力资源部作为生产部生产计划达成率的考核依据 | PMC 经理 | 《日生产计划达成率考核统计表》 | 《绩效考核管理制度》 |
| 6 | 每月 5 日人力资源部绩效考核专员依据 PMC 部提供的《生产计划达成率月统计表》完成上月《生产部绩效考核统计表》，并交生产经理签字确认 | 绩效考核专员 | 《生产部绩效考核统计表》 | 《绩效考核管理制度》 |

**表 5－23　模切部——分切工序 3 天冷冻滚动生产日计划**

| 序号 | 订单号 | 产品型号 | 产品名称 | 单位 | 订单数 | 评审交期 | 分切 | | 分切 3 天冷冻滚动生产日计划（11 月） | | | 实际达成 | 备注 |
|---|---|---|---|---|---|---|---|---|---|---|---|---|---|
| | | | | | | | 已完成 | 欠数 | 11（冷冻） | 12（滚动） | 13（滚动） | | |
| | | | | | | | | | 计划 | 计划 | 计划 | | |
| 1 | H－001 | LXAB6016 | 进口麦拉（KD002） | PCS | 1000 | 11/14 | 0 | 1000 | 1000 | | | | |
| | | | | | | | | | | | | | |
| | | | | | | | | | | | | | |
| | | | | | | | | | | | | | |
| | | | | | | | | | | | | | |
| | | | | | | | | | | | | | |
| | | | | | | | | | | | | | |

### 6.1.3 工序交接表

工序与工序交接单如表5－24所示：

**表5－24 工序与工序交接单**

交接日期：20××.3.20

| 序号 | 订单号 | 产品型号 | 交接数量（PCS） | 交接人 | 接收人 | 接收时间 | 品管员 | 备注 |
|---|---|---|---|---|---|---|---|---|
| 1 | 2016－0203E | AP001－CL | 50 | ××× | ××× | 3月20日 | ××× | |
| | | | | | | | | |
| | | | | | | | | |

### 6.1.4 半成品/成品入库表

《半成品/成品入库表》如表5－25所示：

**表5－25 半成品/成品入库表**

客户名称： 日期： 年 月 日

| 日期 | 订单编号 | 品名 | 入库数量（PCS） | 备注 |
|---|---|---|---|---|
| | | | | |
| | | | | |
| | | | | |
| | | | | |
| | | | | |
| | | | | |
| | | | | |
| | | | | |

编制： 仓管： 部门主管：

### 6.1.5 半成品/成品入库单明细汇总表

《半成品/成品入库单明细汇总表》如表5－26所示：

**表5－26 半成品/成品入库明细汇总表**

| 序号 | 入库日期 | 客户 | 订单编号 | 品名 | 入库数量（PCS） | 备注 |
|---|---|---|---|---|---|---|
| | | | | | | |
| | | | | | | |
| | | | | | | |
| | | | | | | |

续表

| 序号 | 入库日期 | 客户 | 订单编号 | 品名 | 入库数量（PCS） | 备注 |
| --- | --- | --- | --- | --- | --- | --- |
| | | | | | | |
| | | | | | | |
| | | | | | | |
| | | | | | | |

编制： 仓管： 部门主管：

### 6.1.6 日计划考核统计表

《日计划考核统计表》如表5-27所示：

**表5-27 模切部生产日计划达成统计表**

| 生产日期 | 分切 | | | 冲压 | | | 包装 | | | 备注 |
| --- | --- | --- | --- | --- | --- | --- | --- | --- | --- | --- |
| | 计划数 | 完成数 | 达成率 | 计划数 | 完成数 | 达成率 | 计划数 | 完成数 | 达成率 | |
| 11/1 | | | | | | | | | | |
| 11/2 | | | | | | | | | | |
| 11/3 | | | | | | | | | | |
| 11/4 | | | | | | | | | | |
| 11/5 | | | | | | | | | | |
| … | | | | | | | | | | |
| 11/31 | | | | | | | | | | |
| 合计 | | | | | | | | | | |

### 6.1.7 部门绩效考核统计表

《部门绩效考核统计表》如表5-28所示：

**表5-28 部门绩效考核统计表**

| 被考核部门： | | | 年 月 | | | | 版本：AO | | |
| --- | --- | --- | --- | --- | --- | --- | --- | --- | --- |
| 项次 | 项目 | 项目说明 | 目标值 | 实际值 | 分值权重 | 计分方法 | 实际得分 | 差额 | 考核部门 |
| 1 | | | | | | | | | |
| 2 | | | | | | | | | |
| 3 | | | | | | | | | |
| 4 | | | | | | | | | |
| 5 | | | | | | | | | |

**续表**

| 被考核部门： | | | 年 | 月 | | 版本：AO | | | |
|---|---|---|---|---|---|---|---|---|---|
| 项次 | 项目 | 项目说明 | 目标值 | 实际值 | 分值权重 | 计分方法 | 实际得分 | 差额 | 考核部门 |
| 6 | | | | | | | | | |
| 7 | 差额总计 | | | | | | | | 总经办 |
| 优劣势分析（反馈）： | | | | | | | | | |

核准：　　　　　　　审核：　　　　　　　制表：

## 6.2 采购准交率考核表单流

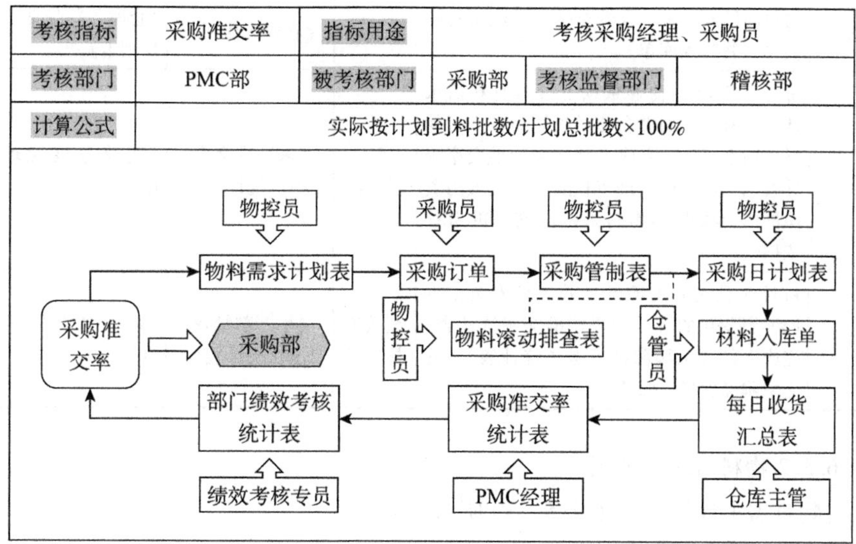


**图 5－4　采购准交率表单流**

### 6.2.1　采购准交率—数据收集作业指导书

《采购准交率—数据收集作业指导书》如表 5－29 所示：

**表 5－29　采购准交率—数据收集作业指导书**

| 考核指标：采购准交率 | 指标用途：采购经理、采购员 |
|---|---|
| 考核部门：PMC 部 | 被考核部门：采购部 |
| 计算公式：实际按计划到料批数/计划总批数×100% | 考核监督部门：稽核部 |

续表

| 序号 | 作业内容 | 责任人 | 相关记录表单 | 相关流程/控制卡 |
| --- | --- | --- | --- | --- |
| 1 | PMC部物控员依据《订单评审表》《主生产计划表》结合BOM资料及库存情况编制《物料需求计划表》下达给采购 | 物控员 | 《物料需求计划表》 | 《物料需求动作控制卡》 |
| 2 | 采购员依据《物料需求计划表》编制《采购订单》下达供应商进行物料的采购作业 | 采购员 | 《采购订单》 | 《采购作业流程》 |
| 3 | 物控员依据采购员所下的《采购订单》编制《采购管制表》进行物料进度的跟进 | 物控员 | 《采购管制表》 | 《采购管制动作控制卡》 |
| 4 | 物控员依据《采购管制表》《物料滚动排查表》的最新信息每天编制《采购日计划》下达给采购员进行物料的跟催 | 物控员 | 《采购管制表》<br>《物料滚动排查表》<br>《采购日计划表》 | 《采购日计划动作控制卡》<br>《物料滚动排查动作控制卡》 |
| 5 | 物料回厂入库时，仓管员按实际收货物料填写《物料入库单》 | 仓管员 | 《物料入库单》 | 《仓库收料作业动作控制卡》 |
| 6 | 每月3日PMC物控依据上月《物料需求计划》和《每日收货汇总表》统计上月物料采购准交率，完成上月《采购准交率统计表》，经PMC经理审核后，递交人力资源部作为采购部物料采购准交率的考核依据 | PMC经理 | 《采购准交率考核统计表》 | 《绩效考核管理制度》 |
| 7 | 每月5日人力资源部绩效考核专员依据PMC部提供的《物料采购准交率统计表》完成上月《采购部绩效考核统计表》，并交采购经理签字确认 | 绩效考核专员 | 《生产部绩效考核统计表》 | 《绩效考核管理制度》 |

6.2.2 物料需求计划表

《物料需求计划表》如表5－30所示：

**表5－30 模切部——包装物料需求计划表**

| 序号 | 申购时间 | 订单号 | 产品型号 | 产品名称 | 物料名称 | 单位 | 用料数 | 可用库存 | 需求数 | 需求日期 | 实际到料日期 | 实际到料数量 | 备注 |
|---|---|---|---|---|---|---|---|---|---|---|---|---|---|
| 1 | 11/7 | H－001 | LXAB6016 | 进口麦拉（KD002） | 30°黑色 SR（KD002R） | PCS | 1000 | 0 | 1000 | 11/10 | | | |
| 2 | 11/7 | H－001 | LXAB6016 | 进口麦拉（KD002） | 38°黑色 EVA（卷） | 平方米 | 4.1474 | 0 | 4.1474 | 11/10 | | | |
| | | | | | | | | | | | | | |
| | | | | | | | | | | | | | |
| | | | | | | | | | | | | | |
| | | | | | | | | | | | | | |
| | | | | | | | | | | | | | |
| | | | | | | | | | | | | | |
| | | | | | | | | | | | | | |

表单要点：
1.订单的物料需求数依据《BOM表》得出来的订单的用料数要减去可用库存（实际库存量－已有订单占用量＋已购未回量），出现的欠数才是该张订单的物料需求数
2.物料的回料时间要结合《交期分解表》《主生产计划表》中的物料齐料信息，确定可行的回料时间

### 6.2.3　物料采购单（模版）

**物料采购单**

NO.
厂 商：__________
联络人：__________
地 址：__________
电 话：_______传 真：_______订购日期：　　年　　月　　日

| 生产代号 | 物料编号 | 品名规格 | 订购数量 | 单价 | 交货日期 |
|---|---|---|---|---|---|
| | | | | | |
| | | | | | |
| | | | | | |
| | | | | | |
| | | | | | |
| 备注 | | | | | |

厂商请详读以下采购单版权条款：
1. 本订购合同须总经理签名方可生效
2. 收到此采购单后，请尽快与本公司联络，确认签回
3. 送货时请在送货单上注明厂商代号、采购单号码
4. 有交货延误而致本公司蒙受任何损失概由售方负责赔偿
5. 有因品质不良规格不符，本公司拒绝验收
6. 因商品虽经由本公司验收唯因配件包装材料等瑕疵而日后发生货品变质破裂或损害导致买主之客户退货或索赔概由售方负责赔偿
7. 在任何情况下卖方不得延迟交货，如卖方延迟交货，买方有权将订单取消
8. 付款账目有误需查，逾期两个月未提无误者，视同厂商承认，本厂恕不受理返补
9. 如不能配合我方即时办理转厂手续，厂商一律须开一般国税或地方税发票，否则以货款扣税

付款方式：□月结___天　　□现金　　□其他
票　　据：□___%增值税发票　　□%普通发票___　　□收据
包装方式：□外销成品包装　　□塑胶袋　　□回收箱
交货地点：____________________

①采购　②签回　③财务　④仓库

总经理：　　　采购经理：　　　采购：　　　供应厂商：（签章）

### 6.2.4　采购管制表

《采购管制表》如表5－31所示：

### 6.2.5　物料滚动排查表

《物料滚动排查表》如表5－32所示：

### 6.2.6　采购日计划

《采购日计划》如表5－33所示：

**表5－31　模切部——包装物料采购管制表**

| 序号 | 申购时间 | 物料名称 | 单位 | 需求数 | 需求日期 | 采购下单日期 | 供应商名称 | 采购单号 | 采购单数量 | 采购欠数 | 供应商承诺交期 | 11月实际到料日期及数量 | | | | 备注 |
|---|---|---|---|---|---|---|---|---|---|---|---|---|---|---|---|---|
| | | | | | | | | | | | | 1 | 2 | … | 30 | |
| 1 | 11/7 | 30°黑色 SR（KD002R） | PCS | 1000 | 11/10 | | | | | | | | | | | |
| 2 | 11/7 | 38°黑色 EVA（卷） | 平方米 | 4.1474 | 11/10 | | | | | | | | | | | |
| | | | | | | | | | | | | | | | | |
| | | | | | | | | | | | | | | | | |
| | | | | | | | | | | | | | | | | |
| | | | | | | | | | | | | | | | | |
| | | | | | | | | | | | | | | | | |
| | | | | | | | | | | | | | | | | |
| | | | | | | | | | | | | | | | | |

表单要点：
将采购订单进行汇总、细分，细分到每一个采购订单号、采购员、供应商以及每一项具体的物料，记录每一天的到料情况，每天更新、共享，MC负责，作为下达采购日计划的主要依据

**表 5－32　物料滚动排查表**

| 序号 | 排查时间 | 订单号 | 产品型号 | 产品名称 | 物料名称 | 单位 | 用料数 | 实际库存 | 欠料 | 采购回复 | 责任人 | 实际到料日期 | 实际到料数量 | 备注 |
|---|---|---|---|---|---|---|---|---|---|---|---|---|---|---|
| 1 | 11/10 | H－001 | LXAB6016 | 进口麦拉（KD002） | 30°黑色 SR（KD002R） | PCS | 1000 | | | | | | | |
| 2 | 11/10 | H－001 | LXAB6016 | 进口麦拉（KD002） | 38°黑色 EVA（卷） | 平方米 | 4.1474 | | | | | | | |
| | | | | | | | | | | | | | | |
| | | | | | | | | | | | | | | |
| | | | | | | | | | | | | | | |
| | | | | | | | | | | | | | | |

表单要点：
MC主导物料排查，排查的信息来源于车间生产计划，排查结果的处理和跟进，每天排查，每天检查采购前一天欠料回复的达成情况

表 5-33 模切部——包装物料交货日计划

| 序号 | 申购时间 | 物料名称 | 单位 | 需求数 | 需求日期 | 采购下单日期 | 供应商名称 | 采购单号 | 采购单数量 | 采购欠数 | 交货计划 | | | 实际达成 | 备注 |
|---|---|---|---|---|---|---|---|---|---|---|---|---|---|---|---|
| | | | | | | | | | | | 11/9 | 11/10 | 11/11 | | |
| 1 | 11/7 | 30°黑色 SR（KD002R） | PCS | 1000 | 11/10 | | | | | | | | | | |
| 2 | 11/7 | 38°黑色 EVA（卷） | 平方米 | 4. 1474 | 11/10 | | | | | | | | | | |
| | | | | | | | | | | | | | | | |
| | | | | | | | | | | | | | | | |
| | | | | | | | | | | | | | | | |
| | | | | | | | | | | | | | | | |
| | | | | | | | | | | | | | | | |
| | | | | | | | | | | | | | | | |
| | | | | | | | | | | | | | | | |

表单要点：
依据《采购管制表》、结合排查出来的欠料情况每天下达未来三天的到料日计划，由MC负责每天的下达

### 6.2.7 物料入库单

《物料入库单》如表 5－34 所示：

**表 5－34 物料入库单**

NO：

供货单位： 日期： 年 月 日

| 原始凭证号 | 物料名称 | 规格/型号 | 单位 | 数量 | 重量 | 金额 | | | | | | | | 备注 |
|---|---|---|---|---|---|---|---|---|---|---|---|---|---|---|
| | | | | | | | | | | | | | | |
| | | | | | | | | | | | | | | |
| | | | | | | | | | | | | | | |
| | | | | | | | | | | | | | | |
| | | | | | | | | | | | | | | |
| | | | | | | | | | | | | | | |
| | | | | | | | | | | | | | | |
| 合 计 | | | | | | | | | | | | | | |

审核： 质检： 仓管员： 制单：

### 6.2.8 每日收货汇总表

《每日收货汇总表》如表 5－35 所示：

**表 5－35 ××× 有限公司每日收货汇总表**

日期： 年 月 日 NO.：

| 供应商 | 采购单号称 | 物料编号 | 材料名称及规格 | 单位 | 来料数量 | 实收数量 | 误差数量 | 备注 |
|---|---|---|---|---|---|---|---|---|
| | | | | | | | | |
| | | | | | | | | |
| | | | | | | | | |
| | | | | | | | | |
| | | | | | | | | |
| | | | | | | | | |
| | | | | | | | | |
| | | | | | | | | |

PC： 采购： 审核： 收货人： 表格编号：

本单共一式二联：第一联：收货联，第二联：采购联

注意事项：《每日收货汇总表》必须认真填写，不得随意涂改

### 6.2.9 物料采购准交率统计表

《物料采购准交率统计表》如表 5－36 所示：

**表 5－36　×××有限公司物料采购准交率统计表**

| 供应商 | 单号 | 类别 | 品名规格 | 订单数量 | 下单日期 | 交货期限 | 计划日期 | 数量 | 实际回货日期 | 实际回货数量 | 是否准交 |
|---|---|---|---|---|---|---|---|---|---|---|---|
| | | | | | | | | | | | |
| | | | | | | | | | | | |
| | | | | | | | | | | | |
| | | | | | | | | | | | |
| | | | | | | | | | | | |
| | | | | | | | | | | | |
| | | | | | | | | | | | |
| | | | | | | | | | | | |
| | | | | | | | | | | | |
| | | | | | | | | | | | |
| | | | | | | | | | | | |
| | | | | | | | | | | | |
| | | | | | | | | | | | |

核准：　　　　　　　　审核：　　　　　　　　制表：

## 6.3　仓库备料及时率考核表单流

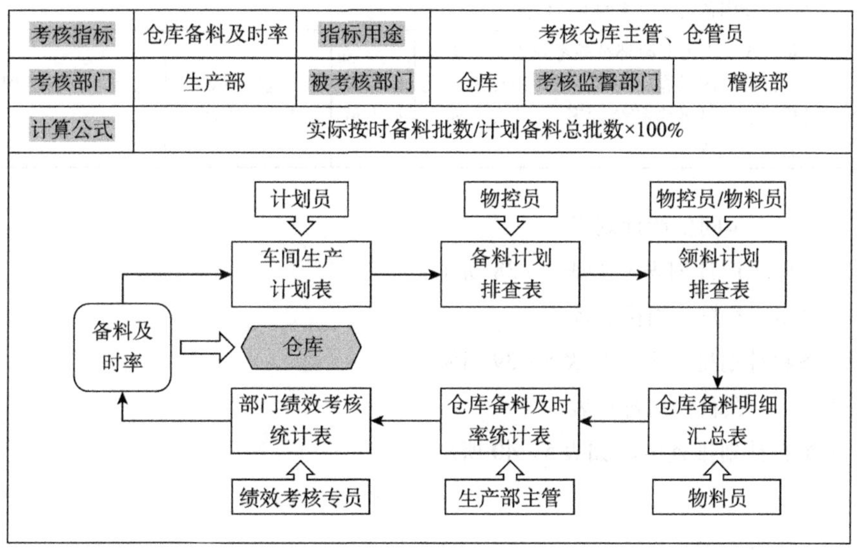

| 考核指标 | 仓库备料及时率 | 指标用途 | 考核仓库主管、仓管员 | | |
|---|---|---|---|---|---|
| 考核部门 | 生产部 | 被考核部门 | 仓库 | 考核监督部门 | 稽核部 |
| 计算公式 | 实际按时备料批数/计划备料总批数×100% | | | | |



**图 5－5　备料及时率表单流**

### 6.3.1 备料及时率—数据收集作业指导书

《备料及时率—数据收集作业指导书》如表5－37所示：

**表5－37 备料及时率—数据收集作业指导书**

| 考核指标：备料及时率 | | | 指标用途：考核仓库主管、仓管员 | |
|---|---|---|---|---|
| 考核部门：生产部 | | | 被考核部门：仓库 | |
| 计算公式：实际按时备料批数/计划备料总批数×100% | | | 考核监督部门：稽核部 | |
| **序号** | **作业内容** | **责任人** | **相关记录表单** | **相关流程/控制卡** |
| 1 | PMC部计划员依据《主生产计划表》，编制《车间生产计划表》并下达给各车间负责人 | 计划员 | 《车间生产计划表》 | 《车间生产计划动作控制卡》 |
| 2 | PMC部物控员按照《车间生产计划表》下达《备料计划排查表》《领料计划排查表》给仓库、车间进行备料作业、领料作业 | 物控员 | 《备料计划排查表》《领料计划排查表》 | 《备料计划排查及报欠动作控制卡》《领料计划排查及报欠动作控制卡》 |
| 3 | 如仓库未按时备料，物料员将情况记录在《领料计划排查表》上 | 物料员 | 《领料计划排查表》 | 《领料计划排查及报欠动作控制卡》 |
| 4 | 每天领料完毕后物料员将领料的明细及异常进行记录和汇总，形成《仓库备料明细汇总表》 | 物料员 | 《仓库备料明细汇总表》 | 《领料计划排查及报欠动作控制卡》 |
| 5 | 每月3日生产主管依据上月《领料计划排查表》，完成上月《仓库备料及时率统计表》，经生产经理审核后，递交人力资源作为仓库备料及时率的考核依据 | 生产主管 | 《仓库备料及时率统计表》 | 《绩效考核管理制度》 |
| 6 | 每月5日人力资源部绩效考核专员依据生产部提供的《仓库备料及时率统计表》完成《仓库绩效考核统计表》，并交仓库主管签字确认 | 绩效考核专员 | 《仓库绩效考核统计表》 | 《绩效考核管理制度》 |

### 6.3.2 车间生产计划表

《车间生产计划表》如表5－38所示：

### 6.3.3 备料计划排查表

《备料计划排查表》如表5－39所示：

### 6.3.4 领料计划排查表

《领料计划排查表》如表5－40所示：

**表5-38 模切部生产计划表**

| 序号 | 下单日期 | 订单号 | 产品型号 | 产品名称 | 单位 | 订单数 | 订单余数 | 评审交期 | 分切/辅料 | | | 11月分切/辅料生产计划与实际达成 | | | | | | | | | | 直切/冲压/油压 | | | 包装 | | | 备注 |
|---|---|---|---|---|---|---|---|---|---|---|---|---|---|---|---|---|---|---|---|---|---|---|---|---|---|---|---|---|
| | | | | | | | | | 已完成 | 欠数 | 排产余数 | 1 | | … | | 11 | | … | | 30 | | 已完成 | 欠数 | 排产余数 | 已完成 | 欠数 | 排产余数 | |
| | | | | | | | | | | | | 计划 | 实际 | 计划 | 实际 | 计划 | 实际 | 计划 | 实际 | 计划 | 实际 | | | | | | | |
| 1 | 11/6 | H-001 | LXAB 6016 | 进口麦拉（KD002） | PCS | 1000 | 1000 | 11/14 | 500 | 500 | 0 | | | | | 1000 | 500 | | | | | 0 | 1000 | 0 | 0 | 1000 | 0 | |
| | | | | | | | | | | | | | | | | | | | | | | | | | | | | |
| | | | | | | | | | | | | | | | | | | | | | | | | | | | | |
| | | | | | | | | | | | | | | | | | | | | | | | | | | | | |
| | | | | | | | | | | | | | | | | | | | | | | | | | | | | |
| | | | | | | | | | | | | | | | | | | | | | | | | | | | | |
| | | | | | | | | | | | | | | | | | | | | | | | | | | | | |

**表 5－39　模切部——包装备料计划排查表**

| 序号 | 备料时间 | 订单号 | 产品型号 | 产品名称 | 物料名称 | 单位 | 用料数 | 实际备料 | 欠料 | 领用部门 | 备注 |
|---|---|---|---|---|---|---|---|---|---|---|---|
| 1 | 11/11 | H－001 | LXAB6016 | 进口麦拉（KD002） | 30°黑色 SR（KD002R） | PCS | 1000 | | | 模切包装组 | |
| 2 | 11/11 | H－001 | LXAB6016 | 进口麦拉（KD002） | 38°黑色 EVA（卷） | 平方米 | 4. 1474 | | | 模切包装组 | |
| | | | | | | | | | | | |
| | | | | | | | | | | | |
| | | | | | | | | | | | |
| | | | | | | | | | | | |
| | | | | | | | | | | | |
| | | | | | | | | | | | |

表 5－40　模切部——包装领料计划排查表

| 序号 | 领料时间 | 订单号 | 产品型号 | 产品名称 | 物料名称 | 单位 | 计划领料 | 实际领料 | 欠料 | 领用部门 | 备注 |
|---|---|---|---|---|---|---|---|---|---|---|---|
| 1 | 11/12 | H－001 | LXAB6016 | 进口麦拉（KD002） | 30°黑色 SR（KD002R） | PCS | 1000 | | | 模切包装组 | |
| 2 | 11/12 | H－001 | LXAB6016 | 进口麦拉（KD002） | 38°黑色 EVA（卷） | 平方米 | 4.1474 | | | 模切包装组 | |
| | | | | | | | | | | | |
| | | | | | | | | | | | |
| | | | | | | | | | | | |
| | | | | | | | | | | | |
| | | | | | | | | | | | |
| | | | | | | | | | | | |

### 6.3.5 仓库备料明细汇总表

《仓库备料明细汇总表》如表5－41所示：

**表5－41 ×××有限公司仓库备料明细汇总表**

| 制令单号 | 品名规格 | 数量 | 要求备料日期 | 实际备料日期 | 实际备料数量 | 是否及时备料 |
|---|---|---|---|---|---|---|
| | | | | | | |
| | | | | | | |
| | | | | | | |
| | | | | | | |
| | | | | | | |
| | | | | | | |
| | | | | | | |
| | | | | | | |
| | | | | | | |
| | | | | | | |
| | | | | | | |

审核： 制表：

### 6.3.6 备料及时率统计表

《备料及时率统计表》如表5－42所示：

**表5－42 ×××有限公司备料及时率统计表**

| 日期 | 订单编号 | 产品型号 | 计划备料时间 | 实际完成时间 | 是否按时备料 | 车间停料时间 | 备注 |
|---|---|---|---|---|---|---|---|
| | | | | | | | |
| | | | | | | | |
| | | | | | | | |
| | | | | | | | |
| | | | | | | | |
| | | | | | | | |
| | | | | | | | |
| | | | | | | | |
| | | | | | | | |
| | | | | | | | |
| | | | | | | | |
| 计划备料总款数： | | 按时完成总款数： | | | 备料及时率： | | |

核准： 审核： 制表：

## 6.4 订单准交率考核表单流

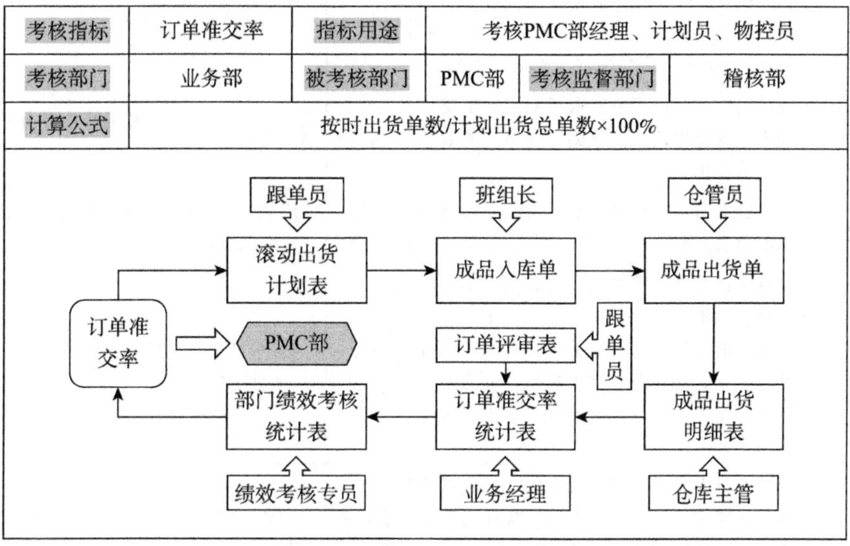


**图 5-6 订单准交率表单流**

### 6.4.1 订单准交率—数据收集作业指导书

《订单准交率—数据收集作业指导书》如表 5-43 所示：

**表 5-43 订单准交率—数据收集作业指导书**

| 考核指标：订单准交率 | | 指标用途：PMC 经理、计划员、物控员 | | |
|---|---|---|---|---|
| 考核部门：业务部 | | 被考核部门：PMC 部 | | |
| 计算公式：按时出货单数/计划出货总单数 ×100% | | 考核监督部门：稽核部 | | |
| **序号** | **作业内容** | **责任人** | **相关记录表单** | **相关流程/控制卡** |
| 1 | 1. 业务部跟单员将经过订单评审的客户订单，形成《订单汇总表》，依据《订单汇总表》中的评审交期，每天滚动下达一周《滚动出货计划表》给 PC 和成品仓仓管员<br>2.《周滚动出货计划表》每天在 16：00 前下达 | 跟单员 | 《滚动出货计划表》 | 《滚动出货计划动作控制卡》 |

续表

| 序号 | 作业内容 | 责任人 | 相关记录表单 | 相关流程/控制卡 |
|---|---|---|---|---|
| 2 | 产品生产完成，生产组长填写《半成品/成品入库表》，并将成品交品管部检验。成品检验合格，成品检验员在《成品入库单》上签字确认。生产部将签字确认的《成品入库单》交仓库后，成品方可入库 | 车间组长 | 《半成品/成品入库表》 | 《成品入仓动作控制卡》 |
| 3 | 成品出货时，仓管员依据《周滚动出货计划表》安排出货，并依据实际出货的数开具《成品出仓单》 | 仓管员 | 《成品出仓单》 | 《成品出仓动作控制卡》 |
| 4 | 所有成品出货需及时记录于《成品出货明细汇总表》中，并经仓库主管审核。 | 仓库主管 | 《成品出货明细汇总表》 | 《成品出仓动作控制卡》 |
| 5 | 每月3日跟单员依据上月《成品出货明细汇总表》和《订单评审表》，统计上月客户订单准交率，并记录于《订单准交率统计表》上，经业务经理审核后，递交人力资源部作为PMC部客户订单准交率的考核依据 | 业务经理 | 《订单准交率统计表》 | 《绩效考核管理制度》 |
| 6 | 每月5日人力资源部绩效考核专员依据业务部提供的《客户订单准交率统计表》完成上月《PMC部绩效考核统计表》，并交PMC经理签字确认 | 绩效考核专员 | 《PMC部绩效考核统计表》 | 《绩效考核管理制度》 |

### 6.4.2 滚动出货计划表

《滚动出货计划表》如表5－44所示：

表5－44 滚动出货计划表

| 序号 | 订单号 | 产品型号 | 产品名称 | 单位 | 订单数 | 出货日期 | 备注 |
|---|---|---|---|---|---|---|---|
| 1 | H－001 | LXAB6016 | 进口麦拉（KD002） | PCS | 1000 | 11/14 | |
| … | … | … | … | … | … | … | … |
| | | | | | | | |
| | | | | | | | |
| | | | | | | | |
| | | | | | | | |
| | | | | | | | |
| | | | | | | | |

### 6.4.3 成品出货单

《成品出货单》如表5－45所示：

**表 5－45　×××有限公司成品出货单**

客户名称：　　　　　　　　　　　　　　　　　　　　日期：　　年　　月　　日

| 订单编号 | 产品编码 | 规格 | 出货数量 | 备注 |
|---|---|---|---|---|
| | | | | |
| | | | | |
| | | | | |
| | | | | |
| | | | | |
| | | | | |
| | | | | |
| | | | | |

经办：　　　　　　　　仓管：　　　　　　　　部门主管：

### 6.4.4　成品出货明细汇总表

《成品出货明细汇总表》如表 5－46 所示：

**表 5－46　×××有限公司成品出货明细汇总表**

| 序号 | 出货日期 | 客户 | 订单编号 | 品 名 | 出货数量（PCS） | 备注 |
|---|---|---|---|---|---|---|
| | | | | | | |
| | | | | | | |
| | | | | | | |
| | | | | | | |
| | | | | | | |
| | | | | | | |
| | | | | | | |
| | | | | | | |

编制：　　　　　　　　仓管：　　　　　　　　部门主管：

### 6.4.5　订单评审表

《订单评审表》如表 5－47 所示：

**表 5－47　订单评审表（模板）**

| 客户单号 | H－001 | 公司评审日期：2015.11.7 |
|---|---|---|
| 客户名称 | ××× | 客户下单日期：2015.11.6 |
| 订单数量 | 1000PCS | 客户要货日期：2015.11.12 |

**续表**

| □首次量产（样品承认：□是 □否 ） | □再次量产（工程变更：□是 □否） | |
|---|---|---|
| **参评部门** | **评审意见** | |
| 业务部 | 1. 订单信息是否完善：是 | |
| | 2. 客户特殊要求是否明确：无 | |
| | 3. 客供物料回厂时间：无 | |
| | 签名确认：××× | |
| 工程部 | 1. 图纸完成时间：有 | |
| | 2. 包材尺寸和包装方式提供时间：有 BOM 表提供时间：有 | |
| | 3. 新产品资料准备时间（BOM 表、图纸、模板、刀具、夹装、首样）：已准备好 | |
| | 4. 特殊材料清单 | |
| | 签名确认：××× | |
| 采购部 | 主材回厂时间 | OK |
| | 配件回厂时间 | 2015. 11. 10 |
| | 包材回厂时间 | 2015. 11. 10 |
| | 外购件回厂时间 | 无 |
| | 其他 | |
| | 签名确认：××× | |
| 品管部 | 品质要求：按公司标准 | |
| | 是否有检验标准：　　有工艺图纸包装方式是否已确定：已确定 | |
| | 员工作业操作动作注意事项：暂无 | |
| | 根据以往经验将会有什么品质异常：暂无 | |
| | 签名确认：××× | |
| 生产部 | 生产流程：分切——冲压——包装 | |
| | 模切生产时间 | 11. 11 – 11. 13 |
| | 橡胶生产时间 | 无 |
| | 丝印生产时间 | 无 |
| | 瓶颈工序是什么 | |
| PMC 部 | 物料需求计划完成时间：2015. 11. 7　确认生产上线时间：2015. 11. 11 | |
| | 确认交期：2015. 11. 15 | |
| | 签名确认：××× | |
| 业务审核判定 | □接受；□不接受；<br>□待定（请说明原因）： | 签名确认：××× |

表单要点：
1.每一张新接的订单都要由业务填写评审表
2.评审由PMC主导需要由工程（技术部）、品管、采购、生产等部门参与
3.各参与部门结合自己所在部门的实际进行评审，给出合理的完成时间，PMC将各部评审结果汇总后回复给业务评审交期

### 6.4.6 订单准交率统计表

《订单准交率统计表》如表5－48所示：

**表5－48 订单准交率统计表**

| 日期 | 国内订单 | | | 国外订单 | | | 备注 |
|---|---|---|---|---|---|---|---|
| | 计划出货单数 | 实际出货单数 | 订单准交率 | 计划出货单数 | 实际出货单数 | 订单准交率 | |
| 11/1 | | | | | | | |
| 11/2 | | | | | | | |
| 11/3 | | | | | | | |
| 11/4 | | | | | | | |
| 11/5 | | | | | | | |
| 11/6 | | | | | | | |
| 11/7 | | | | | | | |
| 11/8 | | | | | | | |
| 11/9 | | | | | | | |
| 11/10 | | | | | | | |
| … | | | | | | | |
| 11/31 | | | | | | | |
| 合计 | | | | | | | |

## 7. 品质改善关键考核指标

品质改善关键考核指标是由日数据统计、周汇总数据形成一个月的考核指标，是由一系列的表单构成，它包括了原始数据、汇总数据、管理数据、考核数据这几个层面，它是一个表单流，既固化了管理动作，同时又可以激励大家。

# 7.1　来料检验合格率考核表单流

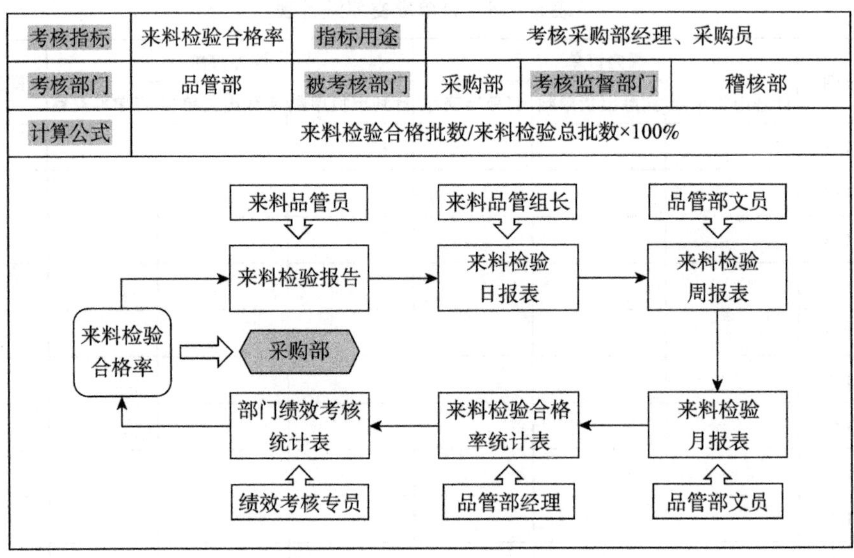

| 考核指标 | 来料检验合格率 | 指标用途 | 考核采购部经理、采购员 | | |
|---|---|---|---|---|---|
| 考核部门 | 品管部 | 被考核部门 | 采购部 | 考核监督部门 | 稽核部 |
| 计算公式 | 来料检验合格批数/来料检验总批数×100% | | | | |



**图 5－7　来料检验合格率表单流**

### 7.1.1　来料检验合格率——数据收集作业指导书

《数据收集作业指导书》如表 5－49 所示：

**表 5－49　数据收集作业指导书**

| 考核指标：来料检验合格率 | | 指标用途：采购经理、采购员 | | |
|---|---|---|---|---|
| 考核部门：品管部 | | 被考核部门：采购部 | | |
| 计算公式：来料检验合格批数/来料检验总批数×100% | | 考核监督部门：稽核部 | | |
| **序号** | **作业内容** | **责任人** | **相关记录表单** | **相关流程/控制卡** |
| 1 | 来料检验员依据《来料检验规范》对各类物料进行检验，并在《来料检验报告》中填写检验结果。检验不合格时则开出《不合格评审单》交物控确认是否召开 MRB 评审，MRB 评审后，将 MRB 评审结果填写在《来料检验报告》中 | 来料检验员 | 2. 来料检验报告 | 《来料检验作业流程》《抽样标准》《来料检验规范》 |
| 2 | 来料检验组长依据《来料检验报告》统计《来料检验日报》 | 来料检验组长 | 3. 来料检验日报表 | 《来料检验作业流程》 |
| 3 | 来料检验组长每周一将上周《来料检验日报表》交品管文员汇总成《来料检验周报表》 | 品管文员 | 4. 来料检验周报表 | 《来料检验作业流程》 |
| 4 | 每月 3 日品管文员将上月《来料检验周报表》汇总成《来料检验月报表》 | 品管文员 | 5. 来料检验月报表 | 《来料检验作业流程》 |

续表

| 序号 | 作业内容 | 责任人 | 相关记录表单 | 相关流程/控制卡 |
|---|---|---|---|---|
| 5 | 每月3日品管文员依据上月《来料检验月报表》统计来料的检验批合格率，并记录于《来料检验合格率统计表》中，呈品管经理审核后，递交人力资源部作为采购部来料检验批次合格率的考核依据 | 品管经理 | 6. 来料检验批合格率统计表 | 《绩效考核管理制度》 |
| 6 | 每月5日人力资源部绩效考核专员依据品管部提供的《来料检验合格率统计表》完成上月《采购部绩效考核统计表》，并交采购经理签字确认 | 绩效考核专员 | 7. 部门绩效考核统计表 | 《绩效考核管理制度》 |

### 7.1.2 来料检验报告

《来料检验报告》如表5－50所示：

表5－50 来料检验报告

日期： 年 月 日 时 □进料 □退料 №：

| 供应商/班组 | 采购/加工单号 | 生产制令单号 | 产品型号 | | 送货单号 | | 备注 | |
|---|---|---|---|---|---|---|---|---|
| | | | | | | | | |
| 物料编号 | 物料名称 | 规格/型号 | 单位 | 报检数量 | 抽样数量 | | 不良数量 | |
| | | | | | | | | |
| 序号 | 检验项目 | 检验结果（不合格记录） | | | AQL值 | 致命 | 严重 | 轻微 |
| | | | | | | | | |
| | | | | | 备注 | | | |
| | | | | | | | | |
| | | | | | | | | |
| | | | | | | | | |
| | | | | | | | | |
| | | | | | | | | |
| | | | | | | | | |
| | | | | | | | | |
| | | | | | | | | |
| IQC判定 | | □合格 □不合格 | | | 进料品管员 | | | |
| | | | | | 品管部经理 | | | |
| MRB会签判定 | | □特采 □不需特采<br>□退货 □挑选<br>□返工 □返修<br>□报废 | | | 品管部经理 | | | |
| | | | | | 生产部厂长 | | | |
| | | | | | PMC部经理 | | | |
| | | | | | 工程部经理 | | | |
| | | | | | 销售部经理 | | | |
| 备注 | | | | | | | | |

品管（白）
采购（红）
仓库（黄）

### 7.1.3 来料检验日报表

《来料检验日报表》如表5－51所示：

**表5－51 ×××有限公司来料检验日报表**

日期：2016年 月 日

| 序号 | 供应商 | 物料编号 | 物品名称 | 规格/型号 | 单位 | 报检数量 | 抽检数量 | 不合格数量 | 不合格情况说明 | 检验判定结果 | 备注 |
|---|---|---|---|---|---|---|---|---|---|---|---|
| 1 | | | | | | | | | | | |
| 2 | | | | | | | | | | | |
| 3 | | | | | | | | | | | |
| 4 | | | | | | | | | | | |
| 5 | | | | | | | | | | | |
| 6 | | | | | | | | | | | |
| 7 | | | | | | | | | | | |
| 8 | | | | | | | | | | | |
| 9 | | | | | | | | | | | |
| 10 | | | | | | | | | | | |
| 11 | | | | | | | | | | | |
| 12 | | | | | | | | | | | |
| 13 | | | | | | | | | | | |
| 14 | | | | | | | | | | | |
| 合计 | | | | | | | | | | | |
| 说明 | 检验判定结果分为：A. 合格；B. 退货；C. 特采；D. 拣用；H. 其他（请说明），品管员依据实际结果选填 | | | | | | | | | | |

审批：

### 7.1.4 来料检验周报表

《来料检验周报表》如表5－52所示：

**表5－52 ×××有限公司来料检验周报表**

年 月

| 送货种类 | 送货批次 | 良品批次 | 不良批次 | 不良率 | 合格率 | 异常厂商 | 备注 |
|---|---|---|---|---|---|---|---|
| | | | | | | | |
| | | | | | | | |
| | | | | | | | |

续表

| 送货种类 | 送货批次 | 良品批次 | 不良批次 | 不良率 | 合格率 | 异常厂商 | 备注 |
|---|---|---|---|---|---|---|---|
| | | | | | | | |
| | | | | | | | |
| | | | | | | | |

重大品质异常记录：

| 供应厂商 | 送货种类 | 产品名称 | 物料名称 | 不良描述 | 不良率 | 改善结果 |
|---|---|---|---|---|---|---|
| | | | | | | |
| | | | | | | |
| | | | | | | |
| | | | | | | |
| | | | | | | |
| | | | | | | |

来料批合格率

⊞合格率

100.00%
98.00%
96.00%
94.00%
92.00%
90.00%
88.00%
86.00%
84.00%
82.00%
80.00%

审核： 制订 ：

### 7.1.5 来料检验月报表

《来料检验月报表》如表 5－53 所示：

**表 5－53 ×××有限公司来料检验月报表**

年 月

| 送货种类 | 送货批次 | 良品批次 | 不良批次 | 不良率 | 合格率 | 异常厂商 | 备注 |
|---|---|---|---|---|---|---|---|
| | | | | | | | |
| | | | | | | | |
| | | | | | | | |
| | | | | | | | |
| | | | | | | | |
| | | | | | | | |

重大品质异常记录：

续表

| 供应厂商 | 送货种类 | 产品名称 | 物料名称 | 不良描述 | 不良率 | 改善结果 |
|---|---|---|---|---|---|---|
| | | | | | | |
| | | | | | | |
| | | | | | | |
| | | | | | | |
| | | | | | | |



审核：　　　　　　　　制订：

7.1.6　来料检验批合格率统计表

《来料检验批合格率统计表》如表5－54所示：

表5－54　×××有限公司来料检验批合格率统计表

| 供应商 | 物料编码 | 品名规格 | 数量 | 送货日期 | 检验日期 | 不良数量 | 是否收货 |
|---|---|---|---|---|---|---|---|
| | | | | | | | |
| | | | | | | | |
| | | | | | | | |
| | | | | | | | |
| | | | | | | | |
| | | | | | | | |
| | | | | | | | |
| | | | | | | | |
| | | | | | | | |
| | | | | | | | |
| | | | | | | | |
| | | | | | | | |
| | | | | | | | |
| 合计 | | | | | | | |

核准：　　　　　　　　审核：　　　　　　　　制表：

## 7.2 制程检验合格率考核表单流

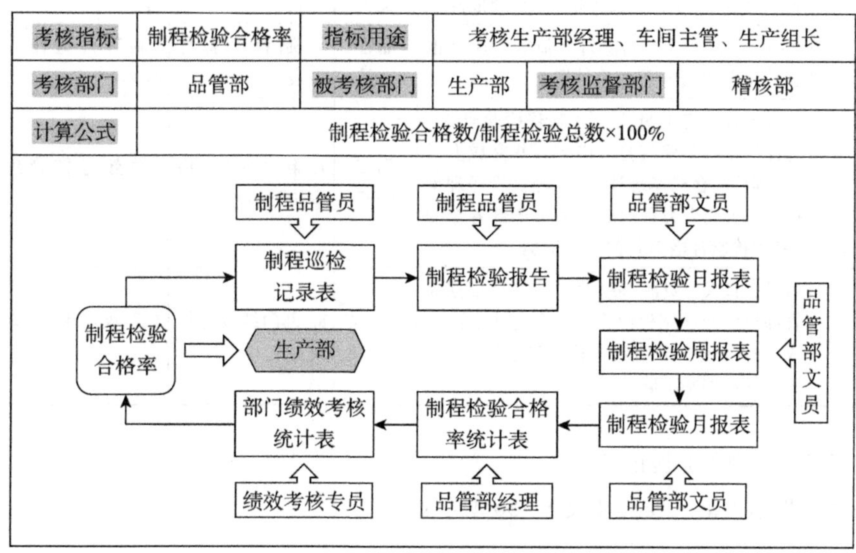


**图5－8 制程检验合格率考核表单流**

### 7.2.1 制程检验合格率——数据收集作业指导书

《制程检验合格率——数据收集作业指导书》如表5－55所示：

**表5－55 制程检验合格率——数据收集作业指导书**

| 考核指标：制程检验合格率 | | 指标用途：考核生产部经理、生产主管、生产组长 | | |
|---|---|---|---|---|
| 考核部门：品管部 | | 被考核部门：生产部 | | |
| 计算公式：制程检验合格数/制程检验总数×100% | | 考核监督部门：稽核部 | | |
| **序号** | **作业内容** | **责任人** | **相关记录表单** | **相关流程/控制卡** |
| 1 | 制程检验员依据《冷冻滚动工序生产日计划》对各工序产品进行检验，将检验情况记录在《制程巡检记录表》上 | 制程品检员 | 2. 制程巡检记录表 | 《制程检验作业流程》 |
| 2 | 制程检验员依据《制程检验规范》对各车间/工序半成品进行检验，并在《制程检验报告》中填写检验结果，如不合格时则开出《制程品质异常报告》交技术部工艺员处理 | 制程品检员 | 3. 制程检验报告 | 《制程检验作业流程》<br>《生产异常处理作业动作控制卡》 |
| 3 | 制程检验组长依据《制程检验报告》统计《制程检验日报表》 | 制程品管组长 | 4. 制程检验日报表 | 《制程检验作业流程》 |

**续表**

| 序号 | 作业内容 | 责任人 | 相关记录表单 | 相关流程/控制卡 |
|---|---|---|---|---|
| 4 | 制程检验组长每周一将上周《制程检验日报表》交品管文员汇总成《制程检验周报表》 | 品管文员 | 5. 制程检验周报表 | 《制程检验作业流程》 |
| 5 | 每月3日品管文员将上月《制程检验周报表》汇总成《制程检验月报表》 | 品管文员 | 6. 制程检验月报表 | 《制程检验作业流程》 |
| 6 | 每月3日品管文员依据《制程检验月报》统计各车间制程检验合格率，并完成上月《制程检验合格率统计表》，经品管经理审核后，递交人力资源部作为生产部各车间［制程检验合格率］的考核依据 | 品管经理 | 7. 制程检验合格率统计表 | 《绩效考核管理制度》 |
| 7 | 每月5日人力资源部绩效考核专员依据品管部提供的《制程检验合格率统计表》完成上月《生产部绩效考核统计表》，并交生产部经理签字确认 | 绩效考核专员 | 8. 部门绩效考核统计表 | 《绩效考核管理制度》 |

7.2.2　制程巡检记录表

《制程巡检记录表》如表5－56所示：

**表5－56　×××有限公司制程巡检记录表**

车间：　　年　　月　　日

| 品名规格 | | | | | | | | 班别 | | | | | | | 订单号 | |
|---|---|---|---|---|---|---|---|---|---|---|---|---|---|---|---|---|
| 项目<br>工具<br>时间 | | | | | | | | | | | | 抽样数 | 不良数 | 不良率 | 检验描述 | 备注 |
| | | | | | | | | | | | | PCS | PCS | % | | |
| | | | | | | | | | | | | | | | | |
| | | | | | | | | | | | | | | | | |
| | | | | | | | | | | | | | | | | |
| | | | | | | | | | | | | | | | | |
| | | | | | | | | | | | | | | | | |
| | | | | | | | | | | | | | | | | |
| | | | | | | | | | | | | | | | | |
| | | | | | | | | | | | | | | | | |
| | | | | | | | | | | | | | | | | |
| | | | | | | | | | | | | | | | | |
| | | | | | | | | | | | | | | | | |
| 投产数： | | | | 抽样数： | | | | | 不良数： | | | | 不良率： | | | |
| 质检部长： | | | | 车间主任： | | | | | IPQC： | | | | | | | |

### 7.2.3 制程检验报告

《制程检验报告》如表 5－57 所示：

**表 5－57 ×××有限公司成型制程检验报告**

| 承认书料号 | | | 型号/品名 | | | 订单编号 | |
|---|---|---|---|---|---|---|---|
| 制令单料号 | | | 胶件颜色 | | | 订单数量 | |
| | | | | | | 送检批量 | |
| 参考资料 | □订单 □承认书/样 □配色表<br>□生产制令单□检验规范□联络单□其他 | | | 订单类别 | | □公司产品 □OEM □ODM | |
| 检验标准<br>MIL－STD－105E Ⅱ级 | | | 抽样数量：____<br>依据产品检验规范执行检验 | | CRI：____<br>AC：_/RE：_ | MAJ：____<br>AC：_/RE：_ | MIN：____<br>AC：_/RE：_ |
| 产品本体检验 | 外观 | 检验数 | 不良说明 | | | | |
| | | 全检样本 | | | | | |
| | | | | | | | |
| | | | | | | | |
| | | | | | | | |
| | | | | | | | |
| 重要检验部分 | 组装 | | | | | | |
| | 尺寸 | | 标准尺寸： | 正负公差： | | | |
| | | | 实际尺寸 | | | | |
| | | | | | | | |
| | | | | | | | |
| 说明：针对塑胶组装和尺寸检测仅对样本中部分样品进行组装和测量，如有异常则整批判退处理 | | | | 不良品合计： | | | |
| 检验判定 | □允收 □拒收 | | 检验员 | | 组长 | | 课长 |
| 备注：检验完毕，此检验记录连同检验样本呈上一级主管确认 | | | | | | | |
| 返工送检日期 | | 送检数量 | | 责任部门负责人签名 | | | |
| 检验标准<br>MIL－STD－105E Ⅱ级 | | 抽样数量：____<br>依据产品检验规范执行检验 | | CRI：____<br>AC：_/RE：_ | MAJ：____<br>AC：_/RE：_ | MIN：____<br>AC：_/RE：_ | |
| 检验项目 | 检验数 | 不良说明 | | | | | |
| | | | | | | | |
| | | | | | | | |
| | | | | | | | |
| | | | | | | | |
| 返工复检判定：□允收 □拒收 | | | 不良品合计： | | | | |
| 检验员 | | | 组长： | | 课长 | | |

### 7.2.4 制程检验日报表

《制程检验日报表》如表5－58所示：

**表5－58 ×××有限公司制程检验日报表**

日期： 年 月 日

| 序号 | 班组 | 生产制令单号 | 产品型号 | 产品料号 | 产品名称 | 单位 | 报检数量 | 抽检数量 | 不合格数量 | 不合格情况说明 | 检验判定结果 | 备注 |
|---|---|---|---|---|---|---|---|---|---|---|---|---|
| 1 | | | | | | | | | | | | |
| 2 | | | | | | | | | | | | |
| 3 | | | | | | | | | | | | |
| 4 | | | | | | | | | | | | |
| 5 | | | | | | | | | | | | |
| 6 | | | | | | | | | | | | |
| 7 | | | | | | | | | | | | |
| 8 | | | | | | | | | | | | |
| 9 | | | | | | | | | | | | |
| 10 | | | | | | | | | | | | |
| 11 | | | | | | | | | | | | |
| 12 | | | | | | | | | | | | |
| 13 | | | | | | | | | | | | |
| 14 | | | | | | | | | | | | |
| 合计 | | | | | | | | | | | | |
| 说明 | 1. 检验判定结果分为：A. 合格；B. 特采；C. 拣用；D. 返工；E. 返修；F. 报废；G. 其他（请说明），品管员依据实际结果选填 | | | | | | | | | | | |

制表： 审批：

### 7.2.5 制程检验周报表

《制程检验周报表》如表5－59所示：

**表5－59 ×××有限公司制程检验周报表**

年 月

| 日期 | 切料 | 焊接 | 全检 | 酸烤 | 包装 | 平均不良率 | 备注 |
|---|---|---|---|---|---|---|---|
| | | | | | | | |
| | | | | | | | |

续表

| 日期 | 切料 | 焊接 | 全检 | 酸烤 | 包装 | 平均不良率 | 备注 |
|---|---|---|---|---|---|---|---|
| | | | | | | | |
| | | | | | | | |
| 本月重大品质事故记录: | | | | | 与上月比较 | 0.00% | |
| 日期 | 产品编号 | 产品名称 | 不良描述 | | 不良率 | 处理措施 | 改善结果 |
| | | | | | | | |
| | | | | | | | |
| | | | | | | | |
| | | | | | | | |
| | | | | | | | |
| | | | | | | | |

批示:　　　　　　　　　　制订:

7.2.6　制程检验月报表

《制程检验月报表》如表 5－60 所示:

**表 5－60　×××有限公司制程检验月报表**

年　　月份

| 日期 | 切料 | 焊接 | 全检 | 酸烤 | 包装 | 平均不良率 | 备注 |
|---|---|---|---|---|---|---|---|
| | | | | | | | |
| | | | | | | | |
| | | | | | | | |
| | | | | | | | |
| 本月重大品质事故记录: | | | | | 与上月比较 | | |
| | | | | | | | |
| | | | | | | | |
| | | | | | | | |
| | | | | | | | |
| | | | | | | | |

续表

| 日期 | 产品编号 | 产品名称 | 不良描述 | 不良率 | 处理措施 | 改善结果 |
|---|---|---|---|---|---|---|
| | | | | | | |

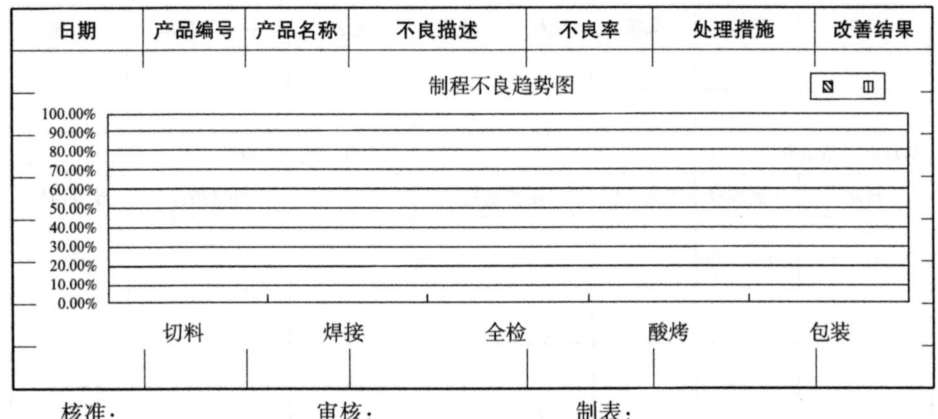


核准： 审核： 制表：

### 7.2.7 制程检验合格率统计表

《制程检验合格率统计表》如表5－61所示：

**表5－61 ×××有限公司制程检验合格率统计表**

| 车间 | 工序名称 | 产品品名规格 | 抽检数量 | 不良数量 | 合格率% |
|---|---|---|---|---|---|
| | | | | | |
| | | | | | |
| | | | | | |
| | | | | | |
| | | | | | |
| | | | | | |
| | | | | | |
| | | | | | |
| | | | | | |
| | | | | | |
| 合计 | | | | | |

核准： 审核： 制表：

## 7.3 制程异常报废率考核表单流

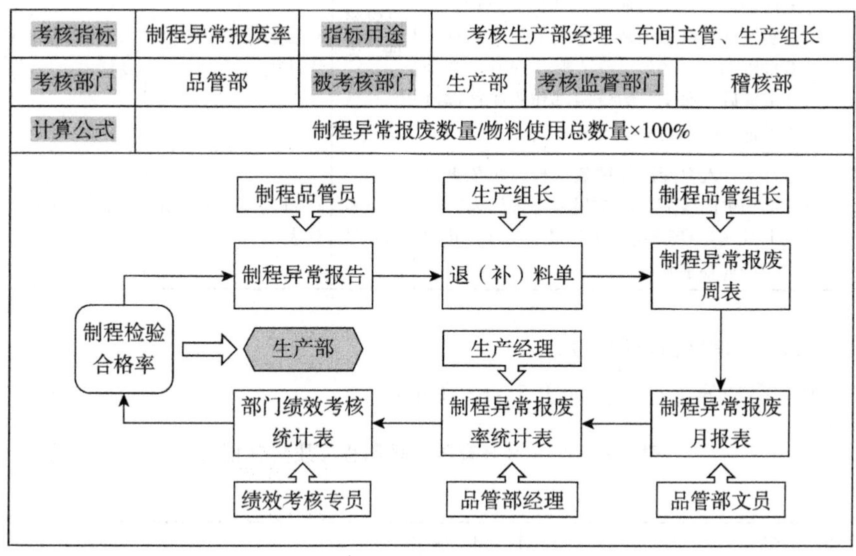


**图 5－9 制程异常报废率表单流**

### 7.3.1 制程报废率——数据收集作业指导书

《制程报废率——数据收集作业指导书》如表 5－62 所示：

**表 5－62 制程报废率——数据收集作业指导书**

| 考核指标：制程异常报废率 | | 指标用途：生产部经理、生产主管、生产组长 | | |
|---|---|---|---|---|
| 考核部门：品管部 | | 被考核部门：生产部 | | |
| 计算公式：制程异常报废数量/物料使用总数量×100% | | 考核监督部门：稽核部 | | |
| **序号** | **作业内容** | **责任人** | **相关记录表单** | **相关流程/控制卡** |
| 1 | 制程异常时，制程检验员开出《制程品质异常报告》交工艺工程师主导处理 | 制程检验员 | 2. 制程品质异常报告 | 《生产异常处理作业流程》 |
| 2 | 物料异常需报废时，制程检验员监督生产班组长进行退料，生产班组长开出《退补料单》经制程检验员签字确认后做退料处理 | 生组长 | 3. 退补料单 | 《退补料作业动作控制卡》 |
| 3 | 制程检验组长依据《退补料单》统计物料退料数量，并交品管文员汇总成《制程异常报废周报表》 | 制程检验组长 | 4. 制程异常周报表 | 《生产异常处理作业流程》 |
| 4 | 每月 3 日品管文员将上月《制程异常报废周报表》汇总成《制程异常报废月报表》 | 品管文员 | 5. 制程异常月报表 | 《生产异常处理作业流程》 |

续表

| 序号 | 作业内容 | 责任人 | 相关记录表单 | 相关流程/控制卡 |
|---|---|---|---|---|
| 5 | 每月3日品管文员依据《制程异常报废率统计表》统计上月制程异常报废数量，并查实上月物料总用量，完成上月《制程异常报废率统计表》，经品管经理及生产经理审核后，递交人力资源部作为生产部制程异常报废率的考核依据 | 品管经理、生产经理 | 6. 制程异常报废率统计表 | 《绩效考核管理制度》 |
| 6 | 每月5日人力资源部绩效考核专员依据品管部提供的《制程异常报废率统计表》完成上月《生产部绩效考核统计表》，并交生产经理签字确认 | 绩效考核专员 | 7. 部门绩效考核统计表 | 《绩效考核管理制度》 |

### 7.3.2 制程品质异常报告

《制程品质异常报告》如表5－63所示：

**表5－63 ×××有限公司制程品质异常报告**

编号：

<table>
<tr><td>生产部门：</td><td></td><td>生产班组别：</td><td></td></tr>
<tr><td>工程单号：</td><td></td><td>产品名称：</td><td></td></tr>
<tr><td>工序名称：</td><td></td><td>生产班组长：</td><td></td></tr>
<tr><td>提出时间：</td><td colspan="3">年 月 日</td></tr>
<tr><td colspan="4">制程异常描述：<br><br>QC： 年 月 日</td></tr>
<tr><td colspan="4">建议改善方法：<br><br>QC： 年 月 日</td></tr>
<tr><td colspan="4">生产部改善措施：</td></tr>
<tr><td colspan="4">部门主管签名：</td></tr>
</table>

续表

| 改善结果： | |
|---|---|
| 负责跟踪人： | 品控主管签名： |

备注：生产部在收到此单后需立即改正并回复此文件

7.3.3　退/补料单

《退/补料单》如表 5－64 所示：

**表 5－64　×××有限公司退/补料单**

退/补单位：　　　　日期：　　年　　月　　日　　　　　　　　№：

| 退料基本内容 | | | | | | 退　料 | | | 补　料 | | | | 备注 |
|---|---|---|---|---|---|---|---|---|---|---|---|---|---|
| 序号 | 生产制令单号 | 产品型号 | 物料名称 | 规格/型号 | 单位 | 退料数量 | 退料原因 | 品管判定 | 补料数量 | 补料原因 | 单价 | 金额 | |
| | | | | | | | | | | | | | |
| | | | | | | | | | | | | | |
| | | | | | | | | | | | | | |
| | | | | | | | | | | | | | |
| | | | | | | | | | | | | | |
| | | | | | | | | | | | | | |
| | | | | | | | | | | | | | |
| | | | | | | | | | | | | | |
| | | | | | | | | | | | | | |
| | | | | | | | | | | | | | |
| | | | | | | | | | | | | | |
| | | | | | | | | | | | | | |
| | | | | | | | | | | | | | |
| 说明 | 本单一式四联，第一联：白色财务联；第二联：红色 PMC 联；第三联：黄色仓库记账联；第四联：蓝色车间留底联<br>品管判定可选择：A. 合格品；B. 来料不良；C. 制程不良；D. 工程更改不良；E. 其他不良（请说明）；补料原因可选择：A. 超损耗补料；B. 其他（请说明） | | | | | | | | | | | | |

第一联：财务联

生产物料员：　　　　车间主管：　　　　品管员：　　　　仓管员：
仓库主管：　　　　PMC 部经理：

### 7.3.4 制程品质异常周报表

《制程品质异常周报表》如表5－65所示：

**表5－65 ×××有限公司制程品质异常周报表**

| 序号 | 日期 | 机台 | 姓名 | 产品型号 | 部件名称 | 数量 | 不良数 | 不良率 | 重量 | 金额 | 主要不良项 | 事故地点 | 品管员 | 备注 |
|---|---|---|---|---|---|---|---|---|---|---|---|---|---|---|
| 1 | | | | | | | | | | | | | | |
| 2 | | | | | | | | | | | | | | |
| 3 | | | | | | | | | | | | | | |
| 4 | | | | | | | | | | | | | | |
| 5 | | | | | | | | | | | | | | |
| 6 | | | | | | | | | | | | | | |
| 7 | | | | | | | | | | | | | | |
| 合计 | | / | / | / | / | / | / | / | 0 | 0 | / | / | / | / |

审核：　　　　　　　　　　制表：

### 7.3.5 制程品质异常月报表

《制程品质异常月报表》如表5－66所示：

**表5－66 ×××有限公司制程品质异常月报表**

| 站别 | 目标值 | 6月 | | | | 7月 | | | | | 8月 | | | | 9月 | | | | 10月 | | | | 11月 | | | | 12月 | | | |
|---|---|---|---|---|---|---|---|---|---|---|---|---|---|---|---|---|---|---|---|---|---|---|---|---|---|---|---|---|---|---|
| | | 23W | 24W | 25W | 26W | 27W | 28W | 29W | 30W | 月汇总 | 31W | 32W | 33W | 34W | 35W | 36W | 37W | 38W | 39W | 40W | 41W | 42W | 43W | 44W | 45W | 46W | 47W | 48W | 49W | 50W |
| | 异常次数 | | | | | | | | | | | | | | | | | | | | | | | | | | | | | |
| | 异常重量 | | | | | | | | | | | | | | | | | | | | | | | | | | | | | |
| | 异常金额 | | | | | | | | | | | | | | | | | | | | | | | | | | | | | |

审核：　　　　　　　　　　制表：

### 7.3.6 制程异常报废率统计

《制程异常报废率统计表》如表5－67所示：

**表 5－67　×××有限公司制程异常报废率统计表**

| 序号 | 日期 | 机台 | 姓名 | 产品型号 | 部件名称 | 数量 | 报废数 | 报废率 | 重量 | 金额 | 主要不良项 | 事故地点 | 品管员 | 备注 |
|---|---|---|---|---|---|---|---|---|---|---|---|---|---|---|
| 1 | | | | | | | | | | | | | | |
| 2 | | | | | | | | | | | | | | |
| 3 | | | | | | | | | | | | | | |
| 4 | | | | | | | | | | | | | | |
| 5 | | | | | | | | | | | | | | |
| 6 | | | | | | | | | | | | | | |
| 7 | | | | | | | | | | | | | | |
| 8 | | | | | | | | | | | | | | |
| 9 | | | | | | | | | | | | | | |
| 10 | | | | | | | | | | | | | | |
| 11 | | | | | | | | | | | | | | |
| 12 | | | | | | | | | | | | | | |
| 总使用重量： | | | | | 报废重量： | | | | 报废率： | | | | | |

## 7.4　成品检验合格率考核表单流

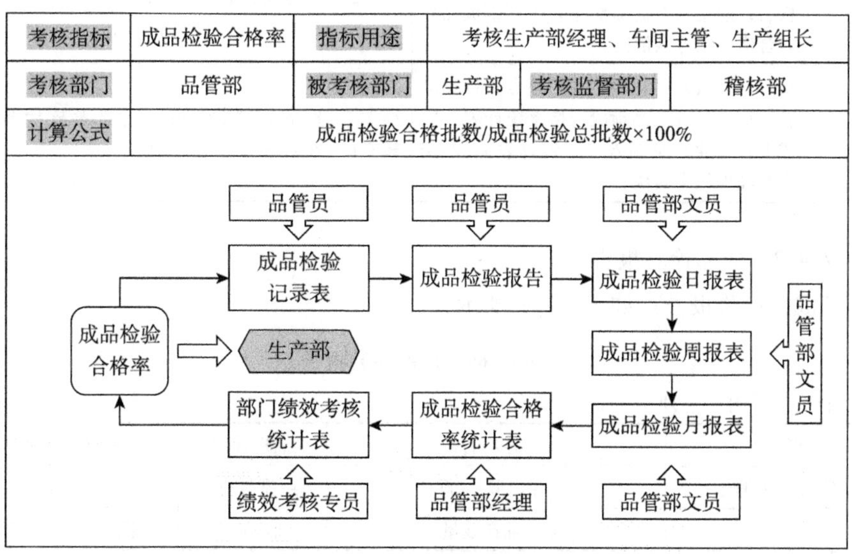

| 考核指标 | 成品检验合格率 | 指标用途 | 考核生产部经理、车间主管、生产组长 | | |
|---|---|---|---|---|---|
| 考核部门 | 品管部 | 被考核部门 | 生产部 | 考核监督部门 | 稽核部 |
| 计算公式 | 成品检验合格批数/成品检验总批数×100% | | | | |



**图 5－10　成品检验合格率表单流**

### 7.4.1　成品检验合格率——数据收集作业指导书

《成品检验合格率——数据收集作业指导书》如表5－68所示：

**表5－68　成品检验合格率——数据收集作业指导书**

| 考核指标：成品检验合格率 | | 指标用途：考核生产部经理、生产主管、生产组长 | | |
|---|---|---|---|---|
| 考核部门：品管部 | | 被考核部门：生产部 | | |
| 计算公式：成品检验合格批数/成品检验总批数×100% | | 考核监督部门：稽核部 | | |
| **序号** | **作业内容** | **责任人** | **相关记录表单** | **相关流程/控制卡** |
| 1 | 成品检验员接到《成品入库单》后，依据《成品检验规范》《抽样表》对成品进行检验，并填写《成品检验报告》，如不合格时则开出《品质异常报告》交工艺员处理 | 成品检验员 | 41. 成品检验报告 | 《成品检验作业流程》《抽样表》《成品检验规范》 |
| 2 | 成品检验组长依据《成品检验报告》统计《成品检验日报表》 | 成品检验员 | 42. 成品检验日报表 | 《成品检验作业流程》 |
| 3 | 成品检验组长每周一将上周《成品检验日报表》交品管文员汇总成《成品检验周报表》 | 成品检验组长 | 43. 成品检验周报表 | 《成品检验作业流程》 |
| 4 | 每月3日品管文员将上月《成品检验周报表》汇总成《成品检验月报表》 | 品管文员 | 44. 成品检验月报表 | 《成品检验作业流程》 |
| 5 | 每月3日品管文员依据《成品检验月报表》统计成品检验合格率，并完成上月《成品检验合格率统计表》，经品管经理审核后，递交人力资源部作为生产部成品检验合格率的考核依据。 | 品管文员 | 45. 成品检验合格率统计表 | 《成品检验作业流程》 |
| 7 | 每月5日人力资源部绩效考核专员依据品管部提供的《成品检验合格率统计表》完成上月《生产部绩效考核统计表》，并交生产经理签字确认。 | 绩效考核专员 | 8. 部门绩效考核统计表 | 《绩效考核管理制度》 |

### 7.4.2　成品检验报告

《成品检验报告》如表5－69所示：

**表5－69　成品检验报告**

日期：　　年　　月　　日　　　　　　　　　　　　№：

| 班　组 | | 客户名称 | | 抽样计划 | MIL－STD－105DⅡ |
|---|---|---|---|---|---|
| 客户订单编号 | | 客户型号/规格 | | 工厂型号/规格 | |
| 报检数量 | | 抽样数量 | | 抽检判定 | □正常 □加严 |

**续表**

| 技术要求 | | | | | | | | | | | | | | | | |
|---|---|---|---|---|---|---|---|---|---|---|---|---|---|---|---|---|
| 检测项目 | | 标准要求 | 检测结果 | | | | | | | | | | | | | |
| | | | 1 | 2 | 3 | 4 | 5 | 6 | 7 | 8 | 9 | 10 | 11 | 12 | 13 | 14 |
| 产品外观规格 | 说明书保修卡 | | | | | | | | | | | | | | | |
| | 铭牌、标识 | | | | | | | | | | | | | | | |
| | 外箱正唛 | | | | | | | | | | | | | | | |
| | 外箱侧唛 | | | | | | | | | | | | | | | |
| | 插头电源线 | | | | | | | | | | | | | | | |
| | 丝印品牌 | | | | | | | | | | | | | | | |
| | 条 形 码 | | | | | | | | | | | | | | | |
| | 电机型号 | | | | | | | | | | | | | | | |
| 产品电器性能测试 | 高档电机功率 | W +5% -10% | | | | | | | | | | | | | | |
| | 中档电机功率 | W +5% -10% | | | | | | | | | | | | | | |
| | 低档电机功率 | W +5% -10% | | | | | | | | | | | | | | |
| | 调 速 率 | I = Nmin/Nmax≤0.8 | | | | | | | | | | | | | | |
| | 噪 音 | 74dBA | | | | | | | | | | | | | | |
| | 杂 音 | | | | | | | | | | | | | | | |
| | 低压启动 | 按额定电压 0.8UN | | | | | | | | | | | | | | |
| | 照明功率 | 20/40W ±10% | | | | | | | | | | | | | | |
| | 电气强度 | Ⅰ类 1800V，5mA，5S | | | | | | | | | | | | | | |
| | | Ⅱ类 3750V，5mA，5S | | | | | | | | | | | | | | |
| | 接地电阻 | Ⅰ类 < 0.1Ω | | | | | | | | | | | | | | |
| | 泄漏电流 | Ⅰ类 额定电压 1.06 倍，≤0.75mA | | | | | | | | | | | | | | |
| | | Ⅱ类 额定电压 1.06 倍，≤0.25mA | | | | | | | | | | | | | | |
| | 绝缘电阻 | ≥50MΩ | | | | | | | | | | | | | | |
| | 电源线拉力 | 位移 < 1 mm（10kg 力） | | | | | | | | | | | | | | |
| | 零件的材料和规格 | | | | | | | | | | | | | | | |
| | 排风量 | | | | | | | | | | | | | | | |
| 缺陷分类 | AQL 值 | AC | RE | 缺陷总数 | 缺陷描述 | | | | | | | | | | | |

**续表**

<table>
<tr><td>致命缺陷</td><td>不允许</td><td></td><td></td><td></td><td colspan="4"></td></tr>
<tr><td>严重缺陷</td><td>/</td><td></td><td></td><td></td><td colspan="4"></td></tr>
<tr><td>轻微缺陷</td><td>/</td><td></td><td></td><td></td><td colspan="4"></td></tr>
<tr><td colspan="2">QA 判定</td><td colspan="3">□合格 □不合格</td><td>QA 签字</td><td></td><td>审核</td><td></td></tr>
<tr><td colspan="2">MRB 判定</td><td colspan="3">□返工 □让步放行 □其他：</td><td>会签</td><td colspan="3"></td></tr>
</table>

本单共一式两联：第一联：品管联（白色）；第二联：装配车间联（红色）。

### 7.4.3 成品检验日报表

《成品检验日报表》如表 5－70 所示：

**表 5－70 ×××有限公司成品检验日报表**

日期：200 年 月 日

| 序号 | 班组 | 生产制令单号 | 产品型号 | 产品料号 | 产品名称 | 单位 | 报检数量 | 抽检数量 | 不合格数量 | 不合格情况说明 | 检验判定结果 | 备注 |
|---|---|---|---|---|---|---|---|---|---|---|---|---|
| 1 | | | | | | | | | | | | |
| 2 | | | | | | | | | | | | |
| 3 | | | | | | | | | | | | |
| 4 | | | | | | | | | | | | |
| 5 | | | | | | | | | | | | |
| 6 | | | | | | | | | | | | |
| 7 | | | | | | | | | | | | |
| 8 | | | | | | | | | | | | |
| 9 | | | | | | | | | | | | |
| 10 | | | | | | | | | | | | |
| 11 | | | | | | | | | | | | |
| 12 | | | | | | | | | | | | |
| 13 | | | | | | | | | | | | |
| 14 | | | | | | | | | | | | |
| 合计 | | | | | | | | | | | | |
| 说明 | 检验判定结果分：A. 合格；B. 返工；C. 返修；D. 特采；E. 拣用；F. 报废；G. 其他（请说明），品管员依据实际结果选填 | | | | | | | | | | | |

### 7.4.5 成品检验周报表

《成品检验周报表》如表 5 – 71 所示：

**表 5 – 71 ×××有限公司 年 月 成品检验周报表**

| 日期 | 检验批次 | 良品批次 | 不良批次 | 不良率 | 合格率 |
| --- | --- | --- | --- | --- | --- |
| | | | | | |
| | | | | | |
| | | | | | |
| | | | | | |
| | | | | 与上周比较 | |

重大品质问题记录：

| 产品编号 | 产品名称 | 不良描述 | 不良率 | 异常部门 | 处理措施 |
| --- | --- | --- | --- | --- | --- |
| | | | | | |
| | | | | | |
| | | | | | |
| | | | | | |
| | | | | | |
| | | | | | |

成品合格率



批示： 制订：

### 7.4.6 成品检验月报表

《成品检验月报表》如表 5 – 72 所示：

**表 5 – 72 ×××有限公司 20×× 年 月份成品检验月报表**

| 日期 | 装配一 | 装配二 | 装配三 | 装配四 | 装配五 | 平均不良率 | 备注 |
| --- | --- | --- | --- | --- | --- | --- | --- |
| | | | | | | | |
| | | | | | | | |
| | | | | | | | |
| | | | | | | | |

续表

| 本月重大品质事故记录: | | | | | 与上月比较 | | |
|---|---|---|---|---|---|---|---|
| 日期 | 产品编号 | 产品名称 | 不良描述 | 不良率 | 处理措施 | 改善结果 | |
| | | | | | | | |
| | | | | | | | |
| | | | | | | | |
| | | | | | | | |
| | | | | | | | |
| | | | | | | | |

成品检验不良趋势图

100.00%
90.00%
80.00%
70.00%
60.00%
50.00%
40.00%
30.00%
20.00%
10.00%
0.00%

装配一 装配二 装配三 装配四 装配五

核准: 审核: 制表:

### 7.4.7 成品检验合格率统计表

《检验合格率统计表》如表5-73所示:

**表5-73 ×××有限公司成品检验合格率统计表**

| 日期 | 客户 | 产品品名规格 | 抽检数量 | 不良数量 | 合格率% |
|---|---|---|---|---|---|
| | | | | | |
| | | | | | |
| | | | | | |
| | | | | | |
| | | | | | |
| | | | | | |
| | | | | | |
| | | | | | |
| | | | | | |
| 合计 | | | | | |

审核: 制表:

## 8. 绩效考核管理制度

绩效考核管理制度是将考核动作形成书面的制度，用来长期执行，将考核动作常规化，主要内容包括：考核原则、考核组织、考核目标规定、考核量表管理规定、各类考核数据形成、提交、核实规定等。

绩效考核管理制度（模板）

1. 目的

对公司绩效考核的原则、考核目标的制定、考核量表的制定、考核流程、沟通及申诉程序、考核结果的应用进行规范，使绩效考核工作能够有序运行，真正发挥沟通功能、激励功能、评价功能。

2. 适用范围

适用于公司职员级以上人员、车间拉长级以上人员绩效考核全过程（营销中心、研发中心专门制定）。

3. 基本原则

3.1 公司绩效考核必须遵循九个基本原则：稳定原则、自主原则、公开原则、客观原则、参与原则、反馈原则、过程原则、申述原则、结果原则，所有绩效考核工作必须以此为依据，不得违反和背离。

3.2 九大原则的内容如下：

（1）稳定原则

公司在确定了 KPI（关键业绩指标）和 CPI（普通业绩指标）后，绩效考核的内容和考核标准基本上不会发生大的变化，保持相对稳定。

（2）自主原则

公司只对部门一级的 KPI 和 CPI 进行考核，据此形成各部门及部门长的考核成绩，并作为部门内部考核的依据。各部门制定相应的考核规程和评价标准，形成部门的考核实施细则，对部门内所有岗位均有对应的考核指标。

（3）公开原则

各级 KPI（含项目、达到状态、权重、评价标准）的制定与过程调整，均由目标承担者与其上级主管共同协商讨论完成，员工有权知道自己的详细考核结果。

（4）客观原则

要做到“用事实说话”，对被考者的任何评价都应有明确的评价标准与客观事实为依据，考核要客观地反映员工的实际情况，避免趋中倾向、以偏概全、首因效应等偏差。

（5）参与原则

考核者有参与制定本岗位考核标准的权利，同时在考核过程中，有获知上级评价意见、评价结果的权利。

（6）反馈原则

过程监控结果和考核结果要及时反馈给被考核者本人，肯定成绩，指出不足，并提出今后努力改进的方向。

（7）过程原则

考核者对被考核者要进行过程监控，并对过程监控信息进行记录，过程记录的信息是最终考核评价的重要依据。

（8）申诉原则

被考核者认为考核结果有失公正，可以通过正规渠道进行必要的解释和申诉。

（9）结果原则

部门 KPI 的完成情况取决于部门内部的工作投入和相关部门的协作程度。为了避免出现部门之间互相推诿的情况，在考核中，必须对 KPI 执行结果进行评价，对结果进行评价时不考虑外界的影响。由于相关部门的不合作经协调失效而导致该部门 KPI 无法完成的，该部门可及时向负责考核的主管部门反映情况，对不配合的部门进行考核。

4. 作业程序

4.1 绩效目标制定作业流程：

4.1.1 公司状况分析：在公司计划周期完成前两个月，总经理组织中高层管理人员对公司上年度目标达成情况、企业内部存在问题进行分析，找出未完成目标的各种原因，检讨完成后形成《年度总结暨年度计划》。

4.1.2 总经理组织中高层管理人员根据企业年度计划的要求制定公司年度目标，目标尽可能量化和具体，形成企业目标（初稿）。

4.1.3 总经理组织企业中高层管理人员对目标的全面性、科学性、有效性、可达成性、对战略的支撑程度进行全面审定，如需要补充或修订的，进行补充或修订，形成企业目标（修订稿）。

4.1.4 总经理组织企业中高层管理人员进行企业目标的学习和认识。

4.2 绩效目标分解作业流程：

4.2.1 公司目标的第一次分解：由总经理组织开展将企业目标分解为部门目标的分解工作，该过程是绩效管理的重要过程，要求部门目标应完全能支撑企业目标，形成部门目标（初稿）。

4.2.2 总经理对各部门目标进行审定，需要修订和补充时，应进行修订和补充，形成部门目标（最终稿）。

4.2.3 公司目标的第二次分解：由部门长组织员工进行部门目标的分解工作，岗位目标应完全能支撑部门目标，形成岗位目标，此过程由部门内部组织进行。

4.3 目标更改工作规范

4.3.1 目标更改包括以下三种情况：总经理提出公司级目标的更改；部门长向总经理提出部门目标的更改，由总经理决定是否更改；部门员工向部门长提出岗位目标的更改，由部门长审核后决定是否更改。

4.3.2 原则上公司的目标不可随意修改，部门和岗位的目标在完全受控状态下进行更改。

4.3.3 岗位目标的更改由目标承担的直接岗位人员填写《目标更改申请表》，交部门负责人审核。

4.3.4 部门目标的更改由部门负责人填写《目标更改申请表》，交总经理审核。

4.3.5 当申请要求获得批准时，责任部门应将更改的结果知会相关部门及岗位。

4.4 绩效考核的组织

绩效考核由绩效管理小组负责管理，绩效管理小组由管理领导小组、稽核小组成员担任，组长由人事行政部经理担任，负责绩效考核工作的组织、协调、调查等工作。

4.5 绩效考核量表的制定

4.5.1 依据各部门所分担的部门目标，按考核指标的类型和特点设定考核周期，结合《绩效考核量表》的空白模版，人事行政部制定《部门绩效考核量表》，总经理审核通过后使用。

4.5.2 各部门长结合本部门各岗位所分解的KPI目标及CPI目标制定《员工考核量表》，人事行政部经理审核通过后使用。

4.5.3 所有《考核量表》电子文档保存在人事行政部绩效考核负责人处，各部门的《考核量表》可发送一份到部门负责人处。

4.5.4 所有的量表尽可能量化、具体化，以统计数据作为考核资料来源。

4.6 一级考核

4.6.1 一级考核是指公司对各部门绩效的考核。目前主要分：PMC 部、品质部、工程部、仓储部、采购部、生产部、人事行政部、财务部、研发、销售进行考核。

4.6.2 每月 5 日前绩效考核专员收集汇总上月相关考核数据，提供给绩效管理小组组长，组长整理后上报给总经理。

4.6.3 总经理与各部门长进行沟通，告知该部门上月绩效考核情况，并就改善方向及措施达成一致。

4.6.4 每月 10 日前人事行政部公布部门上月月度绩效成绩，部门绩效成绩是该部门负责人的考核成绩，也是该负责人下属管理人员、部门员工绩效成绩的有效权重。

4.6.5 某些指标不适合按月考核，绩效考核专员在考核周期结束时，收集相关考核数据、证据，整理考核量表，提供给绩效管理小组组长，组长整理后上报给总经理。

4.6.6 如部门负责人反映考核结果有误，可填写《绩效考核申诉表》交给绩效管理小组，绩效管理小组调查后，将调查结果反馈给总经理，最终确定考核结果。

4.7 二级考核

4.7.1 二级考核是部门自行主导进行组织的绩效考核，如营销中心内部考核、生产部内部考核、PMC 部内部考核等。

4.7.2 二级考核也要遵循上述九大原则，公平、公正地考核每位员工的工作业绩。

4.7.3 每月 5 日前完成上月考核。

4.7.4 考核时，先由员工评出个人得分，此分数只做参考，不计入个人考核评分。

4.7.5 部门长根据各位员工平时工作表现、工作绩效做出相应评分。

4.7.6 部门长分别与员工面谈，指出员工工作中的成绩及不足，做出工作指导，绩效成绩及面谈记录由双方共同签字确认。

4.7.7 每月 8 日前部门长将双方签字确认的考核量表交人事行政部。

4.7.8 人事行政部在每月 10 日前公布各部门员工上月月度考核成绩。

4.8 考核的申诉

4.8.1 当员工对考核公平/公正性及其结果有质疑并未在部门内部获得有效解决时，员工可填写《绩效考核申诉表》进行申诉。

4.8.2 员工将《绩效考核量表》及《绩效考核申诉表》交给绩效管理小组；

4.8.3 绩效管理小组对员工的申诉进行调查和核实。

4.8.4 绩效管理小组的组长应确认员工的申诉是否有效，若申诉有效，应在3天内提出合理的解决方案。

4.8.5 若员工的申诉内容经调查核实为无效申诉时，绩效管理小组应向申诉员工知会。

4.8.6 绩效管理小组组织申诉人、被诉人协同沟通并解决申诉问题。

4.8.7 绩效管理小组每年进行绩效管理系统评审时，应进行一次员工申诉的总结和分析工作，找出申诉的类别和主要原因，如有必要，可制定相应的文件对绩效管理系统进行改进。

4.9《绩效分析报告》的编制和绩效考核系统的评审

4.9.1 绩效管理小组组长负责编制《公司绩效分析报告》，每年两次，报告公司绩效完成情况、出现的问题等，交总经理审批后发布。

4.9.2 绩效考核原则上每年至少进行一次系统的评审工作，由总经理组织绩效管理小组的成员进行，针对绩效考核的组织、系统、目标、指标、培训等内容进行评审，持续改进绩效考核工作，修订结果由总经理审批后生效。

5. 考核成绩的核算

5.1 一级考核：月度考核：部门月度考核分数 = 部门月度考核指标达成分数。

5.2 二级考核：

月度考核：员工个人考核分数 = 部门月度考核指标达成分数/100 × 个人月度考核分数（能够在周绩效考核中体现的部门和人员，按周评分进行发放）。

为平稳推行考核制度，目前公司采取一级考核，即针对部门进行绩效考核，部门负责人根据相关人员负责工作绩效完成情况，自行组织二级考核。

6. 考核结果的应用

6.1 部门绩效奖金的计算和发放

6.2 培训需求的确认

6.3 人员调岗、调职、调薪的确认

6.4 招聘需求的确认

7. 奖惩

7.1 所有相关责任人未按规定程序作业者，处以10元/次的乐捐。

7.2 未在规定时间按要求提供考核资料给稽核专员的，处以10元/项的乐捐。

7.3 整个绩效考核运作严格按“九大原则”执行，违者对当事人处以50元/次乐捐。

7.4 凡在运作过程中弄虚作假者，一经查实，处以100元/次的乐捐，情节严重者报总经理批示处理。

7.5 违反本流程未尽处罚规定事项的，责任人10元/次乐捐，情节严重的按总经理批示处理。

7.6 上下工序、部门举报本管理办法违规情况，经稽核小组核实者，一律奖励举报人10元/次。

8. 附件

8.1《部门绩效考核量表》

8.2《目标更改申请表》

8.3《绩效考核申诉表》

## 8.1 绩效考核量表

部门绩效考核量表，是将一个部门的关键绩效指标项目进行汇总，是对整个部门的管理业绩考核，每一个关键指标都设有分值权重。考核原则是要少而精，不能什么都考，一个部门的关键绩效考核指标最好不要超过5个，尽可能精简，便于执行和检查。部门绩效考核量表中的数据同样是由日到周到月来构成，它是单个考核指标的汇总，用来觉知部门的整体业绩和激励大家的工作积极性。

《部门绩效考核量表》如表5－74所示：

## 8.2 绩效数据形成动作控制卡

《绩效考核管理动作控制卡1——绩效数据形成》如表5－75所示：

## 8.3 绩效数据提交动作控制卡

《绩效考核管理动作控制卡2——绩效数据提交》如表5－76所示：

## 8.4 绩效数据核实动作控制卡

《绩效考核管理动作控制卡3——绩效数据核实》如表5－77所示：

**表5－74　部门绩效考核量表（模板）**

被考核部门：PMC部　　　　　　　　　　年　　月　　版本：A0

| 项目 | 项目说明 | 目标值 | 实际值 | 分值权重 | 计分方法 | 实际得分 | 差额 | 考核部门 |
|---|---|---|---|---|---|---|---|---|
| 订单准交率 | 1. 是指一个单位周期内出货计划达成状况<br>2. 订单准交率＝准交订单数量/到期订单总数量×100% | 95% | | 40 | 1. 以月为单位周期计算，即从每月的一号到三十一号止<br>2. 每降低1%扣1分，增加1%加1分 | | | 营销中心 |
| 车间欠料次数 | 1. 是指一个单位周期内车间欠料总次数<br>2. 包括因PMC物料排查不及时、漏下请购单或前工序进度跟进不及时引起的欠料导致车间不能按原计划进行生产 | 0次 | | 20 | 1. 以月为单位周期计算，即从每月的一号到三十一号止<br>2. 每超出目标值1次扣1分，直到该项分扣完止 | | | 生产部 |
| 计划错误投诉次数 | 是指一个单位周期内生产计划（包括漏下）的总次数 | 0次 | | 10 | 1. 以月为单位周期计算，即从每月的一号到三十一号止<br>2. 每超出目标值1次扣2分，直到该项分扣完止 | | | 生产部 |
| 物料需求计划错误投诉次数 | 是指一个单位周期内物料需求计划错误（包括漏下）的总次数 | 0次 | | 10 | 1. 以月为单位周期计算，即从每月的一号到三十一号止<br>2. 每超出目标值1次扣2分，直到该项分扣完止 | | | 采购部 |
| 生产计划下达及时率 | 1. 是指一个单位周期内生产计划及时下达状况<br>2. 每天15：00前下达第二天计划给各拉线 | 0次 | | 10 | 1. 以月为单位周期计算，即从每月的一号到三十一号止<br>2. 每延迟1次扣0.5分 | | | 生产部 |

续表

| 项目 | 项目说明 | 目标值 | 实际值 | 分值权重 | 计分方法 | 实际得分 | 差额 | 考核部门 |
|---|---|---|---|---|---|---|---|---|
| 上级主观加给（部门综合管理能力） | 1. 部门目标达成优秀，并能够积极主动解决、处理问题5分<br>2. 部门目标达成良好，能够发现存在问题，并主动向上级反映4分<br>3. 部门目标基本达成，基本能够按时完成上级交办的事项3分<br>4. 部门目标达成较差，部门存在较多问题，有改善动作但效果不明显2分<br>5. 部门目标达成很差，影响到其他部门，且无改善动作0~1分 | / | | 10 | 1. 以月为单位周期计算，即从每月的一号到三十一号止<br>2. 由制造总监根据当月该部门总体状况进行综合评定 | | | 制造总监 |
| | | | | | | | | 人事行政部 |
| 制表： | | 被考核部门确认： | | | 总经理核准： | | | |

1. 90 分以上为优，绩效奖金的 110%；
2. 80 分～89.9 为良，绩效奖金的 90%；
3. 70 分～79.9 分为合格，绩效奖金的 70%；
4. 60 分～69.9 分，绩效奖金的 50%；
5. 低于 60 分，绩效奖金的 0%。

**表 5－75　绩效考核管理动作控制卡 1——绩效数据形成**

<table>
<tr><td>文件名称</td><td colspan="9">绩效数据形成动作控制卡（模板）</td></tr>
<tr><td>编制部门</td><td>×××</td><td>使用部门</td><td>公司所有部门</td><td>文件编码</td><td>×××</td><td>版本/次</td><td>A/0</td><td>页数</td><td>第 292 页/共 1 页</td></tr>
<tr><td>控制要点</td><td colspan="3">标准（如何做）</td><td colspan="2">表单</td><td colspan="2">制约（谁检查）</td><td colspan="2">责任（担何责）</td></tr>
<tr><td>绩效数据表单流</td><td colspan="3">各考核部门负责人对于每一个考核数指标，都要完成《数据表单流》《数据收集作业指导书》，以及完善每一个相关表单，便于考核数据的检查和核实</td><td colspan="2">《数据表单流》《数据收集作业指导书》</td><td colspan="2" rowspan="2">1. 绩效考核专员检查各部门的考核数据表单流、数据收集作业指导书是否按要求完成<br>2. 绩效考核专员检查各部负责人是否每周二完成《周考核数据统计表》<br>3. 人力资源部经理检查各部门负责人是否在规定时间完成《月考核数据统计表》</td><td colspan="2">未按要求完成《考核数据表单流》《数据收集作业指导书》的，乐捐责任人 5 元/次</td></tr>
<tr><td>日数据、周汇总和月统计</td><td colspan="3">1. 各考核部门负责人对每天运作的数据进行不低于一次的检查<br>2. 对每一个考核数据在每周二上午十二点前完成周汇总数据，上交给人力资源部<br>3. 每月 3 日前对每一周的数据进行汇总，完成月的数据汇总，交将统计表上交给人力资源部</td><td colspan="2">《周考核数据统计表》<br>《月考核数据统计表》</td><td colspan="2">未在规定时间完成周、月考核数据统计的，乐捐 5 元/天</td></tr>
</table>

编制　　　　审核　　　　批准　　　　生效日期

备注：本控制卡试运行 1 周，无问题后严格执行。

会签栏：

**表 5－76　绩效考核管理动作控制卡 2——绩效数据提交**

| 文件名称 | 绩效数据提交动作控制卡（模板） | | | | | | | | |
|---|---|---|---|---|---|---|---|---|---|
| 编制部门 | ××× | 使用部门 | 公司所有部门 | 文件编码 | ××× | 版本/次 | A/0 | 页数 | 第 293 页/共 1 页 |

| 控制要点 | 标准（如何做） | 表单 | 制约（谁检查） | 责任（担何责） |
|---|---|---|---|---|
| 绩效数据统计表提交 | 每月 3 日完成各类考核数据上个月的月统计表，各部门的负责人提交到人力资源部 | 《绩效数据月统计表》 | 1. 绩效考核专员对各部门的考核数据统计表的上交时间进行检查<br>2. 人力资源部经理对检查绩效考核专员对各部门绩效考核统计表的完成时间<br>3. 绩效考核专员检查各部负责人对《部门绩效考核统计表》的确认时间 | 未按时提交《绩效数据月统计表》的，乐捐责任人 5 元/天 |
| 绩效数据确认 | 1. 每月 5 日，绩效考核专员以各部上交的月统计数据为依据完成各部门绩效考核统计表，并交给人力资源部经理进行审核，审核工作在 4 个小时内完成<br>2. 绩效考核专员将已完成的《部门绩效考核统计表》交给相关被考核部门负责人进行确认、签字，确认工作在一个工作日内完成 | 《部门绩效考核统计表》 | | 1. 绩效专员未在 5 号完成各部门绩效考核统计表的，乐捐 5 元/天<br>2. 人力资源部经理未在 4 个小时内完成《部门绩效考核统计表》的审核工作的，乐捐 5 元/天<br>3. 各被考核负责人未在一个工作日内完成《部门绩效数据统计表》确认的，乐捐 5 元/天 |

编制　　　　　　审核　　　　　　批准　　　　　　生效日期

备注：本控制卡试运行 1 周，无问题后严格执行。

会签栏：

**表5－77　绩效考核管理动作控制卡3——绩效数据核实**

<table>
<tr><td>文件名称</td><td colspan="9">绩效数据核实动作控制卡（模板）</td></tr>
<tr><td>编制部门</td><td>×××</td><td>使用部门</td><td>公司所有部门</td><td>文件编码</td><td>×××</td><td>版本/次</td><td>A/0</td><td>页数</td><td>第294页/共1页</td></tr>
<tr><td>控制要点</td><td colspan="3">标准（如何做）</td><td>表单</td><td colspan="3">制约（谁检查）</td><td colspan="2">责任（担何责）</td></tr>
<tr><td>数据过程检查</td><td colspan="3">1. 绩效考核专员每天不低于一次对各项考核数据依据《考核数据表单流》进行检查，并做好稽核记录<br>2. 绩效考核专员对于每周各部上交的周考核数据进行抽查，对考核数据表、汇总数据表及相关数据表单进行周数据的核实工作，每次抽查不少于三个部门的检查，将做好稽核记录</td><td>《稽核检查表》</td><td colspan="3" rowspan="2">人力资源部经理对绩效考核专员的数据核实工作进行检查</td><td colspan="2">1. 绩效考核专员没有每天按要求对各项考核数据进行检查，乐捐责任人5元/次<br>2. 绩效考核专员没有每周按要求对周考核数据进行抽查的，乐捐责任人5元/次</td></tr>
<tr><td>月考核数据核实</td><td colspan="3">绩效考核专员对各部提交的月数据进行抽查，对考核数据表、汇总数据表及相关数据表单每次抽查不少于三个部门的检查，并做好稽核记录</td><td>《稽核检查表》</td><td colspan="2">绩效考核专员没有每月按要求对月考核数据进行抽查的，乐捐责任人5元/次</td></tr>
</table>

备注：本控制卡试运行1周，无问题后严格执行。

会签栏：

# 第 6 章

# 管理心学概说

## 1. 知行合一

儒家思想外显学问，内藏功夫。孔子、曾子、子思、孟子师徒四代传的是真功夫。自孟子以后到明朝王阳明，期间传的更多是学问，直至朱熹的理学为顶峰。

为什么说孔孟之道的核心是功夫而非学问？孔孟师徒四人处在春秋战国时期，在那个时代背景之下，孔孟所提倡的思想，其目的是为了帮助当时的各诸侯国国家如何强大，人民如何安居，绝非只是拿来好听的大道理，如同今天的职业经理人，如何帮助企业家将企业做强做大。所以，孔孟之道，是用来帮助完成事功大业，即解决如何“行”的问题。

明朝的王阳明也是在带兵打仗当中练就并恢复了儒家的这门功夫。在日本，阳明心学被奉为“显学”，成为明治维新最重要的精神武器；稻盛和夫的事业成就，同样证明了阳明心学背后儒家功夫的厉害。学问只需讲，功夫事上练，还是“行”的问题。

“知行合一”是阳明心学的核心，那么如何行？让一个人行动，其最根本最内在的动力来源何在？老祖宗早就知道，行的动作来自行的念头意愿，那行的意愿又如何产生呢？王阳明说的“知行合一”的行，非行动的行，而是行的意愿和念头。正如《大学》所言：“如好好色，如恶恶臭。”知道好的东西，自然喜欢，知道恶臭的东西，自然厌恶。知道好而产生喜欢的念头，以及知道恶臭而产生厌恶的念头是同时发生的，即是“知行一念”。

所以，要想让人从内在产生行的动作，必先激活他本能的行的意愿（念头）。而行的意愿产生的前提是必先让他知。因为“知”不仅是生命本有的功能，“知”还能带来行的意愿。所以，才有“知之一字，众妙之门”的说法。

纵观历史至今，法家靠外在制度让人行，今天的企业也是如此。而儒家走的是由内而外的路线——靠知而行。知是行的起步，安是行的方向。《大学》的七证功夫可见：知止定静安虑得（虑得是行到安后的结果表现）。

诸如：员工一旦知道他没做好，他会本能地产生想做好的念头（意愿），但接着会生出各种妄念（比如，能做好吗？做好了有什么好处？不做好又能怎样？），此时必须止住他的这些妄念，留住想要做好的意愿。有了做好的意愿后，还不能乱作为。这个因想做好意愿而付诸的行动必须与公司的相关要求和规定保持一致，让他的心及行为有个定处。然而，公司规定又会和他以前的行为习惯不统一，此时必然产生不习惯的纠结阶段，即是静（静字右边是“争”字旁，表面静，内在有挣扎）。等慢慢习惯、适应了，心就安。此时的行动就是纯粹的行动，不问为什么，只管是什么；不用去想，不停在做。这种状态就是符合天道的状态。人生命的方式，如：吃饭、睡觉、呼吸、心脏跳动等，都不需想，便能反复做，生命就这样得以延续着。

心安做事与一般做事的境界区分如下：

- 安而行之——天道——心安；
- 利而行之——人道——奖罚；
- 勉而行之——人道——制度。

## 2. 天人合一

管理不靠（不依赖）制度、不靠奖罚、不靠人情，而靠“良知”。

我们历经 15 年，在 500 多家企业里，修炼体证了这种良知思想的功夫。从七证功夫的第一个“知”字开始修。

知行合一系统如下：

- “生产计划”系统——知欠，从而追欠。
- “品质成本”系统——知易，从而改善。
- “员工激励”系统——知能，从而自信。

- “执行力提升”系统——知止，从而止住妄念。

这四大版块的本质是什么？知真相！真相在哪里？真相在当下。

当下并不是一个时间概念：意在知上，则为当下；意离开知，人就不活在当下。比如：一个人喝酒过量时，身体的肝脏、肠胃肯定是排斥酒精的，身体此刻的“知”一定是不喝了。这就是当下的知，你收到这样的知，按这样的知行事，就是活在当下，就是活在真相当中。

然而，一个酒鬼在此刻的兴奋状态下是还“想”喝酒的，这个“想”就偏离了当下的“知”，是意的作用。意离开了知，就离开了真相，人就活在了错觉当中。尽管这个错觉会让人觉得非常真实，就如酒鬼都会认为自己没醉还能喝一样。

所以，要知真相，就必须活在当下，要活在当下，就必须意在知上。这也是《大学》所讲的“诚意”。

《大学》所言“格物、致知、诚意、正心”与“意、知”的关系如下：

- 格物：抓数据，破假相，激发良知——意无所在；
- 致知：去现场，找动作，真知必行——知无不在；
- 诚意：反复查，纠习性，不忘初心——意在知上；
- 正心：勤总结，善激励，心想事成——心安自在。

我们借助“意在知上”，实现“活在当下”，破解管理问题表现如下：

- 计划不离排查，心就活在当下；
- 改善不离现场，意就定在知上；
- 滚动排查——活在当下，意在知上，知行合一；
- 稽核检查——活在当下，意在知上，知行合一；
- 日结日清——活在当下，意在知上，知行合一。

“意在知上”，与道家庄子最早提出的“天人合一”不谋而合。意识为人所有，知性为天所赋，意在知上，即为天人合一！如此，中华传统文化的儒释道三家在这里汇合：同一个东西，不同的表达。如此也应允了“万物同宗，万事同理”的至理名言，妙哉！

- 佛家——活在当下
- 道家——天人合一
- 儒家——诚意正心
- 管理——意在知上

我们在平日以企业实操的方式练就“意在知上”的功夫，旨在让我们在世俗间做事的人，通过经营管理开发良知，实现事业、修行双丰收。

# 推荐作者得新书！

## 博瑞森征稿启事

**亲爱的读者朋友：**

感谢您选择了博瑞森图书！希望您手中的这本书能给您带来实实在在的帮助！

博瑞森一直致力于发掘好作者、好内容，希望能把您最需要的思想、方法，一字一句地交到您手中，成为管理知识与管理实践的桥梁。

但是我们也知道，有很多深入企业一线、经验丰富、乐于分享的优秀专家，或者忙于实战没时间，或者缺少专业的写作指导和便捷的出版途径，只能茫然以待……

还有很多在竞争大潮中坚守的企业，有着异常宝贵的实践经验和独特的洞察，但缺少专业的记录和整理者，无法让企业的经验和故事被更多的人了解、学习……

**对读者而言，这些都太遗憾了！**

博瑞森非常希望能将这些埋藏的"宝藏"发掘出来，贡献给广大读者，让更多的人从中受益。

所以，我们真心地邀请您，我们的老读者，帮我们搜寻：

**推荐作者**

可以是您自己或您的朋友，只要对本土管理有实践、有思考；可以是您通过网络、杂志、书籍或其他途径了解的某位专家，不管名气大小，只要他的思想和方法曾让您深受启发。

可以是管理类作品，也可以超出管理，各类优秀的社科作品或学术作品。

**推荐企业**

可以是您自己所在的企业，或者是您熟悉的某家企业，其创业过程、运营经历、产品研发、机制创新，等等。无论企业大小，只要乐于分享、有值得借鉴书写之处。

**总之，好内容就是一切！**

博瑞森绝非"自费出书"，出版费用完全由我们承担。您推荐的作者或企业案例一经采用，我们会立刻向您赠送书币 1000 元，可直接换取任何博瑞森图书的纸书或电子书。

感谢您对本土管理原创、博瑞森图书的支持！

推荐投稿邮箱：bookgood@126.com　　推荐手机：13611149991

## 1120 本土管理实践与创新论坛

这是由100多位本土管理专家联合创立的企业管理实践学术交流组织，旨在孵化本土管理思想、促进企业管理实践、加强专家间交流与协作。

论坛每年集中力量办好两件大事：第一，“**出一本书**”，汇聚一年的思考和实践，把最原创、最前沿、最实战的内容集结成册，贡献给读者；第二，“**办一次会**”，每年11月20日本土管理专家们汇聚一堂，碰撞思想、研讨案例、交流切磋、回馈社会。

| 企业案例·老板传记 | | | |
|---|---|---|---|
| | 书名．作者 | 内容/特色 | 读者价值 |
| 企业案例·老板传记 | **你不知道的加多宝：原市场部高管讲述**<br>曲宗恺　牛玮娜　著 | 前加多宝高管解读加多宝 | 全景式解读，原汁原味 |
| | **借力咨询：德邦成长背后的秘密**<br>官同良　王祥伍　著 | 讲述德邦是如何借助咨询公司的力量进行自身与发展的 | 来自德邦内部的第一线资料，真实、珍贵，令人受益匪浅 |
| | **收购后怎样有效整合：一个重工业收购整合实录（待出版）**<br>李少星　著 | 讲述企业并购后的事 | 语言轻松活泼，对并购后的企业有借鉴作用 |
| | **娃哈哈区域标杆：豫北市场营销实录**<br>罗宏文　赵晓萌　等著 | 本书从区域的角度来写娃哈哈河南分公司豫北市场是怎么进行区域市场营销，成为娃哈哈全国第一大市场、全国增量第一高市场的一些操作方法 | 参考性、指导性，一线真实资料 |
| | **六个核桃凭什么：从0过100亿**<br>张学军　著 | 首部全面揭秘养元六个核桃裂变式成长的巨著 | 学习优秀企业的成长路径，了解其背后的理论体系 |
| | **像六个核桃一样：打造畅销品的36个简明法则**<br>王　超　范　萍　著 | 本书分上下两篇：包括"六个核桃"的营销战略历程和36条畅销法则 | 知名企业的战略历程极具参考价值，36条法则提供操作方法 |
| | **解决方案营销实战案例**<br>刘祖轲　著 | 用10个真案例讲明白什么是工业品的解决方案式营销，实战、实用 | 有干货、真正操作过的才能写得出来 |
| | **招招见销量的营销常识**<br>刘文新　著 | 如何让每一个营销动作都直指销量 | 适合中小企业，看了就能用 |
| | **我们的营销真案例**<br>联纵智达研究院　著 | 五芳斋粽子从区域到全国/诺贝尔瓷砖门店销量提升/利豪家具出口转内销/汤臣倍健的营销模式 | 选择的案例都很有代表性，实在、实操！ |
| | **中国营销战实录：令人拍案叫绝的营销真案例**<br>联纵智达　著 | 51个案例，42家企业，38万字，18年，累计2000余人次参与…… | 最真实的营销案例，全是一线记录，开阔眼界 |
| | **双剑破局：沈坤营销策划案例集**<br>沈　坤　著 | 双剑公司多年来的精选案例解析集，阐述了项目策划中每一个营销策略的诞生过程，策划角度和方法 | 一线真实案例，与众不同的策划角度令人拍案叫绝、受益匪浅 |
| | **宗：一位制造业企业家的思考**<br>杨　涛　著 | 1993年创业，引领企业平稳发展20多年，分享独到的心得体会 | 难得的一本老板分享经验的书 |
| | **简单思考：AMT咨询创始人自述**<br>孔祥云　著 | 著名咨询公司（AMT）的CEO创业历程中点点滴滴的经验与思考 | 每一位咨询人，每一位创业者和管理经营者，都值得一读 |
| | **边干边学做老板**<br>黄中强　著 | 创业20多年的老板，有经验、能写、又愿意分享，这样的书很少 | 处处共鸣，帮助中小企业老板少走弯路 |
| | **三四线城市超市如何快速成长：解密甘雨亭**<br>IBMG国际商业管理集团　著 | 国内外标杆企业的经验+本土实践量化数据+操作步骤、方法 | 通俗易懂，行业经验丰富，宝贵的行业量化数据，关键思路和步骤 |
| | **中国首家未来超市：解密安徽乐城**<br>IBMG国际商业管理集团　著 | 本书深入挖掘了安徽乐城超市的试验案例，为零售企业未来的发展提供了一条可借鉴之路 | 通俗易懂，行业经验丰富，宝贵的行业量化数据，关键思路和步骤 |

续表

| 互联网 + | | | |
|---|---|---|---|
| | 书名．作者 | 内容/特色 | 读者价值 |
| 互联网+ | **互联网时代的银行转型**<br>韩友诚　著 | 以大量案例形式为读者全面展示和分析了银行的互联网金融转型应对之道 | 结合本土银行转型发展案例的书籍 |
| | **正在发生的转型升级·实践**<br>本土管理实践与创新论坛　著 | 企业在快速变革期所展现出的管理变革新成果、新方法、新案例 | 重点突出对于未来企业管理相关领域的趋势研判 |
| | **触发需求：互联网新营销样本·水产**<br>何足奇　著 | 传统产业都在苦闷中挣扎前行，本书通过鲜活的案例告诉你如何以需求链整合供应链，从而把大家熟知的传统行业打碎了重构、重做一遍 | 全是干货，值得细读学习，并且作者的理论已经经过了他亲自操刀的实践检验，效果惊人，就在书中全景展示 |
| | **移动互联新玩法：未来商业的格局和趋势**<br>史贤龙　著 | 传统商业、电商、移动互联，三个世界并存，这种新格局的玩法一定要懂 | 看清热点的本质，把握行业先机，一本书搞定移动互联网 |
| | **微商生意经：真实再现33个成功案例操作全程**<br>伏泓霖　罗晓慧　著 | 本书为33个真实案例，分享案例主人公在做微商过程中的经验教训 | 案例真实，有借鉴意义 |
| | **阿里巴巴实战运营——14招玩转诚信通**<br>聂志新　著 | 本书主要介绍阿里巴巴诚信通的十四个基本推广操作，从而帮助使用诚信通的用户及企业更好地提升业绩 | 基本操作，很多可以边学边用，简单易学 |
| | **今后这样做品牌：移动互联时代的品牌营销策略**<br>蒋　军　著 | 与移动互联紧密结合，告诉你老方法还能不能用，新方法怎么用 | 今后这样做品牌就对了 |
| | **互联网+“变”与“不变”：本土管理实践与创新论坛集萃．2016**<br>本土管理实践与创新论坛　著 | 本土管理领域正在产生自己独特的理论和模式，尤其在移动互联时代，有很多新课题需要本土专家们一起研究 | 帮助读者拓宽眼界、突破思维 |
| | **创造增量市场：传统企业互联网转型之道**<br>刘红明　著 | 传统企业需要用互联网思维去创造增量，而不是用电子商务去转移传统业务的存量 | 教你怎么在“互联网+”的海洋中创造实实在在的增量 |
| | **重生战略：移动互联网和大数据时代的转型法则**<br>沈　拓　著 | 在移动互联网和大数据时代，传统企业转型如同生命体打算与再造，称之为“重生战略” | 帮助企业认清移动互联网环境下的变化和应对之道 |
| | **画出公司的互联网进化路线图：用互联网思维重塑产品、客户和价值**<br>李　蓓　著 | 18个问题帮助企业一步步梳理出互联网转型思路 | 思路清晰、案例丰富，非常有启发性 |
| | **7个转变，让公司3年胜出**<br>李　蓓　著 | 消费者主权时代，企业该怎么办 | 这就是互联网思维，老板有能这样想，肯定倒不了 |
| | **跳出同质思维，从跟随到领先**<br>郭　剑　著 | 66个精彩案例剖析，帮助老板突破行业长期思维惯性 | 做企业竟然有这么多玩法，开眼界 |

续表

| 行业类:零售、白酒、食品/快消品、农业、医药、建材家居等 | | | |
|---|---|---|---|
| | 书名．作者 | 内容/特色 | 读者价值 |
| 零售·超市·餐饮·服装 | **1. 总部有多强大,门店就能走多远**<br>**2. 超市卖场定价策略与品类管理**<br>**3. 连锁零售企业招聘与培训破解之道**<br>**4. 中国首家未来超市:解密安徽乐城**<br>**5. 三四线城市超市如何快速成长:解密甘雨亭**<br>IBMG 国际商业管理集团　著 | 国内外标杆企业的经验＋本土实践量化数据＋操作步骤、方法 | 通俗易懂,行业经验丰富,宝贵的行业量化数据,关键思路和步骤 |
| | **涨价也能卖到翻**<br>村松达夫　【日】 | 提升客单价的 15 种实用、有效的方法 | 日本企业在这方面非常值得学习和借鉴 |
| | **移动互联下的超市升级**<br>联商网专栏频道　著 | 深度解析超市转型升级重点 | 帮助零售企业把握全局、看清方向 |
| | **手把手教你做专业督导:专卖店、连锁店**<br>熊亚柱　著 | 从督导的职能、作用,在工作中需要的专业技能、方法,都提供了详细的解读和训练办法,同时附有大量的表单工具 | 无论是店铺需要统一培训,还是个人想成为优秀的督导,有这一本就够了 |
| | **百货零售全渠道营销策略**<br>陈继展　著 | 没有照本宣科、说教式的絮叨,只有笔者对行业的认知与理解,庖丁解牛式的逐项解析、展开 | 通俗易懂,花极少的时间快速掌握该领域的知识及趋势 |
| | **零售:把客流变成购买力**<br>丁　昀　著 | 如何通过不断升级产品和体验式服务来经营客流 | 如何进行体验营销,国外的好经营,这方面有启发 |
| | **餐饮企业经营策略第一书**<br>吴　坚　著 | 分别从产品、顾客、市场、盈利模式等几个方面,对现阶段餐饮企业的发展提出策略和思路 | 第一本专业的、高端的餐饮企业经营指导书 |
| | **电影院的下一个黄金十年:开发·差异化·案例**<br>李保煜　著 | 对目前电影院市场存大的问题及如何解决进行了探讨与解读 | 多角度了解电影院运营方式及代表性案例 |
| | **赚不赚钱靠店长:从懂管理到会经营**<br>孙彩军　著 | 通过生动的案例来进行剖析,注重门店管理细节方面的能力提升 | 帮助终端门店店长在管理门店的过程中实现经营思路的拓展与突破 |
| 耐消品 | **汽车配件这样卖:汽车后市场销售秘诀 100 条**<br>俞士耀　著 | 汽配销售业务员必读,手把手教授最实用的方法,轻松得来好业绩 | 快速上岗,专业实效,业绩无忧 |
| | **跟行业老手学经销商开发与管理:家电、耐消品、建材家居**<br>黄润霖　著 | 全部来源于经销商管理的一线问题,作者用丰富的经验将每一个问题落实到最便捷快速的操作方法上去 | 书中每一个问题都是普通营销人亲口提出的,这些问题你也会遇到,作者进行的解答则精彩实用 |
| 白酒 | **白酒到底如何卖**<br>赵海永　著 | 以市场实战为主,多层次、全方位、多角度地阐释了白酒一线市场操作的最新模式和方法,接地气 | 实操性强,37 个方法、6 大案例帮你成功卖酒 |
| | **变局下的白酒企业重构**<br>杨永华　著 | 帮助白酒企业从产业视角看清趋势,找准位置,实现弯道超车的书 | 行业内企业要减少 90%,自己在什么位置,怎么做,都清楚了 |

续表

| | | | |
|---|---|---|---|
| 白酒 | **1. 白酒营销的第一本书（升级版）**<br>**2. 白酒经销商的第一本书**<br>唐江华 著 | 华泽集团湖南开口笑公司品牌部长，擅长酒类新品推广、新市场拓展 | 扎根一线，实战 |
| | **区域型白酒企业营销必胜法则**<br>朱志明 著 | 为区域型白酒企业提供35条必胜法则，在竞争中赢销的葵花宝典 | 丰富的一线经验和深厚积累，实操实用 |
| | **10步成功运作白酒区域市场**<br>朱志明 著 | 白酒区域操盘者必备，掌握区域市场运作的战略、战术、兵法 | 在区域市场的攻伐防守中运筹帷幄，立于不败之地 |
| | **酒业转型大时代：微酒精选2014－2015**<br>微酒 主编 | 本书分为五个部分：当年大事件、那些酒业营销工具、微酒独立策划、业内大调查和十大经典案例 | 了解行业新动态、新观点，学习营销方法 |
| 快消品·食品 | **5小时读懂快消品营销：中国快消品案例观察**<br>陈海超 著 | 多年营销经验的一线老手把案例掰开了、揉碎了，从中得出的各种手段和方法给读者以帮助和启发 | 营销那些事儿的个中秘辛，求人还不一定告诉你，这本书里就有 |
| | **快消品招商的第一本书：从入门到精通**<br>刘 雷 著 | 深入浅出，不说废话，有工具方法，通俗易懂 | 让零基础的招商新人快速学习书中最实用的招商技能，成长为骨干人才 |
| | **乳业营销第一书**<br>侯军伟 著 | 对区域乳品企业生存发展关键性问题的梳理 | 唯一的区域乳业营销书，区域乳品企业一定要看 |
| | **食用油营销第一书**<br>余 盛 著 | 10多年油脂企业工作经验，从行业到具体实操 | 食用油行业第一书，当之无愧 |
| | **中国茶叶营销第一书**<br>柏 㰚 著 | 如何跳出茶行业“大文化小产业”的困境，作者给出了自己的观察和思考 | 不是传统做茶的思路，而是现在商业做茶的思路 |
| | **调味品营销第一书**<br>陈小龙 著 | 国内唯一一本调味品营销的书 | 唯一的调味品营销的书，调味品的从业者一定要看 |
| | **快消品营销人的第一本书：从入门到精通**<br>刘 雷 伯建新 著 | 快消行业必读书，从入门到专业 | 深入细致，易学易懂 |
| | **变局下的快消品营销实战策略**<br>杨永华 著 | 通胀了，成本增加，如何从被动应战变成主动的“系统战” | 作者对快消品行业非常熟悉、非常实战 |
| | **快消品经销商如何快速做大**<br>杨永华 著 | 本书完全从实战的角度，评述现象，解析误区，揭示原理，传授方法 | 为转型期的经销商提供了解决思路，指出了发展方向 |
| | **一位销售经理的工作心得**<br>蒋 军 著 | 一线营销管理人员想提升业绩却无从下手时，可以看看这本书 | 一线的真实感悟 |
| | **快消品营销：一位销售经理的工作心得2**<br>蒋 军 著 | 快消品、食品饮料营销的经验之谈，重点图书 | 来源与实战的精华总结 |
| | **快消品营销与渠道管理**<br>谭长春 著 | 将快消品标杆企业渠道管理的经验和方法分享出来 | 可口可乐、华润的一些具体的渠道管理经验，实战 |
| | **成为优秀的快消品区域经理（升级版）**<br>伯建新 著 | 用“怎么办”分析区域经理的工作关键点，增加30%全新内容，更贴近环境变化 | 可以作为区域经理的“速成催化器” |
| | **销售轨迹：一位快消品营销总监的拼搏之路**<br>秦国伟 著 | 本书讲述了一个普通销售员打拼成为跨国企业营销总监的真实奋斗历程 | 激励人心，给广大销售员以力量和鼓舞 |

续表

| | | | |
|---|---|---|---|
| 快消品·食品 | **快消老手都在这样做:区域经理操盘锦囊**<br>方刚　著 | 非常接地气,全是多年沉淀下来的干货,丰富的一线经验和实操方法不可多得 | 在市场摸爬滚打的"老油条",那些独家绝招妙招一般你问都是问不来的 |
| | **动销四维:全程辅导与新品上市**<br>高继中　著 | 从产品、渠道、促销和新品上市详细讲解提高动销的具体方法,总结作者18年的快消品行业经验,方法实操 | 内容全面系统,方法实操 |
| 农业 | **新农资如何换道超车**<br>刘祖轲　等著 | 从农业产业化、互联网转型、行业营销与经营突破四个方面阐述如何让农资企业占领先机、提前布局 | 南方略专家告诉你如何应对资源浪费、生产效率低下、产能严重过剩、价格与价值严重扭曲等 |
| | **中国牧场管理实战:畜牧业、乳业必读**<br>黄剑黎　著 | 本书不仅提供了来自一线的实际经验,还收入了丰富的工具文档与表单 | 填补空白的行业必读作品 |
| | **中小农业企业品牌战法**<br>韩　旭　著 | 将中小农业企业品牌建设的方法,从理论讲到实践,具有指导性 | 全面把握品牌规划,传播推广,落地执行的具体措施 |
| | **农资营销实战全指导**<br>张　博　著 | 农资如何向"深度营销"转型,从理论到实践进行系统剖析,经验资深 | 朴实、使用!不可多得的农资营销实战指导 |
| | **农产品营销第一书**<br>胡浪球　著 | 从农业企业战略到市场开拓、营销、品牌、模式等 | 来源于实践中的思考,有启发 |
| | **变局下的农牧企业9大成长策略**<br>彭志雄　著 | 食品安全、纵向延伸、横向联合、品牌建设…… | 唯一的农牧企业经营实操的书,农牧企业一定要看 |
| 医药 | **在中国,医药营销这样做:时代方略精选文集**<br>段继东　主编 | 专注于医药营销咨询15年,将医药营销方法的精华文章合编,深入全面 | 可谓医药营销领域的顶尖著作,医药界读者的必读书 |
| | **医药新营销:制药企业、医药商业企业营销模式转型**<br>史立臣　著 | 医药生产企业和商业企业在新环境下如何做营销?老方法还有没有用?如何寻找新方法?新方法怎么用?本书给你答案 | 内容非常现实接地气,踏实谈问题说方法 |
| | **医药企业转型升级战略**<br>史立臣　著 | 药企转型升级有5大途径,并给出落地步骤及风险控制方法 | 实操性强,有作者个人经验总结及分析 |
| | **新医改下的医药营销与团队管理**<br>史立臣　著 | 探讨新医改对医药行业的系列影响和医药团队管理 | 帮助理清思路,有一个框架 |
| | **医药营销与处方药学术推广**<br>马宝琳　著 | 如何用医学策划把"平民产品"变成"明星产品" | 有真货、讲真话的作者,堪称处方药营销的经典! |
| | **新医改了,药店就要这样开**<br>尚　锋　著 | 药店经营、管理、营销全攻略 | 有很强的实战性和可操作性 |
| | **电商来了,实体药店如何突围**<br>尚　锋　著 | 电商崛起,药店该如何突围?本书从促销、会员服务、专业性、客单价等多重角度给出了指导方向 | 实战攻略,拿来就能用 |
| | **OTC医药代表药店销售36计**<br>鄢圣安　著 | 以《三十六计》为线,写OTC医药代表向药店销售的一些技巧与策略 | 案例丰富,生动真实,实操性强 |

**续表**

| | | | |
|---|---|---|---|
| 医药 | **OTC医药代表药店开发与维护**<br>鄢圣安　著 | 要做到一名专业的医药代表,需要做什么、准备什么、知识储备、操作技巧等 | 医药代表药店拜访的指导手册,手把手教你快速上手 |
| | **引爆药店成交率1:店员导购实战**<br>范月明　著 | 一本书解决药店导购所有难题 | 情景化、真实化、实战化 |
| | **引爆药店成交率2:经营落地实战**<br>范月明　著 | 最接地气的经营方法全指导 | 揭示了药店经营的几类关键问题 |
| | **引爆药店成交率:专业化销售解决方案(待出版)**<br>范月明　著 | 药品搭配分析与关联销售 | 为药店人专业化助力 |
| 建材家居 | **建材家居营销:除了促销还能做什么**<br>孙嘉晖　著 | 一线老手的深度思考,告诉你在建材家居营销模式基本停滞的今天,除了促销,营销还能怎么做 | 给你的想法一场革命 |
| | **建材家居营销实务**<br>程绍珊　杨鸿贵　主编 | 价值营销运用到建材家居,每一步都让客户增值 | 有自己的系统、实战 |
| | **建材家居门店销量提升**<br>贾同领　著 | 店面选址、广告投放、推广助销、空间布局、生动展示、店面运营等 | 门店销量提升是一个系统工程,非常系统、实战 |
| | **10步成为最棒的建材家居门店店长**<br>徐伟泽　著 | 实际方法易学易用,让员工能够迅速成长,成为独当一面的好店长 | 只要坚持这样干,一定能成为好店长 |
| | **手把手帮建材家居导购业绩倍增:成为顶尖的门店店员**<br>熊亚柱　著 | 生动的表现形式,让普通人也能成为优秀的导购员,让门店业绩长红 | 读着有趣,用着简单,一本在手、业绩无忧 |
| | **建材家居经销商实战42章经**<br>王庆云　著 | 告诉经销商:老板怎么当、团队怎么带、生意怎么做 | 忠言逆耳,看着不舒服就对了,实战总结,用一招半式就值了 |
| 工业品 | **销售是门专业活:B2B、工业品**<br>陆和平　著 | 销售流程就应该跟着客户的采购流程和关注点的变化向前推进,将一个完整的销售过程分成十个阶段,提供具体方法 | 销售不是请客吃饭拉关系,是个专业的活计!方法在手,走遍天下不愁 |
| | **解决方案营销实战案例**<br>刘祖轲　著 | 用10个真案例讲明白什么是工业品的解决方案式营销,实战、实用 | 有干货、真正操作过的才能写得出来 |
| | **变局下的工业品企业7大机遇**<br>叶敦明　著 | 产业链条的整合机会、盈利模式的复制机会、营销红利的机会、工业服务商转型机会…… | 工业品企业还可以这样做,思维大突破 |
| | **工业品市场部实战全指导**<br>杜　忠　著 | 工业品市场部经理工作内容全指导 | 系统、全面、有理论、有方法,帮助工业品市场部经理更快提升专业能力 |
| | **工业品营销管理实务**<br>李洪道　著 | 中国特色工业品营销体系的全面深化、工业品营销管理体系优化升级 | 工具更实战,案例更鲜活,内容更深化 |
| | **工业品企业如何做品牌**<br>张东利　著 | 为工业品企业提供最全面的品牌建设思路 | 有策略、有方法、有思路、有工具 |
| | **丁兴良讲工业4.0**<br>丁兴良　著 | 没有枯燥的理论和说教,用朴实直白的语言告诉你工业4.0的全貌 | 工业4.0是什么?本书告诉你答案 |

续表

| | | | |
|---|---|---|---|
| 工业品 | **资深大客户经理:策略准,执行狠**<br>叶敦明　著 | 从业务开发、发起攻势、关系培育、职业成长四个方面,详述了大客户营销的精髓 | 满满的全是干货 |
| | **一切为了订单:订单驱动下的工业品营销实战**<br>唐道明　著 | 其实,所有的企业都在围绕着两个字在开展全部的经营和管理工作,那就是"订单" | 开发订单、满足订单、扩大订单。本书全是实操方法,字字珠玑、句句干货,教你获得营销的胜利 |
| 金融 | **交易心理分析**<br>(美)马克·道格拉斯　著<br>刘真如　译 | 作者一语道破赢家的思考方式,并提供了具体的训练方法 | 不愧是投资心理的第一书,绝对经典 |
| | **精品银行管理之道**<br>崔海鹏　何　屹　主编 | 中小银行转型的实战经验总结 | 中小银行的教材很多,实战类的书很少,可以看看 |
| | **支付战争**<br>Eric M. Jackson　著<br>徐　彬　王　晓　译 | PayPal 创业期营销官,亲身讲述 PayPal 从诞生到壮大到成功出售的整个历史 | 激烈、有趣的内幕商战故事!了解美国支付市场的风云巨变 |
| | **互联网时代的银行转型**<br>韩友诚　著 | 以大量案例形式为读者全面展示和分析了银行的互联网金融转型应对之道 | 结合本土银行转型发展案例的书籍 |
| 房地产 | **产业园区/产业地产规划、招商、运营实战**<br>阎立忠　著 | 目前中国第一本系统解读产业园区和产业地产建设运营的实战宝典 | 从认知、策划、招商到运营全面了解地产策划 |
| | **人文商业地产策划**<br>戴欣明　著 | 城市与商业地产战略定位的关键是不可复制性,要发现独一无二的"味道" | 突破千城一面的策划困局 |
| | **电影院的下一个黄金十年:开发·差异化·案例**<br>李保煜　著 | 对目前电影院市场存大的问题及如何解决进行了探讨与解读 | 多角度了解电影院运营方式及代表性案例 |
| **经营类:企业如何赚钱,如何抓机会,如何突破,如何"开源"** | | | |
| | **书名.作者** | **内容/特色** | **读者价值** |
| 抓方向 | **让经营回归简单.升级版**<br>宋新宇　著 | 化繁为简抓住经营本质:战略、客户、产品、员工、成长 | 经典,做企业就这几个关键点! |
| | **混沌与秩序Ⅰ:变革时代企业领先之道**<br>**混沌与秩序Ⅱ:变革时代管理新思维**<br>彭剑锋　尚艳玲　主编 | 汇集华夏基石专家团队 10 年来研究成果,集中选择了其中的精华文章编纂成册 | 作者都是既有深厚理论积淀又有实践经验的重磅专家,为中国企业和企业家的未来提出了高屋建瓴的观点 |
| | **活系统:跟任正非学当老板**<br>孙行健　尹　贤　著 | 以任正非的独到视角,教企业老板如何经营公司 | 看透公司经营本质,激活企业活力 |
| | **公司由小到大要过哪些坎**<br>卢　强　著 | 老板手里的一张"企业成长路线图" | 现在我在哪儿,未来还要走哪些路,都清楚了 |
| | **企业二次创业成功路线图**<br>夏惊鸣　著 | 企业曾经抓住机会成功了,但下一步该怎么办? | 企业怎样获得第二次成功,心里有个大框架了 |
| | **老板经理人双赢之道**<br>陈　明　著 | 经理人怎养选平台、怎么开局,老板怎样选/育/用/留 | 老板生闷气,经理人牢骚大,这次知道该怎么办了 |
| | **简单思考:AMT 咨询创始人自述**<br>孔祥云　著 | 著名咨询公司(AMT)的 CEO 创业历程中点点滴滴的经验与思考 | 每一位咨询人,每一位创业者和管理经营者,都值得一读 |
| | **企业文化的逻辑**<br>王祥伍　黄健江　著 | 为什么企业绩效如此不同,解开绩效背后的文化密码 | 少有的深刻,有品质,读起来很流畅 |
| | **使命驱动企业成长**<br>高可为　著 | 钱能让一个人今天努力,使命能让一群人长期努力 | 对于想做事业的人,'使命'是绕不过去的 |

续表

| | | | |
|---|---|---|---|
| 思维突破 | **移动互联新玩法：未来商业的格局和趋势**<br>史贤龙　著 | 传统商业、电商、移动互联，三个世界并存，这种新格局的玩法一定要懂 | 看清热点的本质，把握行业先机，一本书搞定移动互联网 |
| | **画出公司的互联网进化路线图：用互联网思维重塑产品、客户和价值**<br>李　蓓　著 | 18个问题帮助企业一步步梳理出互联网转型思路 | 思路清晰、案例丰富，非常有启发性 |
| | **重生战略：移动互联网和大数据时代的转型法则**<br>沈　拓　著 | 在移动互联网和大数据时代，传统企业转型如同生命体打算与再造，称之为"重生战略" | 帮助企业认清移动互联网环境下的变化和应对之道 |
| | **创造增量市场：传统企业互联网转型之道**<br>刘红明　著 | 传统企业需要用互联网思维去创造增量，而不是用电子商务去转移传统业务的存量 | 教你怎么在"互联网+"的海洋中创造实实在在的增量 |
| | **7个转变，让公司3年胜出**<br>李　蓓　著 | 消费者主权时代，企业该怎么办 | 这就是互联网思维，老板有能这样想，肯定倒不了 |
| | **跳出同质思维，从跟随到领先**<br>郭　剑　著 | 66个精彩案例剖析，帮助老板突破行业长期思维惯性 | 做企业竟然有这么多玩法，开眼界 |
| | **麻烦就是需求　难题就是商机**<br>卢根鑫　著 | 如何借助客户的眼睛发现商机 | 什么是真商机，怎么判断、怎么抓，有借鉴 |
| | **互联网+"变"与"不变"：本土管理实践与创新论坛集萃·2016**<br>本土管理实践与创新论坛　著 | 加速本土管理思想的孕育诞生，促进本土管理创新成果更好地服务企业、贡献社会 | 各个作者本年度最新思想，帮助读者拓宽眼界、突破思维 |
| 财务 | **写给企业家的公司与家庭财务规划——从创业成功到富足退休**<br>周荣辉　著 | 本书以企业的发展周期为主线，写各阶段企业与企业主家庭的财务规划 | 为读者处理人生各阶段企业与家庭的财务问题提供建议及方法，让家庭成员真正享受财富带来的益处 |
| | **互联网时代的成本观**<br>程　翔　著 | 本书结合互联网时代提出了成本的多维观，揭示了多维组合成本的互联网精神和大数据特征，论述了其产生背景、实现思路和应用价值 | 在传统成本观下为盈利的业务，在新环境下也许就成为亏损业务。帮助管理者从新的角度来看待成本，进一步做好精益管理 |

## 管理类：效率如何提升，如何实现经营目标，如何"节流"

| | 书名．作者 | 内容/特色 | 读者价值 |
|---|---|---|---|
| 通用管理 | **1. 让管理回归简单．升级版**<br>**2. 让经营回归简单．升级版**<br>**3. 让用人回归简单**<br>宋新宇　著 | 宋博士的"简单"三部曲，影响20万读者，非常经典 | 被读者热情地称作"中小企业的管理圣经" |
| | **管理：以规则驾驭人性**<br>王春强　著 | 详细解读企业规则的制定方法 | 从人与人博弈角度提升管理的有效性 |
| | **员工心理学超级漫画版**<br>邢　雷　著 | 以漫画的形式深度剖析员工心理 | 帮助管理者更了解员工，从而更轻松地管理员工 |

续表

| | | | |
|---|---|---|---|
| 通用管理 | **分股合心:股权激励这样做**<br>段磊　周剑　著 | 通过丰富的案例,详细介绍了股权激励的知识和实行方法 | 内容丰富全面、易读易懂,了解股权激励,有这一本就够了 |
| | **边干边学做老板**<br>黄中强　著 | 创业 20 多年的老板,有经验、能写、又愿意分享,这样的书很少 | 处处共鸣,帮助中小企业老板少走弯路 |
| | **中国式阿米巴落地实践之从交付到交易**<br>胡八一　著 | 本书主要讲述阿米巴经营会计,"从交付到交易",这是成功实施了阿米巴的标志 | 阿米巴经营会计的工作是有逻辑关联的,一本书就能搞定 |
| | **中国式阿米巴落地实践之激活组织**<br>胡八一　著 | 重点讲解如何科学划分阿米巴单元,阐述划分的实操要领、思路、方法、技术与工具 | 最大限度减少"推行风险"和"摸索成本",利于公司成功搭建适合自身的个性化阿米巴经营体系 |
| | **集团化企业阿米巴实战案例**<br>初勇钢　著 | 一家集团化企业阿米巴实施案例 | 指导集团化企业系统实施阿米巴 |
| | **阿米巴经营的中国模式**<br>李志华　著 | 让员工从"要我干"到"我要干",价值量化出来 | 阿米巴在企业如何落地,明白思路了 |
| | **欧博心法:好管理靠修行**<br>曾　伟　著 | 用佛家的智慧,深刻剖析管理问题,见解独到 | 如果真的有'中国式管理',曾老师是其中标志性人物 |
| 流程管理 | **1. 用流程解放管理者**<br>**2. 用流程解放管理者 2**<br>张国祥　著 | 中小企业阅读的流程管理、企业规范化的书 | 通俗易懂,理论和实践的结合恰到好处 |
| | **跟我们学建流程体系**<br>陈立云　著 | 畅销书《跟我们学做流程管理》系列,更实操,更细致,更深入 | 更多地分享实践,分享感悟,从实践总结出来的方法论 |
| 质量管理 | **IATF16949 质量管理体系详解与案例文件汇编:TS16949 转版 IATF16949:2016**<br>谭洪华　著 | 针对 IATF 的新标准做了详细的解说,同时指出了一些推行中容易犯的错误,提供了大量的表单、案例 | 案例、表单丰富,拿来就用 |
| | **五大质量工具详解及运用案例:APQP/FMEA/PPAP/MSA/SPC**<br>谭洪华　著 | 对制造业必备的五大质量工具中每个文件的制作要求、注意事项、制作流程、成功案例等进行了解读 | 通俗易懂、简便易行,能真正实现学以致用 |
| | **1. ISO9001:2015 新版质量管理体系详解与案例文件汇编**<br>**2. ISO14001:2015 新版环境管理体系详解与案例文件汇编**<br>谭洪华　著 | 紧密围绕 2015 新版,逐条详细解读,工具也可以直接套用,易学易上手 | 企业认证、内审必备 |
| 战略落地 | **重生——中国企业的战略转型**<br>施　炜　著 | 从前瞻和适用的角度,对中国企业战略转型的方向、路径及策略性举措提出了一些概要性的建议和意见 | 对企业有战略指导意义 |
| | **公司大了怎么管:从靠英雄到靠组织**<br>AMT 金国华　著 | 第一次详尽阐释中国快速成长型企业的特点、问题及解决之道 | 帮助快速成长型企业领导及管理团队理清思路,突破瓶颈 |
| | **低效会议怎么改:每年节省一半会议成本的秘密**<br>AMT 王玉荣　著 | 教你如何系统规划公司的各级会议,一本工具书 | 教会你科学管理会议的办法 |
| | **年初订计划,年尾有结果:战略落地七步成诗**<br>AMT 郭晓　著 | 7 个步骤教会你怎么让公司制定的战略转变为行动 | 系统规划,有效指导计划实现 |

续表

| | | | |
|---|---|---|---|
| 人力资源 | **HRBP 是这样炼成的之“菜鸟起飞”**<br>新　海　著 | 以小说的形式,具体解析 HRBP 的职责,应该如何操作,如何为业务服务 | 实践者的经验分享,内容实务具体,形式有趣 |
| | **HRBP 是这样炼成的之中级修炼**<br>新　海　著 | 本书以案例故事的方式,介绍了 HRBP 在实际工作中碰到的问题和挑战 | 书中的 HR 解决方案讲究因时因地制宜、简单有效的原则,重在启发读者思路,可供各类企业 HRBP 借鉴 |
| | **回归本源看绩效**<br>孙　波　著 | 让绩效回顾“改进工具”的本源,真正为企业所用 | 确实是来源于实践的思考,有共鸣 |
| | **世界 500 强资深培训经理人教你做培训管理**<br>陈　锐　著 | 从 7 大角度具体细致地讲解了培训管理的核心内容 | 专业、实用、接地气 |
| | **曹子祥教你做激励性薪酬设计**<br>曹子祥　著 | 以激励性为指导,系统性地介绍了薪酬体系及关键岗位的薪酬设计模式 | 深入浅出,一本书学会薪酬设计 |
| | **曹子祥教你做绩效管理**<br>曹子祥　著 | 复杂的理论通俗化,专业的知识简单化,企业绩效管理共性问题的解决方案 | 轻松掌握绩效管理 |
| | **把招聘做到极致**<br>远　鸣　著 | 作为世界 500 强高级招聘经理,作者数十年招聘经验的总结分享 | 带来职场思考境界的提升和具体招聘方法的学习 |
| | **人才评价中心.超级漫画版**<br>邢　雷　著 | 专业的主题,漫画的形式,只此一本 | 没想到一本专业的书,能写成这效果 |
| | **走出薪酬管理误区**<br>全怀周　著 | 剖析薪酬管理的 8 大误区,真正发挥好枢纽作用 | 值得企业深读的实用教案 |
| | **集团化人力资源管理实践**<br>李小勇　著 | 对搭建集团化的企业很有帮助,务实,实用 | 最大的亮点不是理论,而是结合实际的深入剖析 |
| | **我的人力资源咨询笔记**<br>张　伟　著 | 管理咨询师的视角,思考企业的 HR 管理 | 通过咨询师的眼睛对比很多企业,有启发 |
| | **本土化人力资源管理 8 大思维**<br>周　剑　著 | 成熟 HR 理论,在本土中小企业实践中的探索和思考 | 对企业的现实困境有真切体会,有启发 |
| 企业文化 | **36 个拿来就用的企业文化建设工具**<br>海融心胜　主编 | 数十个工具,为了方便拿来就用,每一个工具都严格按照工具属性、操作方法、案例解读划分,实用、好用 | 企业文化工作者的案头必备书,方法都在里面,简单易操作 |
| | **华夏基石方法:企业文化落地本土实践**<br>王祥伍　谭俊峰　著 | 十年积累、原创方法、一线资料,和盘托出 | 在文化落地方面真正有洞察,有实操价值的书 |
| | **企业文化的逻辑**<br>王祥伍　著 | 为什么企业之间如此不同,解开绩效背后的文化密码 | 少有的深刻,有品质,读起来很流畅 |
| | **企业文化激活沟通**<br>宋杼宸　安　琪　著 | 透过新任 HR 总经理的眼睛,揭示出沟通与企业文化的关系 | 有实际指导作用的文化落地读本 |
| | **在组织中绽放自我:从专业化到职业化**<br>朱仁健　王祥伍　著 | 个人如何融入组织,组织如何助力个人成长 | 帮助企业员工快速认同并投入到组织中去,为企业发展贡献力量 |
| | **企业文化定位·落地一本通**<br>王明胤　著 | 把高深枯燥的专业理论创建成一套系统化、实操化、简单化的企业文化缔造方法 | 对企业文化不了解,不会做?有这一本从概念到实操,就够了 |

续表

| | | | |
|---|---|---|---|
| 生产管理 | **精益思维：中国精益如何落地**<br>刘承元　著 | 笔者二十余年企业经营和咨询管理的经验总结 | 中国企业需要灵活运用精益思维，推动经营要素与管理机制的有机结合，推动企业管理向前发展 |
| | **300张现场图看懂精益5S管理**<br>乐　涛　编著 | 5S现场实操详解 | 案例图解，易懂易学 |
| | **高员工流失率下的精益生产**<br>余伟辉　著 | 中国的精益生产必须面对和解决高员工流失率问题 | 确实来源于本土的工厂车间，很务实 |
| | **车间人员管理那些事儿**<br>岑立聪　著 | 车间人员管理中处理各种"疑难杂症"的经验和方法 | 基层车间管理者最闹心、头疼的事，'打包'解决 |
| | **1. 欧博心法：好管理靠修行**<br>**2. 欧博心法：好工厂这样管**<br>曾　伟　著 | 他是本土最大的制造业管理咨询机构创始人，他从400多个项目、上万家企业实践中锤炼出的欧博心法 | 中小制造型企业，一定会有很强的共鸣 |
| | 欧博工厂案例1：生产计划管控对话录<br>欧博工厂案例2：品质技术改善对话录<br>欧博工厂案例3：员工执行力提升对话录<br>曾　伟　著 | 最典型的问题、最详尽的解析，工厂管理9大问题27个经典案例 | 没想到说得这么细，超出想象，案例很典型，照搬都可以了 |
| | **工厂管理实战工具**<br>欧博企管　编著 | 以传统文化为核心的管理工具 | 适合中国工厂 |
| | **苦中得乐：管理者的第一堂必修课**<br>曾　伟　编著 | 曾伟与师傅大愿法师的对话，佛学与管理实践的碰撞，管理禅的修行之道 | 用佛学最高智慧看透管理 |
| | **比日本工厂更高效1：管理提升无极限**<br>刘承元　著 | 指出制造型企业管理的六大积弊；颠覆流行的错误认知；掌握精益管理的精髓 | 每一个企业都有自己不同的问题，管理没有一剑封喉的秘笈，要从现场、现物、现实出发 |
| | **比日本工厂更高效2：超强经营力**<br>刘承元　著 | 企业要获得持续盈利，就要开源和节流，即实现销售最大化，费用最小化 | 掌握提升工厂效率的全新方法 |
| | **比日本工厂更高效3：精益改善力的成功实践**<br>刘承元　著 | 工厂全面改善系统有其独特的目的取向特征，着眼于企业经营体质（持续竞争力）的建设与提升 | 用持续改善力来飞速提升工厂的效率，高效率能够带来意想不到的高效益 |
| | **3A顾问精益实践1：IE与效率提升**<br>党新民　苏迎斌　蓝旭日　著 | 系统的阐述了IE技术的来龙去脉以及操作方法 | 使员工与企业持续获利 |
| | **3A顾问精益实践2：JIT与精益改善**<br>肖志军　党新民　著 | 只在需要的时候，按需要的量，生产所需的产品 | 提升工厂效率 |
| 员工素质提升 | **TTT培训师精进三部曲（上）：深度改善现场培训效果**<br>**TTT培训师精进三部曲（中）：构建最有价值的课程内容**<br>**TTT培训师精进三部曲（下）：职业功力沉淀与修为提升**<br>**廖信琳　著** | **从内到外全方位指导企业内训师从专业到卓越** | 成为优秀企业内训师/培训师的案头必备书籍 |

续表

| | | | |
|---|---|---|---|
| 员工素质提升 | **手把手教你做专业督导：专卖店、连锁店**<br>熊亚柱　著 | 从督导的职能、作用，在工作中需要的专业技能、方法，都提供了详细的解读和训练办法，同时附有大量的表单工具 | 无论是店铺需要统一培训，还是个人想成为优秀的督导，有这一本就够了 |
| | **跟老板"偷师"学创业**<br>吴江萍　余晓雷　著 | 边学边干，边观察边成长，你也可以当老板 | 不同于其他类型的创业书，让你在工作中积累创业经验，一举成功 |
| | **销售轨迹：一位快消品营销总监的拼搏之路**<br>秦国伟　著 | 本书讲述了一个普通销售员打拼成为跨国企业营销总监的真实奋斗历程 | 激励人心，给广大销售员以力量和鼓舞 |
| | **在组织中绽放自我：从专业化到职业化**<br>朱仁健　王祥伍　著 | 个人如何融入组织，组织如何助力个人成长 | 帮助企业员工快速认同并投入到组织中去，为企业发展贡献力量 |
| | **企业员工弟子规：用心做小事，成就大事业**<br>贾同领　著 | 从传统文化《弟子规》中学习企业中为人处事的办法，从自身做起 | 点滴小事，修养自身，从自身的改善得到事业的提升 |
| | **手把手教你做顶尖企业内训师：TTT培训师宝典**<br>熊亚柱　著 | 从课程研发到现场把控、个人提升都有涉及，易读易懂，内容丰富全面 | 想要做企业内训师的员工有福了，本书教你如何抓住关键，从入门到精通 |

## 营销类：把客户需求融入企业各环节，提供"客户认为"有价值的东西

| | 书名．作者 | 内容/特色 | 读者价值 |
|---|---|---|---|
| 营销模式 | **精品营销战略**<br>杜建君　著 | 以精品理念为核心的精益战略和营销策略 | 用精品思维赢得高端市场 |
| | **变局下的营销模式升级**<br>程绍珊　叶　宁　著 | 客户驱动模式、技术驱动模式、资源驱动模式 | 很多行业的营销模式被颠覆，调整的思路有了！ |
| | **卖轮子**<br>科克斯【美】 | 小说版的营销学！营销理念巧妙贯穿其中，贵在既有趣，又有深度 | 经典、有趣！一个故事读懂营销精髓 |
| | **动销操盘：节奏掌控与社群时代新战法**<br>朱志明　著 | 在社群时代把握好产品生产销售的节奏，解析动销的症结，寻找动销的规律与方法 | 都是易读易懂的干货！对动销方法的全面解析和操盘 |
| | **弱势品牌如何做营销**<br>李政权　著 | 中小企业虽有品牌但没名气，营销照样能做的有声有色 | 没有丰富的实操经验，写不出这么具体、详实的案例和步骤，很有启发 |
| | **老板如何管营销**<br>史贤龙　著 | 高段位营销16招，好学好用 | 老板能看，营销人也能看 |
| | **洞察人性的营销战术：沈坤教你28式**<br>沈　坤　著 | 28个匪夷所思的营销怪招令人拍案叫绝，涉及商业竞争的方方面面，大部分战术可以直接应用到企业营销中 | 各种谋略得益于作者的横向思维方式，将其操作过的案例结合其中，提供的战术对读者有参考价值 |
| | **动销：产品是如何畅销起来的**<br>吴江萍　余晓雷　著 | 真真切切告诉你，产品究竟怎么才能卖出去 | 击中痛点，提供方法，你值得拥有 |
| 销售 | **资深大客户经理：策略准，执行狠**<br>叶敦明　著 | 从业务开发、发起攻势、关系培育、职业成长四个方面，详述了大客户营销的精髓 | 满满的全是干货 |

续表

| | | | |
|---|---|---|---|
| 销售 | **成为资深的销售经理:B2B、工业品**<br>陆和平　著 | 围绕"销售管理的六个关键控制点"一一展开,提供销售管理的专业、高效方法 | 方法和技术接地气,拿来就用,从销售员成长为经理不再犯难 |
| | **销售是门专业活:B2B、工业品**<br>陆和平　著 | 销售流程就应该跟着客户的采购流程和关注点的变化向前推进,将一个完整的销售过程分成十个阶段,提供具体方法 | 销售不是请客吃饭拉关系,是个专业的活计!方法在手,走遍天下不愁 |
| | **向高层销售:与决策者有效打交道**<br>贺兵一　著 | 一套完整有效的销售策略 | 有工具,有方法,有案例,通俗易懂 |
| | **卖轮子**<br>科克斯　【美】 | 小说版的营销学!营销理念巧妙贯穿其中,贵在既有趣,又有深度 | 经典、有趣!一个故事读懂营销精髓 |
| | **学话术　卖产品**<br>张小虎　著 | 分析常见的顾客异议,将优秀的话术模块化 | 让普通导购员也能成为销售精英 |
| 组织和团队 | **升级你的营销组织**<br>程绍珊　吴越舟　著 | 用"有机性"的营销组织替代"营销能人",营销团队变成"铁营盘" | 营销队伍最难管,程老师不愧是营销第1操盘手,步骤方法都很成熟 |
| | **用数字解放营销人**<br>黄润霖　著 | 通过量化帮助营销人员提高工作效率 | 作者很用心,很好的常备工具书 |
| | **成为优秀的快消品区域经理(升级版)**<br>伯建新　著 | 用"怎么办"分析区域经理的工作关键点,增加30%全新内容,更贴近环境变化 | 可以作为区域经理的"速成催化器" |
| | **成为资深的销售经理:B2B、工业品**<br>陆和平　著 | 围绕"销售管理的六个关键控制点"一一展开,提供销售管理的专业、高效方法 | 方法和技术接地气,拿来就用,从销售员成长为经理不再犯难 |
| | **一位销售经理的工作心得**<br>蒋　军　著 | 一线营销管理人员想提升业绩却无从下手时,可以看看这本书 | 一线的真实感悟 |
| | **快消品营销:一位销售经理的工作心得2**<br>蒋　军　著 | 快消品、食品饮料营销的经验之谈,重点突出 | 来源于实战的精华总结 |
| | **销售轨迹:一位快消品营销总监的拼搏之路**<br>秦国伟　著 | 本书讲述了一个普通销售员打拼成为跨国企业营销总监的真实奋斗历程 | 激励人心,给广大销售员以力量和鼓舞 |
| | **用营销计划锁定胜局:用数字解放营销人2**<br>黄润霖　著 | 全方位教你怎么做好营销计划,好学好用真简单 | 照搬套用就行,做营销计划再也不头痛 |
| | **快消品营销人的第一本书:从入门到精通**<br>刘　雷　伯建新　著 | 快消行业必读书,从入门到专业 | 深入细致,易学易懂 |
| 产品 | **新产品开发管理,就用IPD**<br>郭富才　著 | 10年IPD研发管理咨询总结,国内首部IPD专业著作 | 一本书掌握IPD管理精髓 |
| | **资深项目经理这样做新产品开发管理**<br>秦海林　著 | 以IPD为思想,系统讲解新产品开管理的细节 | 提供管理思路和实用工具 |
| | **产品炼金术Ⅰ:如何打造畅销产品**<br>史贤龙　著 | 满足不同阶段、不同体量、不同行业企业对产品的完整需求 | 必须具备的思维和方法,避免在产品问题上走弯路 |
| | **产品炼金术Ⅱ:如何用产品驱动企业成长**<br>史贤龙　著 | 做好产品、关注产品的品质,就是企业成功的第一步 | 必须具备的思维和方法,避免在产品问题上走弯路 |

续表

| | | | |
|---|---|---|---|
| 品牌 | **中小企业如何建品牌**<br>梁小平　著 | 中小企业建品牌的入门读本，通俗、易懂 | 对建品牌有了一个整体框架 |
| | **采纳方法：破解本土营销8大难题**<br>朱玉童　编著 | 全面、系统、案例丰富、图文并茂 | 希望在品牌营销方面有所突破的人，应该看看 |
| | **中国品牌营销十三战法**<br>朱玉童　编著 | 采纳20年来的品牌策划方法，同时配有大量的案例 | 众包方式写作，丰富案例给人启发，极具价值 |
| | **今后这样做品牌：移动互联时代的品牌营销策略**<br>蒋军　著 | 与移动互联紧密结合，告诉你老方法还能不能用，新方法怎么用 | 今后这样做品牌就对了 |
| | **中小企业如何打造区域强势品牌**<br>吴之　著 | 帮助区域的中小企业打造自身品牌，如何在强壮自身的基础上往外拓展 | 梳理误区，系统思考品牌问题，切实符合中小区域品牌的自身特点进行阐述 |
| 渠道通路 | **快消品营销与渠道管理**<br>谭长春　著 | 将快消品标杆企业渠道管理的经验和方法分享出来 | 可口可乐、华润的一些具体的渠道管理经验，实战 |
| | **传统行业如何用网络拿订单**<br>张　进　著 | 给老板看的第一本网络营销书 | 适合不懂网络技术的经营决策者看 |
| | **采纳方法：化解渠道冲突**<br>朱玉童　编著 | 系统剖析渠道冲突，21个渠道冲突案例、情景式讲解，37篇讲义 | 系统、全面 |
| | **学话术　卖产品**<br>张小虎　著 | 分析常见的顾客异议，将优秀的话术模块化 | 让普通导购员也能成为销售精英 |
| | **向高层销售：与决策者有效打交道**<br>贺兵一　著 | 一套完整有效的销售策略 | 有工具，有方法，有案例，通俗易懂 |
| | **通路精耕操作全解：快消品20年实战精华**<br>周　俊　陈小龙　著 | 通路精耕的详细全解，每一步的具体操作方法和表单全部无保留提供 | 康师傅二十年的经验和精华，实践证明的最有效方法，教你如何主宰通路 |

## 管理者读的文史哲·生活

| | 书名.作者 | 内容/特色 | 读者价值 |
|---|---|---|---|
| 思想·文化 | **德鲁克管理思想解读**<br>罗　珉　著 | 用独特视角和研究方法，对德鲁克的管理理论进行了深度解读与剖析 | 不仅是摘引和粗浅分析，还是作者多年深入研究的成果，非常可贵 |
| | **德鲁克与他的论敌们：马斯洛、戴明、彼得斯**<br>罗　珉　著 | 几位大师之间的论战和思想碰撞令人受益匪浅 | 对大师们的观点和著作进行了大量的理论加工，去伪存真、去粗存精，同时有自己独特的体系深度 |
| | **德鲁克管理学**<br>张远凤　著 | 本书以德鲁克管理思想的发展为线索，从一个侧面展示了20世纪管理学的发展历程 | 通俗易懂，脉络清晰 |
| | **自我与世界：以问题为中心的现象学运动研究**<br>陈立胜　著 | 以问题为中心，对现象学运动中的“意向性”“自我”“他人”“身体”及“世界”各核心议题之思想史背景与内在发展理路进行深入细致的分析 | 深入了解现象学中的几个主要问题 |

续表

| | | | |
|---|---|---|---|
| 思想·文化 | 作为身体哲学的中国古代哲学<br>张再林　著 | 上篇为中国古代身体哲学理论体系奠基性部分，下篇对由“上篇”所开出的中国身体哲学理论体系的进一步的阐发和拓展 | 了解什么是真正原生态意义上的中国哲学，把中国传统哲学与西方传统哲学加以严格区别 |
| | **中西哲学的歧异与会通**<br>张再林　著 | 本书以一种现代解释学的方法，对中国传统哲学内在本质尝试一种全新的和全方位的解读 | 发掘出掩埋在古老传统形式下的现代特质和活的生命，在此基础上揭示中西哲学“你中有我，我中有你”之旨 |
| | **治论：中国古代管理思想**<br>张再林　著 | 本书主要从儒、法墨三家阐述中国古代管理思想 | 看人本主义的管理理论如何不留斧痕地克服似乎无法调解的存在于人类社会行为与社会组织中的种种两难和对立 |
| | **中国古代政治制度（修订版）上：皇帝制度与中央政府（待出版）**<br>刘文瑞　著 | 全面论证了古代皇帝制度的形成和演变的历程 | 有助于读者从政治制度角度了解中国国情的历史渊源 |
| | **中国古代政治制度（修订版）下：地方体制与官僚制度（待出版）**<br>刘文瑞　著 | 全面论证了古代地方政府的发展演变过程 | 有助于读者从政治制度角度了解中国国情的历史渊源 |
| | **通天御地，九大法则：《尚书·洪范》讲记**<br>史幼波　著 | 精析“洪范九畴”这一中华传统政治哲学的理论基础 | 寓渊深义理于通俗口语之中，使现代人也能一睹中华文化原典之精湛奥义 |
| | **史幼波大学讲记**<br>史幼波　著 | 用儒释道的观点阐释大学的深刻思想 | 一本书读懂传统文化经典 |
| | **史幼波《周子通书》《太极图说》讲记**<br>史幼波　著 | 把形而上的宇宙、天地，与形而下的社会、人生、经济、文化等融合在一起 | 将儒家的一整套学修系统融合起来 |
| | **史幼波中庸讲记（上下册）**<br>史幼波　著 | 全面、深入浅出地揭示儒家中庸文化的真谛 | 儒释道三家思想融会贯通 |
| | **中国思想文化十八讲（修订版）（待出版）**<br>张茂泽　著 | 中国古代的宗教思想文化，如对祖先崇拜、儒家天命观、中国古代关于“神”的讨论等 | 宗教文化和人生信仰或信念紧密相联，在文化转型时期学习和研究中国宗教文化就有特别的现实意义 |
| | **每个中国人身上的春秋基因**<br>史贤龙　著 | 春秋368年（公元前770－公元前403年），每一个中国人都可以在这段时期的历史中找到自己的祖先，看到真实发生的事件，同时也看到自己 | 长情商、识人心 |
| | **内功太极拳训练教程**<br>王铁仁　编著 | 杨式（内功）太极拳（俗称老六路）的详细介绍及具体修炼方法，身心的一次升华 | 书中含有大量图解并有相关视频供读者同步学习 |
| | **中医治心脏病**<br>马宝琳　著 | 引用众多真实案例，客观真实地讲述了中西医对于心脏病的认识及治疗方法 | 看完这本书，能为您节约10万元医药费 |